ABRIENDO PASO

LECTURA

JOSÉ M. DÍAZ

HUNTER COLLEGE HIGH SCHOOL

STEPHEN J. COLLINS

BOSTON COLLEGE HIGH SCHOOL

HH HEINLE & HEINLE PUBLISHERS
ITP® A DIVISION OF INTERNATIONAL THOMSON PUBLISHING, INC.
BOSTON, MASSACHUSETTS 02116 U.S.A.

BOSTON · ALBANY · BONN · CINCINNATI · LONDON · MADRID · MELBOURNE · MEXICO CITY · NEW YORK · PARIS · SAN FRANCISCO · SINGAPORE · TOKYO · TORONTO · WASHINGTON

Editorial Director: *Pamela Warren*
Developmental Editor: *Sonny Regelman*
Marketing Development Director: *Edward Lamprich*
Project Editor: *Lisa Cutler*
Director of Training and Development: *Karen Ralston*
Manufacturing Coordinator: *Judith Caldwell*
Composition: *NovoMac Enterprises*
Printer: *R.R. Donnelley*
Interior Design: *Sue Gerould/Perspectives*
Illustrator: *Bob Doucet*
Cover Design: *Carole Rollins*
Cover Art: *CORBIS/Morton Beebe, S.F.; CORBIS/Macduff Everton; CORBIS/Pablo Corral V*

Printed in the United States of America
2 3 4 5 6 7 8 9 10

Heinle & Heinle Publishers
20 Park Plaza
Boston, MA 02116

International Thomson Editores
Seneca, 53
Colonia Polanco
11560 México D.F. México

International Thomson Publishing Europe
Berkshire House
168–173 High Holborn
London, WCIV 7AA, United Kingdom

International Thomson Publishing Asia
60 Albert Street #15–01
Albert Complex
Singapore 189969

Nelson ITP, Australia
102 Dodds Street
South Melbourne
Victoria 3205 Australia

International Thomson Publishing Japan
Hirakawa-cho Kyowa Building, 3F
2–2–1 Hirakawa–cho, Chiyoda–ku
Tokyo 102, Japan

Nelson Canada
1120 Birchmount Road
Scarborough, Ontario
Canada MIK 5G4

International Thomson Publishing Africa
Building 18, Contantia Square
138 Sixteenth Road, P.O. Box 2459
Halfway House, 1685 South Africa

ISBN: 0-8384-0934-2

Table of Contents

Preface

Introduction

The ***Abriendo paso*** program is the first Spanish program designed specifically for high school students in level IV or higher. The program provides advanced students with the guidance they need to continue discovering, learning and using the language in meaningful, creative and engaging contexts.

Abriendo paso is a two-book program. ***Abriendo paso: Lectura*** uses readings to develop students' proficiency in the four skill areas. ***Abriendo paso: Gramática*** is an independent grammar book which emphasizes communication. Because the need for grammar instruction and review at this level varies so widely from class to class, we have created a distinct grammar book in which grammar is not an end in itself, but rather a tool for communication.

Abriendo paso: Lectura is a collection of short stories and printed media articles from Spain, Latin America and the United States. The readings were chosen for their high level of interest to high school students and their appropriateness for students at an advanced level of study. The selections offer a wide variation in genre, theme, style, length and degree of difficulty. Chapters are ordered based on the increasing level of difficulty of the reading. The program offers significant flexibility; teachers can choose the chapters and exercises which are most appropriate for their students.

Abriendo paso: Lectura is student-centered and was developed with the experiences and interests of high school students in mind. The students are treated with respect—as young adults who are competent learners. Many times students come to an upper-level course with varying backgrounds in the language; this program is designed to accommodate many skill levels in one classroom.

The four skills are carefully integrated throughout the text. The exercises take students beyond the mere recollection of facts to a point at which they can use higher order thinking skills and critical thinking. Teachers who are beginning to prepare their students for the Advanced Placement Literature Exam will find that four of the required authors have been included in ***Abriendo paso: Lectura.***

Organization

Abriendo paso: Lectura provides an abundance of activities for all students. The authors have selected those types of exercises that are most appropriate and profitable for use with each reading. The exercises that appear most frequently are described here under the headings for the major sections of the book. Some chapters use other innovative activities.

Antes de leer

Each chapter opens with pre-reading exercises. Students' initial encounter with the topic of the reading consists of an oral response to a visual stimulus. This first activity, called *Para discutir en clase*, asks students to describe a drawing or series of drawings related to the reading. In this way, students begin to reactivate previously-learned vocabulary that relates to the topic of the reading. The *Nuestra experiencia* activity allows students to reflect on the theme of the reading using their own personal experiences and their background knowledge. These reflections are meant to evoke feelings and provoke thought. A variety of additional exercises are used to enhance students' experience with the topic or to provide a transition to a fuller appreciation of the theme.

Just prior to each reading, in the *Al leer* section, students are given a list of points to keep in mind while reading, thereby enabling them to read with a purpose. There are sufficient pre-reading exercises so that students will not be intimidated by the level of difficulty of a reading. These activities set the stage, invite the students in and give them a purpose for reading.

El autor/La autora

In most chapters, a brief biographical sketch gives insight into the author's own life and briefly mentions his/her other works.

Lectura

Those words and expressions which are likely to be beyond the scope of students at this level, and whose meaning is not likely to be ascertained from contextualized clues, appear glossed in the margin next to the reading. Vocabulary that can be interpreted through contextual markers is not glossed but rather noted with a question mark in the margin, thereby encouraging the student to use the context to determine the meaning. Words glossed with a question mark and many other upper-level words from each reading have been included in the Spanish-English Glossary at the back of the book. Lines of text are numbered for easy reference.

Comprensión

Immediately after the *Lectura*, the *Comprensión general* exercise asks students a series of questions relating to the points on which students were asked to focus while reading. After just one read, students are not expected to understand the text in its fullest detail. However, by having focused on the points suggested in *Al leer*, they will be able to reflect comfortably and confidently on the text. The various activities that follow are designed to provide systematic development of vocabulary. These exercises appear in many formats: matching, words of the same family, synonyms, antonyms and definitions.

The *Al punto* section, which appears in every chapter, asks students to answer multiple choice questions about the reading. These questions have been tailored to resemble the Reading Comprehension questions that appear in the Advanced Placement Spanish Language Examination. *Ahora te toca* invites students to formulate their own questions, which they then ask of their classmates. This type of activity allows students to develop vital skills for asking a range of questions.

Un paso más

The *Un paso más* section offers students the opportunity to react to situations while using the vocabulary from the story and drawing on their own experience. At the teacher's discretion, this section can be done orally or in writing.

Para conversar

The *Para conversar* component provides students with a variety of realistic contexts in which to use their newly-acquired vocabulary. Students are encouraged to share their own observations, thoughts and feelings with others in the class. There are many opportunities for interaction and debate. The structure of the activities ensures that students communicate their ideas effectively. Students are encouraged to brainstorm and help each other. For those teachers who espouse cooperative learning, the sharing of ideas and knowledge will be an important part of the program. This oral component is designed as a non-threatening forum for personalized expression, query and discovery. Many of the exercises can also be used as writing exercises.

Para escribir

In *Para escribir,* students are not asked simply to write, but are instead guided through the writing process. The writing segment of most chapters begins by asking students to write a short summary of the reading, allowing them to reflect on what they have read and to use the vocabulary they have learned. Several types of exercises are used which ask students to be creative and express their opinions. The *Composición* exercises give students a detailed organizational framework to help develop their essay-writing techniques. These writing exercises are deliberately varied in their complexity in order to allow the program to meet the needs of a wide range of students, including native speakers. Students will learn how to hypothesize and develop ideas into a well-organized essay, an essential skill in any language, and certainly one that is stressed on the Advanced Placement Spanish Language Examination.

Otra dimensión

Like the *Para discutir en clase* section, which begins each chapter, students are again asked to describe a drawing or series of drawings related to the reading.

The *Otra dimensión* activity is similar to the picture sequence component of the Advanced Placement Spanish Language Examination.

Compresión auditiva

Each chapter ends with a *Comprensión auditiva* section, designed to refine the listening skills required of students at this level. A variety of formats (question and answer, conversation, instructions, editorials, advertisements) is provided, all similar in nature to the listening comprehension section of the Advanced Placement Spanish Language Examination. The listening component has been designed to expose students to a wide variety of listening experiences. Some of the exercises recycle the vocabulary or theme of that chapter, while others are less structured and provide a greater challenge to the students.

Coping with Different Levels in one Class

Because of the wealth of exercises in this text, the teacher must use his or her judgment in choosing exercises that match students' needs and skill levels. Teachers may wish to divide the exercises according to the abilities of individual students. For example, the *Al punto* exercises may be appropriate for those students whose skills allow them to deal only with the facts of the story. Other exercises that require a more sophisticated level of language can be assigned to the more advanced students or to the native speakers in the class. Since most exercises are to be shared with the class, all students will feel a sense of accomplishment. As the course progresses, each student will gain the confidence and skill needed for the most complex activities.

Program Components

Abriendo paso: Lectura

A reader which incorporates all four skills areas

Abriendo paso: Gramática

A complete grammar review

Teacher Tape

Includes *Comprensión auditiva* activities from both ***Abriendo paso: Lectura*** and ***Abriendo paso: Gramática***

Tests

Test masters for ***Abriendo paso: Gramática***

Tapescript/Answer Key

Includes script of *Comprensión auditiva* activities from both ***Abriendo paso: Lectura*** and ***Abriendo paso: Gramática***, as well as answers to *Etapas* activities in ***Abriendo paso: Gramática***

Abriendo paso: Gramática

Abriendo paso: Gramática is an independent text that offers a complete review of Spanish grammar. The book is divided into the following parts:

- *Unidades* review how and when a particular grammar point is used. Meaningful exercises allow students to practice using the grammar point to communicate effectively. Each chapter is followed by a *Comprensión auditiva* activity which is similar to the directed response section of the Advanced Placement Spanish Language Examination.
- For students who need more practice with a particular grammar point in *Unidades, Etapas* provide reinforcement exercises that they can do on their own to prepare for class. These mechanical exercises provide ample practice to help students "fix" the structure in their minds. Answers for this section are found in the Tapescript/Answer Key. Teachers may elect to give the answers to students so that they can check their own work before coming to class.
- *Pasos* provide additional explanations of grammar points that are not communicative in nature, but are required to communicate properly.
- A special section with questions similar to those that appear on the Advanced Placement Spanish Language Examination is included at the end of the book for students seeking additional practice while preparing for the exam.

Please note that any reference to AP test materials does not constitute review or endorsement by Educational Testing Service or the College Board of this publication as a whole or of any other testing information it may contain.

From the authors

We are indebted to Janet L. Dracksdorf whose vision launched this project. Her guidance, friendship and editorial skills have been invaluable.

We would also like to thank Mary McKeon for her diligence, patience and words of encouragement. She became our anchor whenever we started to waver from our target. Our production editor, Pam Warren, deserves special recognition for juggling all the pieces, all the while calm and professional. We must certainly acknowledge our gratitude to Sharon Inglis for managing the project through the many changes and revisions. Her attentive ear and careful eye ensured a thoughtful product. The compositor, Vivian Novo-MacDonald, was our ally in seeing that the pieces to the puzzle fit, and so we thank her for each and every page.

Without the support of everyone at Heinle & Heinle this project would have never gotten off the ground. We are most grateful to the entire staff. Our special thanks are extended to Charles Heinle and Stan Galek for their belief in this work and their trust in us.

Our colleagues, too, need to be mentioned for their friendship and valuable advice. We are sincerely grateful to Nancy Monteros of Boston College High School and to María F. Nadel of Hunter College High School.

All of our many reviewers deserve a well-earned word of gratitude for their insights and suggestions. Their work is clearly evident throughout the text.

Finally, our appreciation and thanks go to our students who have inspired us to create this textbook.

—J. M. D. and S. J. C.

Reviewers

The following individuals reviewed ***Abriendo paso: Lectura*** at various stages of development and offered many helpful insights and suggestions:

María Agrelo-González
Walnut Ridge HS
Columbus, OH

Margaret Azevedo
Palo Alto Senior HS
Milpitas, CA

Dulce Condron
Columbus Alternative HS
Columbus, OH

Nancy Dean
Park Tudor School
Indianapolis, IN

JoAnn Fowler
Davis Senior HS
Davis, CA

María D. González
Tom C. Clark HS
San Antonio, TX

Gail Heffner-Charles
Walnut Ridge HS
Columbus, OH

Norah Jones
Rustburg HS
Rustburg, VA

Marsha McFarland
J.J. Pearce HS
Richardson, TX

Miriam Met
Montgomery County Public Schools
Rockville, MD

Beatriz Murray
Southwest HS
Fort Worth, TX

Luz Elena Nieto
El Paso Independent School District
El Paso, TX

Manuel Nuñez
Flintridge Preparatory School
La Canada, CA

Katherine Olson-Studler
St. Paul Academy
St. Paul, MN

Catherine Quibell
Healdsburg HS
Healdsburg, CA

Debbie Rusch
Boston College
Boston, MA

Don Schrump
Berkeley HS
Berkeley, CA

Frank Velez
New Trier HS
Winnetka, IL

CAPÍTULO 1

El décimo

Emilia Pardo Bazán

Antes de leer

A. Para discutir en clase

Mira el dibujo y trata de reconstruir el cuento. Puedes hablar del tiempo, la hora, la gente, el lugar, la ropa y lo que piensas que está pasando. Para la discusión con el resto de la clase, haz una lista de palabras clave o de frases que te ayuden a expresar tus ideas.

B. Nuestra experiencia ¿Conoces a alguien que haya ganado un sorteo *(raffle, lottery drawing)*? Cuéntales a tus compañeros la clase de sorteo que era y lo que esa persona ganó. ¿Cuál fue la reacción del ganador? ¿Para qué usó el premio? Si no conoces a nadie personalmente, describe el cuento de un(a) ganador(a) sobre quien hayas leído en el periódico o hayas visto en la televisión.

C. Una posible experiencia El cuento a continuación narra lo que hizo una familia con el premio que ganó. Mientras lees, piensa en lo que tú harías en una situación parecida. Después de leerlo, haz el ejercicio que aparece al final.

> Me acuerdo bien del sorteo porque fue la primera vez que habíamos ganado un premio. Antes de aquel día inolvidable, mi padre decía que podríamos haber comprado un nuevo coche con todo el dinero que habíamos gastado en los sorteos que tenían todas las instituciones de beneficencia de nuestra ciudad. Él quería un edificio, o al menos un cuarto, nombrado en su honor. Pero como hombre generoso, seguía apoyando todas las causas que vendían billetes de sorteo para recaudar fondos. Como mi padre era un hombre supersticioso, ponía los billetes que compraba debajo de una mascota *(good-luck charm)*. Pues, en esta ocasión su mascota (una casita de madera que le había regalado su abuelo cuando mi padre era niño) nos trajo una suerte sin igual. Acabábamos de cenar cuando oímos a varias personas gritando y llamando a la puerta. "¡Habéis ganado! ¡Habéis ganado! ¡Venid a ver! ¡Es vuestro número!" gritaban todos a la vez. Nos sorprendió mucho todo el entusiasmo, pero no entendíamos lo que habíamos ganado. "¡La casa en el mar! ¡La nueva casa en el mar! ¡Esa enorme casa! ¡Un palacio! ¡Es vuestra!" "No puede ser", pensamos. Pero cuando el delegado oficial llegó y nos presentó la documentación oficial (incluso las llaves), nos dimos cuenta de que éramos ricos... pero nuestra riqueza no duró mucho. (Éramos ricos en aquel entonces. No lo somos en la actualidad.) Como dije antes, mi padre era generoso, y no dejó de ser así aquella noche. Sin pensar en las posibilidades que nos ofrecía esa casa, la donó allí mismo a la institución de beneficencia (un grupo que proveía vivienda a los destituídos *(homeless)*. Sólo les pidió que pusieran el nombre de nuestra familia en la entrada principal.

Imagínate que eres la persona afortunada que acaba de ganar este premio. Cuéntale a un(a) compañero(a) de clase tu reacción y explícale lo que vas a hacer con el premio.

D. Los valores Los personajes del cuento que vas a leer son personas de "carne y hueso", o sea, personas reales con sueños y esperanzas, y con un sistema de valores que sobrepasa el deseo por los bienes materiales. En grupos de tres o cuatro estudiantes, discutan lo que harían Uds. si se encontraran en las situaciones que se describen a continuación. No hay respuestas incorrectas. Lo importante es escoger la decisión que Uds. consideran correcta para Uds. y para la otra gente en la situación. Cuando los otros grupos le presenten a la clase sus ideas, pregúntenles por qué llegaron a esa conclusión.

1. Tu hermana te pide diez dólares para comprar un libro que necesita para el colegio; si se lo das, no tendrás suficiente dinero para ir al cine.
2. Tu padre o tu madre te pide que cuides a tus hermanos menores durante el fin de semana mientras ellos trabajan.
3. Un(a) amigo(a) te llama y dice que quiere verte en seguida porque tiene un problema. Te dice que es importante. Tú estás a punto de salir de tu casa para ir a un concierto de tu cantante favorito.
4. Un amigo te pide prestado tu disco compacto favorito y lo pierde. Es la segunda vez que ha perdido una de tus cosas y no ha tratado de reemplazarla.
5. Encuentras un billete de lotería en la calle. Al mirarlo, te das cuenta de que es el billete ganador de diez millones de dólares.

E. Una selección Lee el comienzo del cuento "El décimo" para averiguar (*to find out*) cómo se conocen el narrador y su futura esposa. Cuando te encuentres con un signo de interrogación (?) en el margen, trata de deducir el significado de la palabra según el contexto.

¿La historia de mi boda? Óiganla ustedes; es bastante original.

Una chica del pueblo, muy mal vestida, y en cuyo rostro° se veía pintada el hambre, fue quien me vendió el décimo° de billete de lotería, a la puerta de un café, a las altas horas° de la noche. Le di por él la enorme cantidad de un duro.° ¡Con qué humilde y graciosa sonrisa respondió a mi generosidad!

—Se lleva usted la suerte, señorito —dijo ella con la exacta y clara pronunciación de las muchachas del pueblo de Madrid.

—¿Estás segura? —le pregunté en broma,° mientras yo metía° el décimo en el bolsillo del sobretodo° y me subía el cuello a fin de protegerme del frío de diciembre.

—¡Claro que estoy segura! ¡Ya lo verá usted, señorito! Si yo tuviera dinero no lo compraría usted... El número es el 1.620; lo sé de memoria, los años que tengo, diez y seis, y los días del mes que tengo sobre los años, veinte justos.° ¡Ya ve si lo compraría yo!

—Pues, hija —respondí queriendo ser generoso—, no te apures:° si el billete saca° premio... la mitad será para ti.

face

a portion (a tenth) of a lottery ticket (It's typical in Spain to buy a share of a ticket.) / las... *?*

a Spanish coin worth five pesetas (the Spanish monetary unit)

en... *jokingly*

? / ?

exactly (hace veinte días que cumplió los dieciséis años)

no... *don't worry* / *(here) wins*

F. El principio y el fin Vuelve a leer el comienzo del cuento y busca las palabras, expresiones o frases que describen lo siguiente:

- la situación económica de la muchacha
- el lugar
- el tiempo (weather)
- la lotería

Según la información que has leído hasta ahora, ¿cómo piensas que termina el cuento?

Al leer

Pardo Bazán tiene un estilo muy realista. Si escucháramos el cuento leído en voz alta, podríamos visualizar las escenas que la autora pinta con palabras. Este cuento tiene lugar en Madrid. Mientras lo lees, presta atención a estos puntos:

- la situación económica de la muchacha comparada con la del hombre
- la reacción de la muchacha al oír que el billete se había perdido
- el cambio en la narración del pretérito al tiempo presente [línea 40]

Recuerda que si ves un signo de interrogación (?) en el margen, debes deducir el significado de la palabra o frase según el contexto.

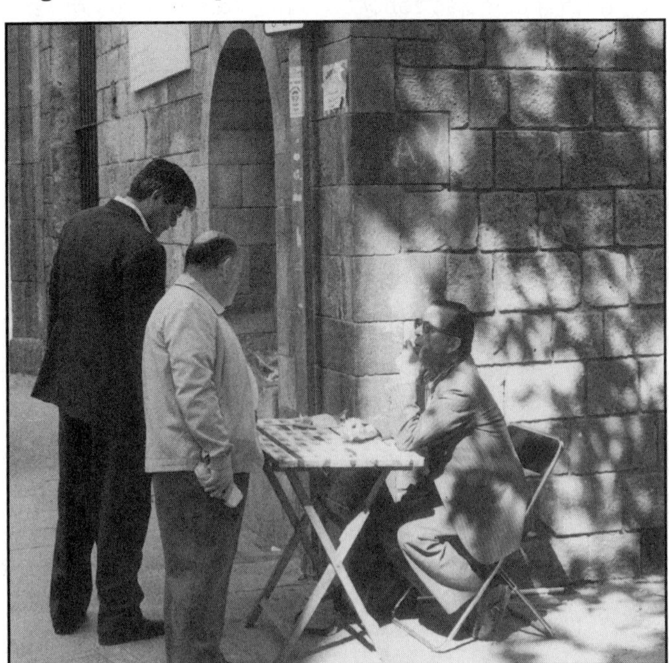

La autora

Emilia Pardo Bazán, autora española nacida en 1852, escribió mucho y en varios géneros, hasta su muerte en 1921. Aristocrática e intelectual, fue la primera mujer en recibir una cátedra de Literatura neolatina en la Universidad de Madrid. Pasó mucho tiempo viajando por Europa, y vivió en París durante varios años. En sus obras de ficción, en el cuento y en la novela, se destacan las descripciones muy detalladas del ambiente y de los personajes.

El décimo

Emilia Pardo Bazán

¿La historia de mi boda? Óiganla ustedes; es bastante original.

Una chica del pueblo, muy mal vestida, y en cuyo rostro se veía pintada el hambre, fue quien me vendió el décimo de billete de lotería, a la puerta de un café, a las altas horas de la noche. Le di por él la enorme cantidad de un duro. ¡Con qué humilde y graciosa sonrisa respondió a mi generosidad!

—Se lleva usted la suerte, señorito —dijo ella con la exacta y clara pronunciación de las muchachas del pueblo de Madrid.

—¿Estás segura? —le pregunté en broma, mientras yo metía el décimo en el bolsillo del sobretodo y me subía el cuello a fin de protegerme del frío de diciembre.

—¡Claro que estoy segura! ¡Ya lo verá usted, señorito! Si yo tuviera dinero no lo compraría usted... El número es el 1.620; lo sé de memoria, los años que tengo, diez y seis, y los días del mes que tengo sobre los años, veinte justos. ¡Ya ve si lo compraría yo!

—Pues, hija —respondí queriendo ser generoso—, no te apures: si el billete saca premio... la mitad será para ti.

Una alegría loca se pintó en los negros ojos de la chica, y con la fe más absoluta, cogiéndome por un brazo, exclamó:

—¡Señorito, por° su padre y por su madre, déme su nombre y las señas° de su casa! Yo sé que dentro de ocho días seremos ricos.

in the name of

?

Sin dar importancia a lo que decía le di mi nombre y mis señas; y diez minutos después ni recordaba el incidente.

Pasados cuatro días, estando en la cama, oí gritar la lista de la lotería. Mandé que mi criado la comprara, y cuando me la trajo, mis ojos tropezaron° inmediatamente con el número del premio gordo.° Creí que estaba soñando, pero no, era la realidad. Allí en la lista, decía realmente 1.620... ¡Era mi décimo, la edad de la muchacha, la suerte para ella y para mí! Eran muchos miles de duros lo que representaban

came upon / premio... *first prize*

aquellos cuatro números. Me sentía tan dominado por la emoción que me era imposible decir palabra y hasta° mover las piernas. Aquella humilde y extraña criatura,° a quien nunca había visto antes, me había traído la suerte, había sido mi *mascota*°... Nada más justo que dividir la suerte con ella; además, así se lo había prometido.

Al punto° deseé sentir en los dedos el contacto del mágico papelito. Me acordaba bien; lo había guardado en el bolsillo exterior del sobretodo. ¿Dónde estaba el sobretodo? Colgado allí en el armario°... A ver... toco aquí, busco allá... pero nada, el décimo no aparece.

Llamo al criado con furia, y le pregunto si había sacudido° el sobretodo por la ventana... ¡Ya lo creo que lo había sacudido! Pero no había visto caer nada de los bolsillos, nada absolutamente... En cinco años que hace que está a mi servicio no le he cogido° nunca mintiendo.° Le miro a la cara; le he creído siempre, pero ahora, no sé qué pensar. Me desespero,° grito, insulto, pero todo es inútil. Me asusta lo que me ocurre. Enciendo° una vela,° busco en los rincones,° rompo armarios, examino el cesto de los papeles viejos... Nada, nada.

A la tarde, cuando ya me había tendido° sobre la cama para ver si el sueño me ayudaba a olvidarlo todo, suena el timbre. Oigo al mismo tiempo en la puerta ruido de discusión, voces de protesta de alquien que se empeña° en entrar, y al punto veo ante mí a la chica, que se arroja° en mis brazos gritando y con las lágrimas en los ojos.

—¡Señorito, señorito! ¿Ve usted como yo no me engañaba?° Hemos sacado el gordo.

¡Infeliz de mí!° Creía haber pasado lo peor del disgusto, y ahora tenía que hacer esta cruel confesión; tenía que decir, sin saber cómo, que había perdido el billete, que no lo encontraba en ninguna parte, y que por consiguiente° nada tenía que esperar de mí la pobre muchacha, en cuyos ojos negros y vivos temía ver brillar la duda y la desconfianza.

Pero me equivocaba,° pues cuando la chica oyó la triste noticia, alzó° los ojos, me miró con la honda ternura° de quien siente la pena ajena° y encogiéndose de hombros° dijo:

—¡Vaya por la Virgen!° Señorito... no nacimos ni usted ni yo para ser ricos.

Es verdad que nunca pude hallar° el décimo que me habría dado la riqueza, pero en cambio la hallé a ella, a la muchacha del pueblo a quien, después de proteger y educar,° di la mano de esposo° y en quien he hallado más felicidad que la que hubiera podido comprar con los millones del décimo.

even
?
?
Al... *Instantly*
?
shaken
caught
?
Me... *I become desperate*
? / *candle* / *corners*
stretched out
se... *insists* / se... ?
no... *I wasn't wrong*
¡Infeliz... ?
por... *as a result*
me... *I was wrong*
(she) raised / *deep affection* /
la... *someone else's pain* /
encogiéndose... *shrugging her shoulders* / ¡Vaya... *If that's how the Blessed Mother wants it to be!*
?
proteger... *looking after her and seeing that she was educated* /
di... *I married*

Comprensión

A. Comprensión general En tus propias palabras, responde a las siguientes preguntas. Comparte tus ideas con otros estudiantes en la clase y escucha sus ideas.

1. ¿Cuál es la actitud del narrador hacia la lotería cuando compra el décimo?
2. ¿Por qué se enojó el narrador con su criado cuando no encontró el billete?
3. ¿Qué contrastes o diferencias hay en la reacción hacia el billete perdido por parte de la muchacha y del narrador? ¿Esperaba el narrador tal reacción de la muchacha? ¿Por qué sí? ¿Por qué no?
4. ¿Qué efecto tiene el cambio al tiempo presente? [línea 40] ¿Qué te hace sentir?

B. De la misma familia Las palabras de la lista a continuación son formas que provienen de palabras que probablemente ya conoces. Da una palabra de la misma familia: por ejemplo, **estudioso—estudiante o estudiar.** La referencia indica la línea en la que puedes encontrar la palabra en el texto.

vestida [línea 2]
bolsillo [línea 10]
alegría [línea 18]
vivos [línea 59]
riqueza [línea 67]
felicidad [línea 69]

C. En contexto Encuentra el significado de la palabra o expresión de la columna A en la columna B. El contexto te ayudará a averiguar el significado. La referencia indica la línea en la que puedes encontrar la palabra.

	A	B
____	1. las altas horas [línea 4]	a. abrigo
____	2. metía [línea 9]	b. no decir la verdad
____	3. sobretodo [línea 10]	c. encontrar
____	4. señas [línea 21]	d. comenzar fuego
____	5. armario [línea 38]	e. echarse
____	6. mintiendo [línea 44]	f. muy tarde
____	7. enciendo [línea 46]	g. desafortunado
____	8. se arroja [línea 51]	h. dirección
____	9. ¡Infeliz de mí! [línea 55]	i. ropero
____	10. hallar [línea 66]	j. poner

D. El cuerpo La autora describe a la chica muy detalladamente. A menudo se refiere a partes del cuerpo para demostrar características o reacciones. Haz una lista de las palabras que se refieren a la descripción fisica. ¿Aprendemos algo acerca de la personalidad de los personajes?

E. Al punto Contesta a las siguientes preguntas, escogiendo la mejor respuesta o terminación según la lectura.

1. ¿Por qué no compró el billete la muchacha?
   a. Porque no lo quiere.
   b. Porque no tiene dinero.
   c. Porque no cree en la suerte.
   d. Porque no se lo permiten.
2. La frase "con la fe más absoluta" [líneas 18–19] indica que la muchacha
   a. sabía que el narrador era rico.
   b. era una persona muy religiosa.
   c. iba a rezar a Dios.
   d. estaba segura de que el señor iba a ganar.
3. La muchacha hizo que el narrador le dijera
   a. donde estaban sus padres.
   b. donde vivía él.
   c. cuando había nacido.
   d. cuando regresaría.
4. Al saber que había ganado, el narrador
   a. se sorprendió mucho.
   b. fue a buscar a la chica.
   c. llamó a la muchacha.
   d. sacó el billete del bolsillo del abrigo.
5. La frase "...deseé sentir en los dedos el contacto del mágico papelito" [líneas 35–36] quiere decir que el narrador
   a. quería quitarle el billete a la muchacha.
   b. comparaba el número del billete con el de la lista.
   c. tenía ganas de encontrar el billete.
   d. quería contar el dinero que había ganado.
6. Al no encontrar el billete, el narrador
   a. duda del criado.
   b. sale corriendo.

c. se pone alegre.
d. insulta a la muchacha.

7. La muchacha viene a la casa del narrador para
   a. contarle la historia de la lotería.
   b. informarle que habían ganado.
   c. darle el billete que había perdido.
   d. decirle que estaba enamorada de él.

8. Según la reacción de la muchacha a la historia del billete perdido, sabemos que ella
   a. no creía al narrador.
   b. no quería ser rica.
   c. aceptaba el destino *(fate)*.
   d. quería casarse con el narrador.

9. Al final del cuento el narrador está contentísimo porque
   a. se iba de viaje.
   b. era riquísimo.
   c. encontró el décimo.
   d. se casó con la muchacha.

F. Ahora te toca Una buena manera de repasar lo que has leído es hacerles preguntas acerca del cuento a los otros estudiantes, y responder a sus preguntas. Los temas a continuación te dan algunas posibilidades para tus preguntas.

- el tiempo
- los números
- la muchacha
- el hombre
- el criado
- la suerte
- la reacción al ganar
- el billete que se ha perdido
- la reacción al no encontrar el billete
- la conclusión

Por ejemplo, si quieres preguntarles acerca de la reacción de los personajes al ganar, fíjate (*pay attention*) en las diferentes preguntas que puedes usar:

¿Cómo reaccionaron el hombre y la muchacha al ganar?

¿Qué hicieron el hombre y la muchacha al oír que habían ganado?

¿Por qué reaccionaron así a la noticia de haber ganado?

¿Cuáles son las reacciones del hombre y de la muchacha cuando ganan?

¿Son iguales las reacciones del hombre y de la muchacha cuando ganan?

¿Crees que sus reacciones son normales? ¿típicas?

¿Esperabas esas reacciones del hombre y de la muchacha?

¿Quién muestra más madurez en su reacción?

¿Qué nos muestran las reacciones de su personalidad?

G. Algo perdido ¿Recuerdas algo en particular que hayas perdido? Descríbe el incidente a otro(a) estudiante de la clase, pensando en las siguientes preguntas.

- ¿Qué perdiste?
- ¿Cómo te sentiste cuando lo perdiste?
- ¿Le echaste la culpa a otra persona? *(Did you blame someone else?)*
- ¿Dónde lo buscaste?
- ¿Te ayudó a buscarlo alguien? ¿Quién?
- ¿Lo encontraste?
- ¿Cómo reaccionaste al (no) encontrarlo?

H. Una situación parecida Si perdieras las siguientes cosas, ¿cómo reaccionarías? Ponlas en orden de importancia, con el objeto de más valor primero y el de menos valor al final. Luego explícales a otros estudiantes que harías si los perdieras.

tu permiso de conducir

las llaves de tu casa

un abrigo nuevo que acabas de comprar

un reloj que te dio tu abuelo

una composición que escribiste para la clase de literatura

tu cartera con cien dólares

un suéter que te hizo tu madre

billetes para un concierto

tu mascota favorita

un billete de lotería

Un paso más

La redacción *(Editing)* Aquí tienes la oportunidad de hacer el papel de autor(a). Todavía no has terminado las siguientes frases y quieres acabar el cuento hoy. Termínalas de manera original y luego contrástalas con las de los otros estudiantes.

1. El número es el 1.620; lo sé de memoria, …
2. No te apures; si el billete saca premio…
3. Me sentía tan dominado por la emoción que me era imposible…
4. Llamo al criado con furia, y le pregunto si…
5. Enciendo una vela, busco en los rincones, …

Una explicación difícil Si te encontraras en la situación del narrador, teniendo que explicarle a alguien que has perdido el billete que los haría ricos, ¿de qué tendrías miedo? ¿Qué crees que diría esa persona? Explícale a un(a) amigo(a) por qué tienes miedo de decirle a esa persona que no encuentras el billete y pídele que te aconseje.

Una reacción inesperada Y si fueras la muchacha, o sea, una persona que no se hizo rica a causa del descuido de otra persona, ¿cómo reaccionarías? ¿Qué dirías al saber que el billete que valía muchísimo está perdido? Explícale a otro(a) compañero(a) de clase por qué estás o no estás muy enojado(a). ¿Cómo puedes aceptarlo?

Vocabulario útil

Aquí tienes una lista de palabras y expresiones que probablemente ya sabes.

- déjame ayudarte
- hace meses/años/semanas que compré
- hay que creer
- jurar
- ni siquiera
- no lo encuentro en ninguna parte
- sin darse cuenta

Estas expresiones pueden ayudarte también.

- en cada lugar posible *in every conceivable spot*
- parece mentira *it's hard to believe*
- responder por *to vouch for*
- volcar la casa *to turn the house upside down*

Para conversar 

Algunas palabras y expresiones que te ayudarán a expresar tus ideas se encuentran a la izquierda.

Una conversación Con un(a) compañero(a) de clase, hagan Uds. los papeles del narrador y de la muchacha. El narrador acaba de explicarle a la muchacha que ha perdido el billete y la muchacha le ha dicho que realmente no le importa, que el destino es así. Como en el cuento, Uds. van a pasar un rato juntos, charlando y comenzando a conocerse. Tendrán que inventar las respuestas, pero traten de mantener la personalidad y las características de cada personaje en sus respuestas.

Los números de la suerte Mucha gente tiene números favoritos que consideran de buena suerte. ¿Tienes algunos números en particular que te gusten? ¿Cuáles son? ¿Qué representan? Diles tus números a otros estudiantes en la clase (explicándole las razones por las que te gustan) y escucha los de ellos . ¿Cuál es la explicación más interesante?

Los personajes principales ¿Qué te parecen los personajes principales del cuento de Pardo Bazán? ¿Qué piensas acerca de sus valores? Explica un poco sobre cada uno de los personajes y di por qué los admiras o por qué no los admiras. ¿Cuáles crees que son sus virtudes y defectos?

Por casualidad (By chance) Los personajes de este cuento se encuentran por casualidad. Piensa en el efecto de la casualidad en tu vida y cuéntale a un(a) compañero(a) de clase sobre algún suceso increíble que te haya sucedido. Quizás las siguientes ideas te ayuden a pensar en un suceso.

- un encuentro con alguien
- un premio que ganaste
- algo que encontraste
- una capacidad que tienes
- una nota inesperada en una clase

Para escribir

SOFTWARE ATAJO

Phrases:
Writing about theme, plot or scene; Linking ideas; Sequencing events; Writing about characters

Vocabulary:
Body: face; Family members; Numbers: collectives; Working conditions

Grammar:
Interrogative adverbs: *¿cómo?*; Interrogative adverbs: *¿cuándo?*; Interrogative adverbs: *¿quién?*; Verbs: progressive tenses; Verbs: preterit & imperfect

Un resumen Un escritor una vez le escribió a un amigo suyo, "Siento escribirte una explicación tan larga. Si (yo) hubiera tenido más tiempo, habría sido más breve." Escribe un resumen del cuento en menos de cincuenta palabras. Escoge las ideas más importantes y trata de responder brevemente a las preguntas ¿quién(es)?, ¿qué?, ¿cuándo?, ¿cómo? y ¿dónde? A veces lo más difícil es ser breve; vamos a ver si puedes…

(No) me gusta Un(a) amigo(a) te pregunta acerca de la conclusión de este cuento, queriendo saber si te gustó o no. Escribe tu reacción, escogiendo uno de los siguientes adjetivos como punto de partida.

bonito(a)	realista
absurdo(a)	emocionante
tonto(a)	inspirador(a)
inesperado(a)	

Considera las siguientes preguntas al expresar tus ideas.

- ¿Cuál es tu opinión acerca de la conclusión?
- Explica por qué opinas de esa manera.
- ¿Qué referencias (acciones, conversaciones, reacciones) apoyan tu opinión?
- En tu opinión, ¿qué conocimientos tiene la autora acerca de la gente o de la vida en general?

¿La historia de mi… ? Esta actividad te ayudará a ver que se puede escribir un cuento de alta calidad con un estilo sencillo. Utilizando algunos de los componentes estilísticos del cuento, escribe tu propio cuento acerca de un evento importante en tu vida. Aquí tienes una selección del cuento.

> Una alegría loca se pintó en los negros ojos de la chica, y con la fe más absoluta, cogiéndome por un brazo, exclamó:
>
> —¡Señorito, por su padre y por su madre, déme su nombre y las señas de su casa! Yo sé que dentro de ocho días seremos ricos.
>
> Sin dar importancia a lo que decía le di mi nombre y mis señas; y diez minutos después ni recordaba el incidente.

Ahora mira algunos de los componentes estilísticos de esa selección.

descripción: "Una alegría loca se pintó en los negros ojos de la chica, y con la fe más absoluta…"

acción: "…cogiéndome por un brazo, exclamó"

diálogo: "¡Señorito, por su padre y por su madre, déme su nombre y las señas de su casa! Yo sé que dentro de ocho días seremos ricos."

narración: "Sin dar importancia a lo que decía le di mi nombre y mis señas; y diez minutos después ni recordaba el incidente."

La autora usa una gran variedad de tiempos verbales en el cuento (se pintó, cogiéndome, exclamó, déme, sé, seremos, decía, di, recordaba, etc.). Mientras escribes tu cuento, piensa en esta variedad.

Otra dimensión 

Los dibujos a continuación representan un cuento. En tus propias palabras, describe en detalle lo que sucede.

Comprensión auditiva

La selección que vas a escuchar trata de lo que pasó con la lotería en los estados de Nueva York y Connecticut. La selección y las preguntas no están impresas en tu libro, sólo las posibles respuestas a cada pregunta. Escucha la selección y responde a las preguntas escogiendo la respuesta correcta entre las opciones impresas en tu libro.

Número 1

a. el número de policías
b. el número de periódicos
c. el número de coches
d. el número de tiendas

Número 2

a. cuando escuchó la radio
b. cuando habló con los oficiales
c. cuando ganó el premio
d. cuando leyó el periódico

Número 3

a. Que algunas personas gasten tanto dinero.
b. Que el premio sea tan pequeño.
c. Que la policía participe en el juego.
d. Que las carreteras se llenen tanto.

Número 4

a. agradecidas
b. afortunadas
c. deprimidas
d. furiosas

CAPÍTULO 2

Ríete con ellos, no de ellos

Julia Viñas

Antes de leer

A. Para discutir en clase

Mira el dibujo que acompaña el artículo. Para la discusión con el resto de la clase, haz una lista de palabras clave o de frases que te ayuden a expresar tus ideas. En la presentación incluye las respuestas a las preguntas que aparecen en la próxima página.

1. ¿Qué está haciendo el muchacho?
2. ¿Cuál es la actitud del muchacho?
3. ¿Cuál es la actitud de su madre?
4. ¿Cómo te sentirías si te encontraras en esa situación y un adulto se burlara de ti?
5. ¿Qué nos dice el título y el dibujo acerca del tema de la lectura?

B. Nuestra experiencia Todos conocemos el sarcasmo y sabemos el daño que puede causar. Lee las siguientes preguntas y escoge todas las respuestas posibles según tu experiencia. Explica brevemente las respuestas que has escogido. Comparte las respuestas con tus compañeros de clase.

1. a. ¿Cómo te sientes cuando alguien se ríe de ti?

____ No me molesta.
____ Me enojo.
____ Me río de mí mismo(a).
____ Me molesta mucho.
____ Me pongo furioso(a).
____ Me siento humillado(a).
____ Me gusta.
____ Me entristezco.

Explica:

b. ¿Qué haces en esas ocasiones?

____ Me voy.
____ Me río también.
____ No muestro ninguna emoción.
____ Doy la impresión de no estar molesto(a).
____ No hago nada.
____ Acepto la situación.

Explica:

2. a. ¿Has visto a otra gente burlándose de una persona?

____ Sí, todos los días.
____ Sí, a veces.
____ Sí, una vez.
____ No, nunca.
____ Sí, muy a menudo.
____ Sí, cuando era más joven.
____ No, no mucho.

Explica:

b. ¿Cómo reaccionas?

____ No me molestó.

____ Me enojé.

____ Me reí también.

____ Me molestó mucho.

____ Me puse furioso(a).

____ Me gustó.

____ Me entristecí.

Explica:

c. ¿Qué haces?

____ No hice nada.

____ No me burlé de él (ella).

____ Defendí a la persona.

____ Participé en la burla

____ Quería defenderlo(la), pero tenía miedo.

____ Les dije a los que se reían de él (ella) que lo (la) dejaran en paz.

Explica:

d. ¿Quiénes se burlan más de los adolescentes?

____ otros adolescentes

____ los padres

____ los profesores

____ los hermanos

Explica:

C. El sarcasmo Escoge la expresión sarcástica más apropiada para cada situación.

____ 1. Llevo calcetines de distintos colores.

____ 2. Alguien deja caer una docena de huevos y se rompen.

____ 3. Tu hermano no está prestando atención y tropieza con la pared.

____ 4. Una persona mayor deja sus llaves en el coche y lo cierra.

____ 5. Una compañera pone sal en su café en lugar de azúcar.

a. ¡Qué buena manera de conservar gasolina!
b. ¡El Carnaval fue hace tres semanas!
c. Por lo menos así no vas a engordar más.
d. No sabía que querías preparar una tortilla.
e. ¡Ojalá que la casa no haya sufrido demasiado daño!

D. Una selección Lee el siguiente párrafo del artículo. Mientras lees, ten presente estas preguntas.

- ¿Para quiénes se escribió este artículo?
- ¿Por qué no deben los adultos criticar a sus hijos?

El sarcasmo no es para los niños. Nuestros hijos son extremadamente sensibles a todo tipo de observación o crítica por parte de los adultos. Más todavía si estos comentarios llevan una carga de sarcasmo o trivializan y ridiculizan conductas o sentimientos importantes para ellos.

Ahora escribe la frase que describa la idea principal de este párrafo.

Al leer

El artículo que vas a leer discute las consecuencias que el uso del sarcasmo puede tener en los niños. Fíjate en los siguientes puntos mientras lees:

- las expresiones sarcásticas
- el peligro de usar sarcasmo con los niños
- el efecto de tener tantas expresiones entre comillas en el artículo

Recuerda que si ves un signo de interrogación (?) en el margen, debes deducir el significado de la palabra o frase según el contexto.

Ríete con ellos, no de ellos

Julia Viñas

Nuria, de nueve años, entra corriendo en la sala. Está contenta y canturrea° sin parar el estribillo° de su canción preferida. Entonces, su padre le dice: "Pero, bueno ¿desde cuándo tenemos perro en casa?" La niña se detiene y con lágrimas en los ojos le contesta: "¡Los perros ladran,° yo canto!," y se encierra en su habitación sumamente decepcionada.°

¿Qué es lo que ha ocurrido? ¿Se trata de un padre desconsiderado que pretende° ofender a su hija o, por el contrario, la niña carece° por completo de sentido del humor? Ni lo uno ni lo otro. Sencillamente, muchos padres piensan que estas inocentes tomaduras de pelo° no tienen ninguna importancia. Sin embargo, los niños, en muchas oportunidades, pueden verse seriamente afectados por ellas.

El sarcasmo no es para los niños. Nuestros hijos son extremadamente sensibles° a todo tipo de observación o crítica por parte de los adultos. Más todavía si estos comentarios llevan una carga de sarcasmo o trivializan y ridiculizan conductas o sentimientos importantes para ellos.

Frases como "no hacía falta que te pusieses tan elegante" (cuando el niño lleva sus playeras° sucias y sus vaqueros° viejos); "¿piensas volver a casa rodando?" (cuando el niño va por su segunda hamburguesa doble con papas); "la próxima vez que hagas un pastel, avisa a los bomberos" (cuando el niño se ha metido en la cocina con la mejor intención y el pastel se ha quemado), o "no hace falta que te leas toda la colección de golpe"° (cuando el niño no toca un libro desde hace un mes), habría que procurar° no pronunciarlas nunca.

Aunque nosotros no tengamos ninguna mala intención y sólo estemos bromeando,° el niño puede sentirse herido y empezar a actuar de forma menos espontánea, o lo que es peor, verse seriamente dañado en su autoestima.°

is humming / *refrain*
?
disillusioned
? / *lacks*
tomaduras... *teasings*
sensitive
? / ?
de... *all at once*
try
kidding around
?

¿Qué hay detrás de la ironía? Evidentemente, no todas las bromas son perjudiciales° para los niños. Reírse en familia es muy saludable° y tomarse el pelo a uno mismo, imitar y hacer parodias de los gestos de cada uno puede ser un ejercicio muy creativo y refrescante.° Sin embargo, hay que andar con mucho cuidado. Un simple cambio en la sonrisa de nuestro hijo nos dará la voz de alarma y la *sugerencia* de que *ya vale.*°

harmful / ? ; ? ; ya... *that's enough*

Muchas veces, sin querer, expresamos a través de la ironía, sentimientos que no sabemos manifestar de otra manera, y esto puede ser muy peligroso.

Algunos padres utilizan este sistema cuando están enfadados° con sus hijos. Sin embargo, es mucho mejor para los niños que sus padres sean capaces de expresar abiertamente su enojo, sin juegos de palabras difíciles de comprender. Es más recomendable decir a un niño: "Estoy muy enojado porque me has manchado de barro° el tapete°"; que decir "Me encanta la nueva decoración de la alfombra, tienes futuro como decorador".

angry ; manchado... *stained with mud* / *carpet*

Por otra parte, hay padres que se valen de sus dotes° en el manejo de la ironía para tener al niño sometido a su poder adulto. Es decir, si éste no sabe a qué atenerse° y no sabe si sus padres hablan en broma o en serio, tendrá que estar ocupado constantemente en adivinar qué se espera de él. Los adultos, en este caso, serán siempre los portadores del saber, y por lo tanto, del poder absoluto.

talents ; *abide by*

Por último, hay que reconocer el posible papel salvador que juega un comentario burlón° hacia el niño cuando estamos frente a una situación que nos resulta incómoda *a nosotros.* Por ejemplo, si el niño aparece desnudo cuando hay visita, una frase del tipo: "Es que es muy caritativo,° le ha dado toda la ropa a los pobres"; puede ser apropiada. Al mismo tiempo revela mucho de nuestros propios sentimientos respecto a la sexualidad.

mocking ; *charitable*

Podemos divertirnos con nuestros hijos. Y es, justamente, el lenguaje ese "juguete" maravilloso y peligroso que tenemos que aprender a utilizar.

Comprensión

A. Comprensión general En tus propias palabras, responde a las siguientes preguntas. Comparte tus ideas con otros estudiantes en la clase y escucha sus respuestas.

1. ¿Qué es el sarcasmo?
2. ¿Por qué no les gusta el sarcasmo a los niños?
3. ¿Qué efecto produce el uso de las expresiones entre comillas en el artículo?

B. De la misma familia Las palabras de la lista a continuación son formas que provienen de palabras que probablemente ya conoces. Da una palabra de la misma familia: por ejemplo, **estudioso—estudiante o estudiar.** La referencia indica la línea en la que puedes encontrar la palabra en el texto.

playeras [línea 19]	saludable [línea 31]
vaqueros [línea 19]	refrescante [línea 33]

C. En contexto Da una palabra o frase que quiera decir lo mismo que las siguientes palabras. La referencia indica la línea en la que puedes encontrar la palabra.

ladran [línea 5]	sensibles [línea 14]
pretende [línea 8]	autoestima [línea 29]

D. Al punto Contesta las siguientes preguntas escogiendo la mejor respuesta o terminación según la lectura.

1. Al decirle “Pero, bueno ¿desde cuándo tenemos perro en casa?” [líneas 3–4], la intención del padre de Nuria es
   a. tomarle el pelo.
   b. enseñarle a cantar.
   c. castigarla.
   d. ofenderla.
2. Es probable que Nuria haya entrado en su dormitorio para
   a. no molestar a su padre.
   b. estar sola.
   c. seguir cantando.
   d. no enojarse.
3. La frase “no hacía falta que te pusieses tan elegante” [línea 18] es un comentario sobre el modo que el niño
   a. se expresa.
   b. se porta.
   c. se viste.
   d. se ríe.
4. La frase “la próxima vez que hagas un pastel, avisa a los bomberos” [líneas 21–22] sugiere que el niño va a
   a. quemar el pastel.
   b. echarle agua a la comida.
   c. explotar la cocina.
   d. ser cocinero.

5. Algunos padres utilizan la ironía con sus hijos porque
   a. no desean expresar sus ideas directamente.
   b. creen que sus hijos deben tener un sentido del humor.
   c. quieren que sus hijos entiendan lo que les dicen.
   d. es una buena lección para la vida.
6. Según el artículo, utilizar el sarcasmo entre familiares puede ser chistoso para todos si se usa
   a. con cariño.
   b. raras veces.
   c. constantemente.
   d. cuidadosamente.
7. El uso de la ironía no permite que las personas se expresen
   a. vagamente.
   b. seriamente.
   c. claramente.
   d. cruelmente.
8. Si los padres siempre le hablan sarcásticamente a un hijo, éste puede sentirse
   a. inferior.
   b. tranquilo.
   c. orgulloso.
   d. maravilloso.
9. Este artículo fue escrito principalmente para
   a. profesores.
   b. niños.
   c. estudiantes.
   d. padres.

E. Ahora te toca En esta actividad tienes la oportunidad de preparar preguntas a base del texto. De esta manera Uds. podrán ayudarse a comprender mejor la lectura. Prepara algunas preguntas para tu compañeros de clase. Si la respuesta de un(a) compañero(a) de clase no es correcta, explícale la respuesta correcta. Si no comprendes la respuesta de otro(a) estudiante, pídele que te la explique. Aquí tienes algunas preguntas posibles:

- ¿Por qué llora la niña cuando su papá le dice, "Pero, bueno ¿desde cuándo tenemos perro en casa?"
- ¿Qué hace ella cuando él se lo dice? ¿Adónde va?

- ¿Es antipático o cruel el padre?
- ¿Por qué crees que los niños son tan sensibles a la crítica por parte de los adultos?

Un paso más

Una respuesta mejor Para responder a los niños de manera más sensible, ¿qué les deberían haber dicho los mayores? Crea una respuesta más caritativa.

1. Nuria, de nueve años, entra corriendo en la sala. Está contenta y canturrea sin parar el estribillo de su canción preferida.
2. ...el niño lleva sus playeras sucias y sus vaqueros viejos...
3. ...el niño va por su segunda hamburguesa doble con papas...
4. ...el niño se ha metido en la cocina con la mejor intención y el pastel se ha quemado...
5. ...el niño no toca un libro desde hace un mes...

¡Qué gracioso! En estas situaciones te diriges a amigos o a familiares y estás seguro(a) de que les va a gustar un comentario burlón. ¿Qué les podrías decir para hacerlos reír?

1. Tu padre baja a la cocina con crema de afeitar en la mejilla.
2. Una amiga está lista para ir al colegio pero se le ha olvidado peinarse.
3. Un amigo se duerme en la clase de química.
4. Tu hermana llega a la fiesta para el aniversario de tus abuelos con una hora de retraso.
5. Tu padre no puede recordar su número de teléfono.
6. Un amigo intenta arreglar su grabadora pero no puede hacerlo.
7. Tu hermana le compra a tu madre una tarjeta que dice “Para mi abuela”.

Vocabulario útil

Aquí tienes una lista de palabras y expresiones que probablemente ya sabes.

- a la edad de
- abandonado(a)
- escapar
- frustrado(a)
- humillado(a)
- inferior
- recordar (ue) / acordarse (ue) de
- sentirse (ie)
- tener lugar
- tonto(a)

Estas palabras o expresiones pueden ayudarte también.

- a consecuencia de *as a result of*
- a mi entender *in my opinion*
- avergonzado(a) *embarrassed*
- en aquel entonces *at that time, back then*
- me (te, le, ...) da rabia *it infuriates me (you, him, her ...)*
- sonrojarse *to blush*
- suceder *to happen, to occur*

Para conversar

Algunas palabras y expresiones que te ayudarán a expresar tus ideas se encuentran a la izquierda.

Malas experiencias Describe algunas ocasiones cuando alguien se rió de ti. Estas preguntas te ayudarán a pensar en los detalles: ¿Qué pasó? ¿Dónde? ¿Cuándo? ¿Cómo te sentiste? Después, tus compañeros te harán preguntas acerca del incidente. Quizás las siguientes frases te ayuden a recordar algunas experiencias.

- No reconociste a alguien que conocías.
- Te equivocaste cuando contestaste a una pregunta en clase.
- No estuviste vestido(a) apropiadamente para la ocasión.

Cuéntamelo Piensa en un comentario sarcástico que hayas oído recientemente y describe la situación. En tu discusión incluye

- lo que estaba pasando
- tu papel en el incidente
- la intención del comentario

Consejos Explícale a un(a) compañero(a) que utiliza mucho el sarcasmo las razones por las cuales no debe usarlo. Use las siguientes frases para aconsejarlo(la).

- Te recomiendo que en el futuro…
- Si no quieres hacerles daño a otros…
- Si te pones en el pellejo de otro… *(If you put yourself in someone else's shoes…)*

Para escribir

Phrases:
Writing about theme, plot or scene; Writing about an author/narrator; Writing about the structure; Offering; Expressing an opinion

Vocabulary:
Family members; Upbringing

Grammar:
Comparisons: inequality; Interrogatives: *¿qué?*; Interrogatives: *¿quién?*; Negation: *no, nadie, nada*; Verbs: present

Un resumen En un resumen se trata de condensar las ideas más importantes. En tus propias palabras escribe un resumen del artículo. Debes hacerlo en cinco o seis oraciones. Usa estos puntos como guía.

- el tema (¿Sobre qué escribe el autor?)
- el objetivo del autor (¿Qué quiere el autor que aprendamos?)
- el propósito de los ejemplos (¿Qué vemos a través de éstos?)
- sugerencias del autor (¿Qué recomendaciones nos hace?)

Un párrafo La autora dice que el lenguaje es un "juguete". En un párrafo, explica lo que tú piensas que quiere decir la autora. Las preguntas a continuación te ayudarán con la explicación.

- ¿Qué es un juguete?
- ¿Para qué sirven?
- ¿Cuáles son algunos posibles beneficios de los juguetes?
- ¿Cuáles son algunos posibles peligros?

Composición Fíjate en la organización del artículo y cómo el autor presenta el tema, lo desarrolla y lo resume. Escoge un tema y escribe tu composición siguiendo una organización parecida. Aunque la tuya será más corta, desarrolla tus ideas con ejemplos y preguntas.

I. Presentación
   Párrafo 1: ejemplo (Nuria canta y su padre le habla con sarcasmo); el tema (desarrollado del ejemplo, por medio de preguntas)

II. Desarrollo
   Párrafo 2: opinión (reacción al primer párrafo)
   Párrafo 3: distintas perspectivas (niños y adultos); excepciones; por qué se utiliza
   Párrafo 4: mejores alternativas

III. Conclusión
   Párrafo 5: conclusión (la lección o lo que quieres que aprendamos)

El apoyo En forma escrita, desarrolla tus ideas sobre uno de los siguientes temas.

1. Explica cómo los adolescentes pueden ayudarse cuando los mayores usan el sarcasmo con ellos.
2. El autor dice que "...hay padres que se valen de sus dotes en el manejo de la ironía para tener al niño sometido a su poder absoluto". Responde a esa idea, teniendo en cuenta esta pregunta: ¿Por qué es importante darle valor a la voz del joven en la familia, en la escuela y en la comunidad?

Otra dimensión 

Los dibujos a continuación representan un cuento. En tus propias palabras, describe en detalle lo que sucede.

Comprensión auditiva

A continuación vas a escuchar varias conversaciones o partes de conversaciones. En tu libro tienes impresas cuatro opciones para cada conversación. Después de escuchar cada conversación, escoge la respuesta que continúa la conversación de la manera más lógica.

Selección número 1

a. Pues, yo hablaré con él.
b. Sí, es un hombre bastante serio.
c. Me gusta el corte de pelo.
d. Es verdad, él está muy preocupado.

Selección número 2

a. No tengo mucha hambre.
b. Diles que estudien.
c. Es la hora de comer.
d. Tranquilo, no les grites.

Selección número 3

a. La profesora nunca se ríe.
b. Nunca vuelvo a ese colegio.
c. Ese programa es muy cómico.
d. Los estudiantes están llorando.

CAPÍTULO

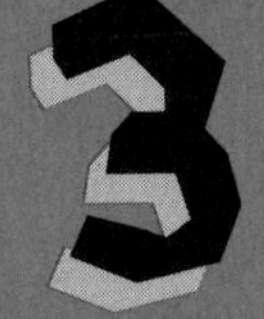

Nosotros, no

José Bernardo Adolph

Antes de leer

A. Para discutir en clase

Mira los dibujos y describe cada situación. ¿Qué tienen que ver estas escenas con la inmortalidad? Para la discusión con el resto de la clase, haz una lista de palabras clave o de frases que te ayuden a expresar tus ideas. En la presentación incluye respuestas a las preguntas que aparecen en la próxima página.

1. ¿Qué quiere cambiar el hombre?
2. ¿Cómo cree que se sentirá más joven?
3. ¿Por qué se siente más joven?
4. ¿De qué se da cuenta al final?
5. ¿Cómo se siente al final cuando sabe que la ropa no cambiará nada?

B. Nuestra experiencia Todos conocemos a personas mayores de edad y muchas veces ellas no reciben el respeto que merecen. Responde a las siguientes preguntas y comparte las respuestas con los otros estudiantes.

1. Describe a una persona mayor de edad a quien conoces personalmente.
2. ¿En qué piensas cuando ves a una persona mayor de edad?
3. ¿Puedes imaginar cómo serás tú a la edad de ochenta años?
4. ¿Respeta nuestra sociedad a los ancianos?
5. ¿Has ayudado alguna vez a una persona mayor de edad?
6. ¿Te ha ayudado alguna vez una persona mayor de edad?
7. Crea tu propia pregunta para que se la hagas a los otros estudiantes.

C. Los estereotipos Si oyeras los siguientes comentarios, ¿qué dirías? Defiende tu reacción u opinión.

1. "Los ancianos no pueden hacer nada."
2. "Vamos, viejo. No tenemos todo el día."
3. "Nunca quiero ser viejo(a)."
4. "¡Qué pasado de moda! ¿No saben nada de la moda los ancianos?"
5. Crea tu propia situación aquí y preséntasela a tus compañeros de clase.

D. Una selección El primer párrafo del cuento "Nosotros, no" presenta el tema muy claramente: el hombre conquista la mortalidad y hay enorme alegría y celebración por todas partes del mundo. Lee el párrafo e imagínate que vives en esa época. Recuerda que si ves un signo de interrogación (?) en el márgen, debes deducir el significado de la palabra o frase según el contexto. Mientras lees, ten presente las siguientes preguntas.

- ¿Qué palabra da un tono religioso al suceso?
- ¿Qué nos dice la palabra "finalmente" acerca del descubrimiento?

Aquella tarde, cuando tintinearon° las campanillas de los teletipos y fue repartida la noticia como un milagro, los hombres de todas las latitudes se confundieron° en un solo grito de triunfo. Tal como había sido predicho° doscientos años antes, finalmente el hombre había conquistado la inmortalidad en 2168.

?
se... ?
?

Ahora contesta las siguientes preguntas basándote en lo que leíste:

1. Escribe una oración que describa la idea principal de este párrafo.
2. ¿Cuál crees que es la relación entre el título del cuento y el tema?

Al leer

El cuento "Nosotros, no" trata del descubrimiento de una inyección que permitirá la inmortalidad. Además de presentar un tema interesante, el autor incluye algunas consecuencias inesperadas. Mientras lees, piensa en los siguientes puntos:

- los problemas o las desventajas del descubrimiento
- la reacción de los que no se pueden beneficiar del descubrimiento
- cómo piensas que será el mundo en el año 2168

Lectura

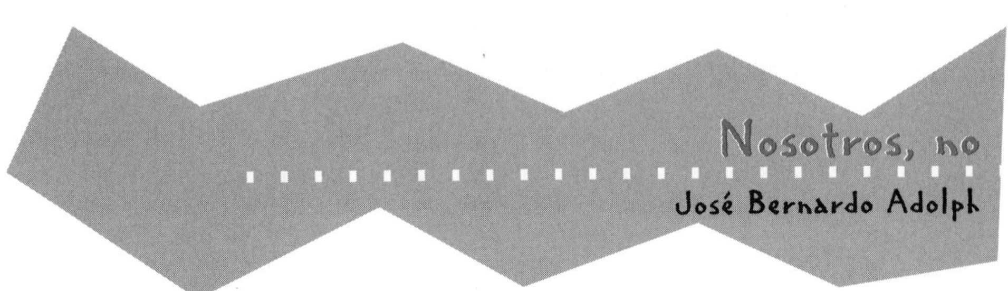

Nosotros, no

José Bernardo Adolph

Aquella tarde, cuando tintinearon las campanillas de los teletipos y fue repartida la noticia como un milagro, los hombres de todas las latitudes se confundieron en un solo grito de triunfo. Tal como había sido predicho doscientos años antes, finalmente el hombre había conquistado la inmortalidad en 2168.

Todos los altavoces° del mundo, todos los transmisores de imágenes, todos los boletines destacaron° esta gran revolución biológica. También yo me alegré, naturalmente, en un primer instante.°

¡Cuánto habíamos esperado este día!

Una sola inyección, de cien centímetros cúbicos, era todo lo que hacía falta° para no morir jamás. Una sola inyección, aplicada cada cien años, garantizaba que ningún cuerpo humano se descompondría nunca. Desde ese día, sólo un accidente podría acabar con° la vida humana. Adiós a la enfermedad, a la senectud,° a la muerte por desfallecimiento° orgánico.

Una sola inyección, cada cien años.

Hasta que vino la segunda noticia, complementaria de la primera. La inyección sólo surtiría° efecto entre los menores de veinte años. Ningún ser humano que hubiera traspasado la edad de crecimiento podría detener su descomposición interna a tiempo. Sólo los jóvenes serían inmortales. El gobierno federal mundial se aprestaba° ya a organizar el envío, reparto° y aplicación de las dosis a todos los niños y adolescentes de la tierra. Los compartimentos de medicina de los cohetes llevarían las ampolletas° a las más lejanas colonias terrestres del espacio.

Todos serían inmortales.

Menos nosotros, los mayores, los adultos, los formados, en cuyo organismo la semilla° de la muerte estaba ya definitivamente implantada.

loudspeakers / ? / en... ? / hacía... ? / acabar... ? / *old age* / *weakening* / *would produce* / se... ? / ? / *small vials* / *seed*

Todos los muchachos sobrevivirían para siempre. Serían inmortales y de hecho° animales de otra especie. Ya no seres humanos; su sicología, su visión, su perspectiva, eran radicalmente diferentes a las nuestras. Todos serían inmortales. Dueños del universo para siempre. Libres. Fecundos. Dioses.

de... *in fact*

Nosotros, no. Nosotros, los hombres y las mujeres de más de veinte años, éramos la última generación mortal. Éramos la despedida, el adiós, el pañuelo de huesos y sangre que ondeaba,° por última vez, sobre la faz de la tierra.

waved

Nosotros, no. Marginados° de pronto, como los últimos abuelos, de pronto nos habíamos convertido en habitantes de un asilo para ancianos, confusos conejos asustados entre una raza de titanes. Estos jóvenes, súbitamente,° comenzaban a ser nuestros verdugos° sin proponérselo. Ya no éramos sus padres. Desde ese día éramos otra cosa; una cosa repulsiva y enferma, ilógica y monstruosa. Éramos Los Que Morirían. Aquellos Que Esperaban la Muerte. Ellos derramarían° lágrimas, ocultando su desprecio,° mezclándolo con su alegría. Con esa alegría ingenua con la cual expresaban su certeza° de que ahora, ahora sí, todo tendría que ir bien.

Made obsolete
? / executioners
would shed
scorn
certainty

Nosotros sólo esperábamos. Los veríamos crecer, hacerse hermosos, continuar jóvenes y prepararse para la segunda inyección, una ceremonia —que nosotros ya no veríamos— cuyo carácter religioso se haría evidente. Ellos no se encontrarían jamás con Dios. El último cargamento de almas rumbo al más allá° era el nuestro.

al... *the hereafter*

¡Ahora cuánto nos costaría dejar la tierra!° ¡Cómo nos iría carcomiendo° una dolorosa envidia! ¡Cuántas ganas de asesinar nos llenaría el alma, desde hoy y hasta el día de nuestra muerte!

(here) this world
gnawing

Hasta ayer. Cuando el primer chico de quince años, con su inyección en el organismo, decidió suicidarse. Cuando llegó esa noticia, nosotros, los mortales, comenzamos recientemente a amar y a comprender a los inmortales.

Porque ellos son unos pobres renacuajos° condenados a prisión perpetua en el verdoso estanque° de la vida. Perpetua. Eterna. Y empezamos a sospechar que dentro de 99 años, el día de la segunda inyección, la policía saldrá a buscar a miles de inmortales para imponérsela.

tadpoles
stagnant pool

Y la tercera inyección, y la cuarta, y el quinto siglo, y el sexto; cada vez menos voluntarios, cada vez más niños eternos que imploran la evasión, el final, el rescate.° Será horrenda la cacería.° Serán perpetuos miserables.

rescue / hunting

Nosotros, no.

Comprensión

A. Comprensión general En tus propias palabras, responde a las siguientes preguntas. Comparte tus ideas con otros estudiantes en la clase y escucha sus ideas.

1. ¿Quiénes no se beneficiarán de este descubrimiento?
2. ¿Cuál es la reacción inicial de los que no serán incluídos?
3. ¿Por qué cambian de opinión?
4. ¿Cómo será el mundo en el 2168?

B. De la misma familia Las palabras de la lista a continuación son formas que provienen de palabras que probablemente ya conoces. Da una palabra de la misma familia: por ejemplo, **estudioso—estudiante o estudiar**. La referencia indica la línea en la que puedes encontrar la palabra en el texto.

garantizaba [línea 12]
crecimiento [línea 19]
mundial [línea 21]
lejanas [línea 24]
terrestres [línea 24]
despedida [línea 36]
monstruosa [línea 44]
certeza [línea 47]
dolorosa [línea 55]
verdoso [línea 62]

C. En contexto Empareja las palabras o expresiones de la columna A con un sinónimo de la columna B. El contexto te ayudará a averiguar el significado de las palabras.

	A	B
____	1. tintinearon [línea 1]	a. terminar
____	2. se confundieron [línea 3]	b. se necesitaba
____	3. destacaron [línea 7]	c. señalaron
____	4. hacía falta [línea 11]	d. en seguida
____	5. acabar con [línea 13]	e. se preparaba
____	6. se aprestaba [línea 21]	f. distribución
____	7. reparto [línea 22]	g. sonaron
____	8. súbitamente [línea 42]	h. se mezclaron

D. Al punto Contesta las siguientes preguntas, escogiendo la mejor respuesta o terminación según la lectura.

1. Según el contexto, "...los hombres de todas las latitudes" [líneas 2–3] se refiere a
   a. la gente de todas partes del mundo.
   b. las personas que han muerto.
   c. los científicos.
   d. la gente del hemisferio occidental.
2. ¿Qué pasó en el año 2168?
   a. El hombre predijo el descubrimiento de una inyección contra la mortalidad.
   b. El hombre descubrió una manera de vivir para siempre.
   c. Todas las naciones declararon una guerra biológica.
   d. Todas las naciones acabaron con la vida humana.
3. ¿A qué se refiere la frase "los transmisores de imágenes" [líneas 6–7]?
   a. a la inyección
   b. a la televisión
   c. al estanque
   d. al altoparlante
4. ¿A qué se refiere la expresión "cien centímetros cúbicos" [línea 10]?
   a. al cuerpo
   b. a los boletines
   c. al tiempo
   d. a la dosis
5. Además de la inmortalidad, con esta inyección los seres humanos gozarán de
   a. menos contaminación.
   b. buena salud.
   c. más invenciones.
   d. menos sufrimientos.
6. ¿Cuál es "la edad del crecimiento" [línea 19]?
   a. menos de veinte años
   b. más de veinte años
   c. cien años
   d. más de cien años

7. Al conquistar la inmortalidad, el hombre ya no es considerado
   a. animal.
   b. dios.
   c. libre.
   d. humano.

8. ¿A quién se refiere la expresión "el pañuelo de huesos y sangre" [línea 37]?
   a. a los que morirán
   b. a la nueva generación inmortal
   c. a los que no quieren la inyección
   d. a la juventud enferma

9. La descripción "...confusos conejos asustados entre una raza de titanes" [línea 41] quiere decir que
   a. todo el mundo se portaba como animales.
   b. los jóvenes iban a ser gigantes.
   c. los mayores de edad tenían miedo de los jóvenes.
   d. nadie sabía qué hacer.

10. Según el cuento, los jóvenes ... a sus padres y a los mayores de edad.
   a. no ocultaban
   b. no encontraban
   c. estimaban
   d. animaban

11. ¿A quiénes describe el narrador cuando dice "el último cargamento de almas rumbo al más allá" [líneas 52–53]?
   a. a los muertos
   b. a los jóvenes
   c. a los mayores
   d. a los dioses

12. La frase "¡...cuánto nos costaría dejar la tierra!" [línea 54] quiere decir que las personas mayores
   a. quieren encontrarse con Dios.
   b. no pueden llevar su dinero al más allá.
   c. no querían morir, igual que los jóvenes.
   d. pensaban que la inyección costaba demasiado.

13. ¿Qué implica la frase "...la policía saldrá a buscar a miles de inmortales para imponérsela" [líneas 64–65]?

   a. Que no todos querrán vivir para siempre.
   b. Que no habrá suficiente medicina para todo el mundo.
   c. Que el gobierno dejará de dar las inyecciones.
   d. Que la policía vivirá para siempre.

14. ¿Qué opinión parece tener el autor sobre la inmortalidad?

   a. Que es horrorosa.
   b. Que es tranquilizante.
   c. Que no es imposible de conseguir.
   d. Que no se puede descubrir en el futuro.

E. Ahora te toca En esta actividad tendrás la oportunidad de hacerle preguntas al autor, como lo hacen los reporteros en las entrevistas. Como el autor no está presente, tú y tus compañeros tendrán que hacer el papel del autor y contestar las preguntas de "los reporteros". Las ideas a continuación son posibles áreas que puedes explorar con tus preguntas.

- el anuncio del descubrimiento
- el descubrimiento
- los problemas o las desventajas del descubrimiento

Un paso más

La descripción El autor utiliza muy bien el lenguaje descriptivo para que los lectores nos podamos imaginar estas escenas fácilmente. ¿Cómo pintarías tú las siguientes ideas o imágenes? Si tienes capacidad artística, quizás te guste dibujarlas, pero si prefieres "pintar con palabras" crea una descripción original en lugar de las del autor. No tengas miedo; el lenguaje descriptivo es algo muy personal y a veces las mejores descripciones, las más originales, surgen de interpretaciones o perspectivas muy diferentes.

1. "el pañuelo de huesos y sangre que ondeaba, por última vez, sobre la faz de la tierra"
2. "confusos conejos asustados entre una raza de titanes"
3. "el último cargamento de almas rumbo al más allá"
4. "unos pobres renacuajos condenados a prisión perpetua en el verdoso estanque de la vida"

Juventud, divino tesoro En estos anuncios que aparecen en la prensa, puedes ver el interés actual en retardar el envejecimiento. Algunos dirían que los avances de la ciencia nos proveen oportunidades legítimas para mantenernos jóvenes, pero los críticos mantienen que la preocupación por preservar la juventud no es nada más que un temor a la vejez y a la muerte. ¿Qué opinas tú? Describe tu reacción a los anuncios. Escucha con atención lo que dicen los otros estudiantes de tu clase.

CAMINO DE JUVENTUD: HASTA EL MOMENTO, NINGÚN SABIO HA DADO CON LA FÓRMULA MÁGICA CAPAZ DE PRESERVAR LA JUVENTUD ETERNAMENTE; PERO, EN MATERIA DE COSMÉTICA, LOS ESFUERZOS EN INVESTIGACIÓN HAN CONSEGUIDO QUE NOS ENCONTREMOS MEJOR DENTRO DE NUESTRA PIEL EL MAYOR TIEMPO POSIBLE.

Prevención activa contra el envejecimiento

Te presenta lo más avanzado de la ciencia para nutrir tu piel y prevenirla activamente contra el envejecimiento. Día a día, con esta crema tendrás el tiempo a tu favor.

Nueva crema nutritiva

Una acción en profundidad contra la arruga desde su raíz

Juventud del cuerpo: ***viva la esbeltez y la firmeza***

Con la Crema Rejuvenecedora con Liposomas, ya puedes olvidar que el tiempo pasa.

Vitamina E, fuente de juventud: su efecto impide la oxidación de las membranas celulares

Para conversar 

Algunas palabras y expresiones que te ayudarán a expresar tus ideas se encuentran a la derecha.

Respeto a los ancianos Mucha gente cree que nuestra sociedad rechaza a los ancianos como si fueran "el periódico de ayer". Es decir, están pasados de moda y no sirven para nada. Esa misma gente dice que nos preocupamos demasiado por la juventud, por lo moderno, por lo nuevo. Usando las ideas a continuación como punto de partida, discute este tema con tus compañeros de clase.

- Una empresa exige a los ancianos que se jubilen *(retire)*.
- Una familia envía a un abuelo a un asilo para ancianos, aunque él no quiere vivir allí.
- Un vendedor no atiende a una anciana en una tienda porque ella es "lenta" y él quiere vender lo más que pueda para ganar más comisiones.

Asumir otra identidad Una de las mejores maneras de comprender otra perspectiva es adoptar la identidad de otra persona. Piensa ahora en un(a) anciano(a) que conoces e intenta acordarte de algo que le cuesta trabajo hacer debido a su edad. Cuenta esa historia a los otros estudiantes como si fueras él (ella). La tarea de los que escuchan será hacerte preguntas sobre esa experiencia. Las situaciones a continuación te ofrecen posibles ideas para explorar.

- no podía renovar su permiso de conducir
- no podía preparar la comida
- no podía recordar su dirección

¿Quieres ser inmortal? Organícense en grupos de cuatro o seis estudiantes y preparen un debate sobre el tema "La inmortalidad, ¿la deseamos o no?" Unos deben estar en favor del tema y otros en contra. Piensen en los siguientes puntos mientras se preparan.

- ejemplos que apoyan tu opinión
- por qué es justificada tu declaración
- posibles problemas (legales, morales, sociales)
- preguntas para tus oponentes

Vocabulario útil

Aquí tienes una lista de palabras y expresiones que probablemente ya sabes.

la autodependencia
la edad avanzada
la eternidad
el fallecimiento
la fuente de la juventud
jubilarse
mantenerse en forma
la muerte
respetar
la sabiduría
la vejez

Estas palabras o expresiones pueden ayudarte también.

el asilo para ancianos *nursing home*
envejecer *to grow old*
el envejecimiento *aging*
mayor de edad *elderly*
senil *senile*
soñar (ue) con *to dream of*

Phrases:
Talking about the date; Expressing a wish or desire; Expressing hopes & aspirations; Linking ideas; Pointing out an object; Sequencing events; Writing an essay

Vocabulary:
Calendar; Diseases & illness; Family members; Food: pastry; Numbers: collectives

Grammar:
Comparisons: adjectives; Next: *siguiente, que viene, próximo*; Verbs: present; Verbs: future

Para escribir

Los cumpleaños Es interesante ver cómo los niños esperan con gran placer cada cumpleaños, mientras que muchos adultos preferirían olvidar la fecha y que se están poniendo viejos. ¿Por qué crees que es así? Imagínate primero que eres un niño que cumple diez años, y luego un adulto que cumple cuarenta; escribe una reflexión sobre tu cumpleaños desde cada punto de vista. Puedes escribir tus reflexiones en forma de diario personal.

Testamentos *(Wills)* Hoy en día mucha gente prefiere morir en lugar de continuar viviendo por medios artificiales, o sea, "enchufados" *(plugged)* a una máquina. Por esta razón muchos preparan un testamento explicando lo que la familia debe hacer en este caso. Escribe un editorial para el periódico de tu escuela defendiendo o no esta idea.

Mi propio cuento Millones de personas han buscado la fuente de la juventud y miles han escrito acerca de ello. Ahora tienes la oportunidad de escribir tu propia obra de ficción. El plan a continuación te ayudará a organizar tu obra.

I. Crea el marco histórico

II. La invención, explica lo que es
Complicaciones o límites de la invención
Beneficios para los que reciben la invención

III. Conflicto
Los que reciben los beneficios y los que no los reciben se ven como enemigos
Reacción negativa por parte de los que no reciben los beneficios
Cambio de actitud por parte de los que no podrán recibir los beneficios

IV. Resolución
Explicación del cambio de actitud

V. Conclusión

Otra dimensión

Los dibujos a continuación representan un cuento. En tus propias palabras, describe en detalle lo que sucede. Las preguntas te ayudarán a describir la acción. Puedes añadir más información para hacer el cuento más interesante.

- ¿Dónde encuentra la señora la fuente de la juventud?
- ¿Por qué crees que dice que ha encontrado la fuente de la juventud?

Comprensión auditiva 

A continuación vas a escuchar una selección sobre un nuevo informe de las Naciones Unidas que afecta a los habitantes de Europa y América del Norte. La selección y las preguntas no están impresas en tu libro, sólo las posibles respuestas a cada pregunta. Escucha la selección y responde a las preguntas escogiendo la respuesta correcta entre las opciones impresas en tu libro.

Número 1

a. educacionales
b. económicos
c. políticos
d. filosóficos

Número 2

a. No ha cambiado.
b. Ha disminuido.
c. No es posible determinarlo.
d. Es dos veces más alto.

Número 3

a. 40 millones
b. 90 millones
c. 185 millones
d. 310 millones

Número 4

a. Hacer cambios en los servicios sociales.
b. Obligar a los jóvenes a que ahorren más.
c. Mejorar el nivel de vida de los habitantes.
d. Mantener a los ciudadanos informados.

CAPÍTULO

Antes de leer

A. Para discutir en clase

Mira los dibujos y piensa en cómo los describirías. Lee las preguntas e incorpora las respuestas en tu descripción. Para la discusión con el resto de la clase, haz una lista de palabras clave o de frases que te ayuden a expresar tus ideas.

Me llamo Rigoberta Menchú y así me nació la conciencia

Rigoberta Menchú con Elizabeth Burgos

1. ¿Quiénes son las personas en estos dibujos? ¿Dónde están? ¿Qué hacen?
2. ¿De dónde crees que son estas personas? ¿Viven en un país Latinoamericano? ¿Por qué?
3. ¿Qué tipo de trabajo hacen? ¿Es un trabajo duro? Explica.

B. Nuestra experiencia Imagina que a uno(a) de tus compañeros le han dado un premio por su labor (*work*) tratando de mejorar las condiciones en tu comunidad o en tu escuela. Por ejemplo:

- su ayuda en el reciclaje para mejorar el ambiente
- su asistencia a los estudiantes con dificultades académicas
- su trabajo en favor de la igualdad de las mujeres
- su labor en contra del uso de las drogas
- sus esfuerzos para que la gente deje de fumar cigarrillos
- su interés en la justicia social y la igualdad de derechos

Escoge una de las causas por la cual le pueden haber dado un premio y escribe cinco preguntas que le harías en una entrevista para el periódico de la escuela. Luego, un(a) compañero(a) va a hacer el papel del premiado (de la premiada) y va a contestar tus preguntas.

C. "La muerte de una cultura es un desastre" El artículo a continuación te servirá de introducción a la selección que vas a leer más tarde en este capítulo. Antes de leer la entrevista, responde a las siguientes preguntas.

1. ¿Estás de acuerdo con la declaración que hace el título? ¿Por qué?
2. ¿Por qué piensas que el autor escogió esta cita para titular su artículo?
3. En el subtítulo se explica quién es Augusto Willemsen Díaz y el tipo de trabajo que hace. ¿Piensas que el tema de la entrevista es oportuno *(timely)*?
4. ¿Podría substituirse la palabra "indígena" con el nombre de otro grupo?
5. ¿Qué otros grupos podrían ocupar el lugar de la palabra "indígena"?
6. Lee las preguntas de la entrevista rápidamente y haz una lista de los puntos más importantes que le pregunta el señor Néstor Norma a Augusto Willemsen Díaz. Una vez que hayas hecho tu lista, compártela con tus compañeros de clase y discute por qué son importantes esos puntos.
7. Ahora lee el artículo en su totalidad y escribe un párrafo haciendo un resumen. La lista que hiciste en el número 6 te ayudará a escribir el resumen. Una vez que hayas terminado, intercambia tu resumen con otro(a) estudiante para que te ayude a refinarlo y a completarlo con los temas que no incluíste. Tú debes hacer lo mismo con su resumen.

NÉSTOR NORMA

AUGUSTO WILLEMSEN DÍAZ

«La muerte de una cultura es un desastre»

El guatemalteco Augusto Willemsen acaba de recibir el premio Bartolomé de las Casas por su trabajo en la defensa de los derechos° de las comunidades indígenas.

IMPULSOR en la ONU de resoluciones que reconozcan los derechos de las comunidades indígenas, el guatemalteco Augusto Willemsen Díaz acaba de recibir de manos del Príncipe Felipe el Premio Bartolomé de las Casas, instituido por la Casa de América y el Instituto de Cooperación Iberoamericana. El galardón° reconoce su «destacada° labor en favor de los derechos indígenas».

—Ha trabajado 30 años en la ONU para mejorar la situación de los pueblos indígenas. ¿Qué ha conseguido?

—Que en las Naciones Unidas haya presencia de esos pueblos. Y digo presencia, y no representación, porque sólo tienen cabida° los representantes de los estados, y no hay ningún estado gobernado por indígenas. Lo que ha hecho la ONU, gracias a un estudio que tuve el privilegio de realizar,° fue reconocer a 12 organizaciones indígenas como entidades internacionales consultivas.

—La ONU prepara para 1993 la Declaración Universal de los Derechos de los Pueblos Indígenas. ¿Qué aspectos debería tratar?

—A mi entender, dos problemas básicos: la identidad sociocultural de los pueblos indígenas y la defensa de sus tierras. Es evidente que, a pesar de siglos de colonización, conquista y sometimiento,° las comunidades nativas quieren mantener su cultura ancestral, su lengua, sus costumbres y, por supuesto, sus territorios.

—Deduzco que el término* integración*, que ha utilizado la antropología moderna para hablar de la incorporación de los pueblos indígenas a las sociedades desarrolladas,° es para usted conflictivo...

—El término *integración* ha sido cuestionado por los indígenas y por los propios antropólogos. Y eso que la antropología había logrado° imponer ese concepto porque se pensaba que así se daba a los indígenas la oportunidad de ser iguales a los otros. Pero eso está en contradicción con el pensamiento moderno que señala° que no hay cultura superior, sino diferente. En términos tecnológicos es evidente que hay civilizaciones superiores, pero las indígenas han demostrado una espiritualidad diferente y un criterio superior en el campo de la ecología y de la conservación de la naturaleza, por ejemplo.

—¿Hay que dejar que los pueblos indígenas resuelvan ellos solos su supervivencia° y desarrollo?

—No se trata de dejarlos a su suerte. Hay que darles posibilidades para que se incorporen, de la forma que prefieran, a otras sociedades. Eso nunca ha sido así. Cuando llegaron los europeos a América, sin ir más lejos, se les impuso contra su voluntad una cultura, una lengua y una religiosidad que ellos desconocían.

—Sí, pero ahí han quedado una lengua y una cultura que los vincula° y les da una proyección universal.

—Algunas de las lenguas europeas se han autoproclamado de vocación universal, y todas las lenguas lo son. La educación se concibió durante mucho tiempo como una forma de *desindigenizar* al indígena; es decir, con una intención etnocéntrica que consideraba su cultura como la única. Posteriormente, la Unesco planteó° lo que se llama educación bilingüe o bicultural, que dice que el idioma materno y su contexto cultural deben ser el molde en el cual se vierta° la educación del indígena.

—¿Es una causa perdida la defensa de grupos étnicos cuando hay problemas tan urgentes como el hambre?

—Desde la invasión de las tierras americanas hasta ahora han desaparecido 90 millones de personas, por lo tanto la defensa de los pueblos indígenas no es causa literaria ni menor. Es cierto que hay otros problemas urgentísimos como el que menciona, pero la muerte de una cultura es un desastre, sobre todo cuando aún existen en el mundo entre 300 y 400 millones de indígenas cuyos problemas siguen sin resolver.

indicates, points out

reward, prize

distinguished, outstanding / rights / survival

tienen... *have influence*

to work on / bonds, links

established

submission

se... *will be cast*

developed

había... *had managed*

D. Las injusticias Hoy en día la sociedad empieza a reconocer las injusticias que han existido en el pasado en cuanto al tratamiento de los pueblos indígenas. En tu opinión, ¿piensas que no se ha tratado bien al indígena? ¿Por qué? ¿Tienen derecho a recibir la tierra que le quitaron otros? ¿Quiénes han sido algunos de los explotadores? ¿Ha cambiado la situación? Explica. Si no tienes muchos conocimientos sobre este tema puedes preguntarle a un(a) profesor(a) de Estudios Sociales en tu escuela o buscar la información en la biblioteca.

E. El título La siguiente selección es el comienzo de la autobiografía de Rigoberta Menchú, la cual se titula *Me llamo Rigoberta Menchú y así me nació la conciencia.* Rigoberta Menchú es una india quiché que recibió el Premio Nobel de la Paz en 1992. Al darle el premio, el panel de jueces señaló que Menchú "es un símbolo vivo de paz y reconciliación... en su país, en el continente americano y en el mundo". Menchú ha luchado por dar a conocer al mundo las injusticias que sufren los indígenas en su país, donde una sangrienta guerra civil ha durado más de treinta años. Piensa en el título de la autobiografía y responde a las siguientes preguntas.

1. ¿Por qué piensas que la autora escogió ese título?
2. ¿Qué efecto produce la frase "y así me nació la conciencia"?
3. ¿De qué piensas que trata esta selección?

Un poco de historia: El Popol Vuh Al empezar su autobiografía, Rigoberta Menchú usa una cita del *Popol Vuh,* un libro sagrado de los indios mayas. Se le ha llamado "la Biblia de los mayas". Este libro relata cómo el Creador creó la Tierra y al Hombre. También explica el secreto de la creación, de la vida y de la muerte. No se sabe su origen ni quién lo escribió, pero se sabe que fue escrito en la primera mitad del siglo XVII. Antes de haber sido escrito, la información pasó de generación en generación en forma oral. Gracias al *Popol Vuh,* hoy conocemos los eventos más importantes de la historia de los mayas. Si te interesa este tema, puedes consultar la enciclopedia de tu biblioteca.

Al leer

Para Menchú el español no es su lengua nativa, así que cuando leas vas a encontrar frases incompletas y construcciones a las que quizás no estés acostumbrado(a). No te preocupes, lo importante es que comprendas el mensaje que nos quiere dar. Mientras lees, trata de prestarle atención a los puntos en la próxima página.

- la situación indígena en Guatemala
- la geografía de la región
- el tipo de trabajo que hacían los quichés
- la migración

Los principales grupos lingüísticos mayas
(Mapa realizado por J. Berthelot, 1983) En el recuadro: nombre de las localidades mencionadas en el libro.

Me llamo Rigoberta Menchú y así me nació la conciencia

Rigoberta Menchú con Elizabeth Burgos

"Siempre hemos vivido aquí: es justo que continuemos viviendo donde nos place y donde queremos morir. Sólo aquí podemos resucitar; en otras partes jamás volveríamos a encontrarnos completos y nuestro dolor sería eterno."

POPOL VUH

Me llamo Rigoberta Menchú. Tengo veintitrés años. Quisiera dar este testimonio vivo que no he aprendido en un libro y que tampoco he aprendido sola ya que todo esto lo he aprendido con mi pueblo y es algo que yo quisiera enfocar. Me cuesta mucho recordarme toda una vida que he vivido, pues muchas veces hay tiempos muy negros y hay tiempos que, sí, se goza también pero lo importante es, yo creo, que quiero hacer un enfoque que no soy la única, pues ha vivido mucha gente y es la vida de todos. La vida de todos los guatemaltecos pobres y trataré de dar un poco mi historia. Mi situación personal engloba° toda la realidad de un pueblo.

En primer lugar, a mí me cuesta mucho todavía hablar castellano ya que no tuve colegio, no tuve escuela. No tuve oportunidad de salir de mi mundo, dedicarme a mí misma y hace tres años que empecé a aprender el español y a hablarlo; es difícil cuando se aprende únicamente de memoria° y no aprendiendo en un libro. Entonces, sí, me cuesta un poco. Quisiera narrar desde cuando yo era niña o incluso desde cuando estaba en el seno° de mi madre, pues, mi madre me contaba cómo nací porque nuestras costumbres nos dicen que el niño, desde el primer día del embarazo° de la mamá ya es un niño.

En primer lugar en Guatemala existen veintidós etnias indígenas, y consideramos que una de las etnias también son los compañeros ladinos,° como les llaman, o sea, los mestizos;° serían veintitrés etnias, veintitrés lenguas también. Yo pertenezco a una de las etnias que es la

engloba: ?

memoria: de... ?

seno: *bosom, womb*

embarazo: *pregnancy*

ladinos / mestizos: *descendants of Indians and Spanish / born of parents of different races* etnia° Quiché, tengo mis costumbres, costumbres indígenas quichés, pero sin embargo he vivido muy cerca de casi la mayor parte de las otras etnias debido a mi trabajo organizativo con mi pueblo. Soy de San Miguel/Uspantán, Departamento El Quiché. El Quiché se ubica en el Noroccidente del país. Vivo en el Norte del Quiché, o sea cerca de Chajul. Pueblos que tienen largas historias de lucha. Camino seis leguas, o sea veinticinco kilómetros a pie para llegar a mi casa, desde el pueblo de Uspantán. La aldea,° es la aldea Chimel, donde yo nací. Precisamente mi tierra es casi un paraíso de todo lo lindo que es la naturaleza en esos lugares ya que no hay carreteras, no hay vehículos. Sólo entran personas. Para transportar las cargas son los caballos o nosotros mismos; para bajar al pueblo de las montañas. Yo casi vivo en medio de muchas montañas. En primer lugar, mis padres se ubicaron° desde el año 1960, ahí, y ellos cultivaron la tierra. Era montañoso donde no había llegado ninguna persona.

Ellos, con toda la seguridad de que allí iban a vivir, y aunque les costara mucho, pero allí se quedaron. En ese lugar se daba mucho el mimbre.° Entonces mis padres se habían ido allá a buscar mimbre pero allí les gustó y empezaron a bajar las montañas para quedarse allá. Y, un año después querían quedarse allá pero no tenían recursos.° Fueron desalojados° del pueblo, de su pequeña casita. Entonces vieron la gran necesidad de irse hasta la montaña y allí se quedaron. Puedo decir que ahora es una aldea de cinco o seis caballerías° cultivadas por los campesinos.

Fueron desalojados del pueblo ya que allí cayó una serie de gentes, de ladinos y allí se hicieron su casa en el pueblo. No exactamente los desalojaron así, echándolos sino que, poco a poco, los gastos se apoderaron° de la casita de ellos. Llegó un momento en que tenían bastantes° deudas° con toda esa gente. Todo lo que ganaban se gastaba y la casa tuvieron que dejarla, se quedó como pagándoles la deuda que tenían. Como los ricos siempre acostumbran, cuando la gente tiene deudas con ellos de quitar un poco de tierra, un poquito de las cosas y así es cuando van apoderándose de todo. Así pasó con mis papás.

Lo que pasó es que mi padre era huérfano y mi abuelita tuvo que regalar a mi padre en una casa de unos ricos para poder comer y así es como él creció y tuvo también una etapa muy dura en la vida hasta llegar a ser un hombre grande.

Mi padre nació en Santa Rosa Chucuyub, es una aldea del Quiché. Pero cuando se murió su padre tenían un poco de milpa° y ese poco de milpa se acabó y mi abuela se quedó con tres hijos y esos tres hijos los llevó a Uspantán que es donde yo crecí ahora. Estuvieron con un señor que era el único rico del pueblo, de los Uspantanos y mi abuelita se quedó de sirvienta del señor y sus dos hijos se quedaron pastoreando° animales del señor, haciendo pequeños trabajos, como ir a acarrear leña,° acarrear agua y todo eso. Después, a medida que fueron creciendo, el señor decía que no podía dar comida a los hijos de mi

ethnic group

small village

se... ?

wicker

resources

evicted

agrarian measure of 96 acres

los... *were too much to bear for*

quite a few, similar / ?

corn harvest

pastoreando... *leading animals to pasture* / acarrear... *carrying firewood* abuelita ya que mi abuelita no trabajaba lo suficiente como para ganarles la comida de sus tres hijos. Mi abuelita buscó otro señor donde regalar a uno de sus hijos. Y el primer hijo era mi padre que tuvo que regalarle a otro señor. Ahí fue donde mi papá creció. Ya hacía grandes trabajos, pues hacía su leña, trabajaba ya en el campo. Pero no ganaba nada pues por ser regalado no le pagaban nada. Vivió con gentes... así... blancos, gentes ladinas. Pero nunca aprendió el castellano ya que lo tenían aislado en un lugar donde nadie le hablaba y que sólo estaba para hacer mandados° y para trabajar. Entonces, él aprendió muy muy poco el castellano, a pesar de los nueve años que estuvo regalado con un rico. Casi no lo aprendió por ser muy aislado de la familia del rico. Estaba muy rechazado° de parte de ellos e incluso no tenía ropa y estaba muy sucio, entonces les daba asco° de verle. Hasta cuando mi padre tenía ya los catorce años, así es cuando él empezó a buscar qué hacer. Y sus hermanos también ya eran grandes° pero no ganaban nada. Mi abuela apenas° ganaba la comida para los dos hermanos, entonces, era una condición bastante difícil. Así fue también como mi papá empezó a trabajar en las costas, en las fincas.° Y ya era un hombre, y empezó a ganar dinero para mi abuelita. Y así es cuando pudo sacar a mi abuelita de la casa del rico, ya que casi era una amante del mismo señor donde estaba, pues, las puras necesidades hacían que mi abuelita tenía que vivir allí y que no había cómo salir a otro lado. Él tenía su esposa, claro, pero, además de eso, por las condiciones, ella aguantaba° o si no, se iba porque no había tanta necesidad de parte del rico ya que había más gentes que querían entrar ahí. Entonces por las puras necesidades mi abuela tenía que cumplir° todas las órdenes. Ya salieron mi abuela con sus hijos y ya se juntó con el hijo mayor en las fincas y así es cuando empezaron a trabajar.

En las fincas en donde crecieron mis padres, crecimos nosotros. Son todas las fincas ubicadas en la costa sur del país, o sea, parte de Escuintla, Suchitepequez, Retalhuleu, Santa Rosa, Jutiapa, todas las fincas ubicadas en la parte sur del país, donde se cultiva, más que todo, el café, algodón,° cardamomo° o caña de azúcar.° Entonces, el trabajo de los hombres era más en el corte de caña, donde ganaban un poco mejor. Pero, ante las necesidades, había épocas del tiempo que todos, hombres y mujeres, entraban cortando caña de azúcar. Y claro de un principio tuvieron duras experiencias. Mi padre contaba que únicamente se alimentaban de yerbas° del campo, pues, que ni maíz tenían para comer. Pero, a medida que° fueron haciendo grandes esfuerzos, lograron tener en el altiplano,° una casita. En un lugar que tuvieron que cultivarlo por primera vez. Y, mi padre a los dieciocho años era el brazo derecho, de mi abuelita porque había tanta necesidad. Y era mucho el trabajo de mi padre para poder sostener a mi abuelita y a sus hermanos... Desgraciadamente desde ese tiempo habían ya agarradas para el cuartel;° se llevan a mi padre al cuartel y se queda nuevamente mi abuela con sus dos hijos. Y, se fue mi padre al servicio. Allá es donde él aprendió muchas cosas malas y también

hacer... *to do errands*
rejected
les... *it made them sick*
eran... *?*
hardly
plantations
used to put up with
to obey
cotton / *cardamom* / caña... *sugar cane*
grass, weeds, herbs
a... *as; while*
high plateau
agarradas... *seized by the military*

aprendió a ser un hombre ya completo, porque dice que al llegar al servicio le trataban como cualquier objeto y le enseñaban a puros golpes,° aprendió más que todo el entrenamiento militar. Era una vida muy difícil, muy dura para él. Estuvo haciendo un año el servicio. Después, cuando regresa, encuentra a mi abuelita en plena agonía que había regresado de la finca. Le dio fiebre. Es la enfermedad más común después de la ida a las costas, donde hay mucho calor y después el altiplano, donde hay mucho frío, pues ese cambio es bastante brusco para la gente. Mi abuela ya no tuvo remedio° y tampoco había dinero para curarla y se tuvo que morir mi abuelita. Entonces quedan los tres huérfanos que es mi padre y sus dos hermanos. Aún ya eran grandes. Se tuvieron que dividir ellos ya que no tenían un tío ni tenían nada con quien apoyarse° y todo. Se fueron a las costas, por diferentes lados. Así es cuando mi padre encontró un trabajito en un convento parroquial y donde también casi no ganaba pues, en ese tiempo se ganaba al día treinta centavos, cuarenta centavos, para los trabajadores tanto en la finca como en otros lados.

blows

no... *?*

to depend on

Dice mi padre que tenían una casita hecha de paja,° humilde. Pero, ¿qué iban a comer en la casa ya que no tenían mamá y que no tenían nada?

straw

Entonces, se dispersaron.

Así es cuando mi padre encontró a mi mamá y se casaron. Y enfrentaron muy duras situaciones. Se encontraron en el altiplano, ya que mi mamá también era de una familia muy pobre. Sus papás también son muy pobres y también viajaban por diferentes lugares. Casi nunca estaban estables en la casa, en el altiplano.

Así fue como se fueron a la montaña.

No había pueblo. No había nadie.

Fueron a fundar una aldea en ese lugar. Es larga la historia de mi aldea y es muy dolorosa muchas veces.

Las tierras eran nacionales, o sea, eran del gobierno y que para entrar en las tierras había que pedirle permiso. Después de pedirle permiso, había que pagar una multa° para bajar las montañas y luego hacer sus casas. Entonces, a través de todos esos esfuerzos en la finca pudieron dar la multa que tuvieron que pagar y bajaron las montañas. Claro, no es fácil que dé cosecha° una tierra cuando se acaba de cultivarla, y bajar las montañas. Casi en ocho o nueve años da la primera cosecha buena, entonces, la poca tierra que mis padres pudieron cultivar en ese tiempo, fue ya después de los ocho años que tuvieron producto de esa pequeña tierra, y así es cuando crecieron mis hermanos. Cinco hermanos mayores y que cuando estábamos en las fincas, yo vi morir todavía a mis dos hermanos mayores, precisamente por la falta° de comida, por la desnutrición que, nosotros los indígenas sufrimos. Muy difícil que una persona llegue a tener los quince años, así con vida. Más cuando uno está en pleno crecimiento y que no tiene nada que comer y se mantiene con enfermedades... entonces... se complica la situación.

fine

harvest

lack

Se quedaron allí. Lo lindo que veía mi madre eran los árboles, las montañas increíbles. Mi mamá decía que había veces que se perdían, pues, al salir de la montaña no se ubicaban porque las montañas son bastante grandes y casi no cae rayo de sol debajo de las plantas. Es muy tupido.° Entonces allí nosotros prácticamente crecimos. Amamos mucho, mucho a nuestra tierra, a pesar de que caminábamos mucho para llegar hasta la casa de los vecinos. Poco a poco mis papás llamaron más gente para que hubiera más cultivo y que no sólo eran ellos ya que en la noche bajaban toda clase de animales de la montaña a comer la milpa, a comer el maíz cuando ya está, o a comer el elote.°

dense
ear of corn

Todas las cosas se las comían los animales de la montaña.

Uno de ellos, que decía mi papá, es el mapache° que le dicen. Además mi mamá empezó a tener sus gallinas, sus animalitos y había bastante espacio pero como mi madre no tenía tiempo para ver sus animales, tenía unas ovejitas,° que si se iban al otro lado de las plantas, ya nunca regresaban. Unas se las comían los animales en el monte° o se perdían.

raccoon
little lambs
mountain

Entonces, empezaron a vivir ahí pero, desgraciadamente, mucho, mucho tiempo tardó para que ellos tuvieran un poquito de cultivo.

Entonces tenían que bajar a las fincas.

Esto es lo que contaban mis padres cuando se radicaron allí. Ya después, cuando nosotros crecimos cuando nos tocaba° vivir cuatro o cinco meses en esa aldea, éramos felices porque había grandes ríos que pasaban por la montañita, abajito de la casa. Nosotros prácticamente no tenemos tiempo como para divertirnos. Pero, al mismo tiempo, cuando estábamos trabajando era una diversión para nosotros porque nos tocaba quitar los montes pequeños y a mis padres les tocaba cortar los árboles grandes. Entonces, allí se oían cantos de pájaros, diferentes pájaros que existen. También muchas culebras.° Y nosotros nos asustábamos mucho, mucho de ese ambiente. Eramos felices a pesar de que hace también mucho frío porque es montañoso. Y es un frío húmedo.

nos... *it was our turn*
snakes

Yo nací en ese lugar. Mi madre tenía ya cinco hijos, creo yo. Sí, tenía ya cinco hijos y yo soy la sexta de la familia. Y mi madre decía que le faltaba todavía un mes para componerse conmigo° y estaba trabajando en la finca. Le faltaban veinte días cuando se trasladó a casa y cuando yo nací, nací únicamente con mi madre, pues. No estaba mi papá ya que tenía que cumplir el mes en la finca.

componerse... *to give birth to me*

❖ ❖ ❖

Entonces ya crecí. Lo que me recuerdo más o menos de mi vida será a partir de° los cinco años. Desde pequeños pues, bajábamos siempre a la finca y cuatro meses estábamos en la pequeña casita que tenemos en el altiplano y los demás meses del resto del año teníamos que estar en la costa, ya sea en la Boca Costa donde hay café, cortes de café o también limpias de café y también en la costa sur donde hay

a... *?*

algodón; ése era más que todo el trabajo de nosotros. O sea las grandes extensiones de tierra que tienen unas cuantas familias donde se produce la cosecha y los productos que se venden al exterior. Los terratenientes, pues, son dueños de grandes extensiones de tierra.

En la finca trabajamos por lo general ocho meses del año y cuatro meses estamos en el altiplano ya que a partir de enero se siembran° las cosechas. Regresamos un mes al altiplano a sembrar nuestro pequeño maíz, fríjol.°

se… *they sow*

bean

Nosotros vivimos más en las montañas, o sea, en las tierras no fértiles, en las tierras que apenas dan maíz, fríjol y en las costas se da cualquier cosecha, pues. Bajamos a las fincas a trabajar durante ocho meses. Esos ocho meses muchas veces no van seguidos, porque partimos un mes para ir a sembrar al altiplano nuestra pequeña milpa. Bajamos a la finca mientras que crece la milpa y así cuando se cosecha ya nuestra pequeña milpa regresamos al altiplano. Pero inmediatamente se acaba otra vez. Y nos tenemos que bajar nuevamente a la producción a ganar dinero. Entonces, por lo que cuentan, pues, mis padres, desde hace muchos años, ellos han vivido, una situación muy difícil y muy pobres.

Comprensión

A. Comprensión general Contesta a las siguientes preguntas según la lectura.

1. ¿Cómo era la vida de Rigoberta Menchú y su familia?
2. ¿Qué influencia tuvo la geografía en la vida de esta familia?
3. ¿Cuáles fueron algunos medios que usó la familia para ganarse la vida?

B. En tus propias palabras Explica en español las siguientes palabras. Puedes usar un incidente o un sinónimo para explicar su significado. La referencia indica la línea en la que puedes encontrar la palabra en el texto, así podrás usar el contexto para la explicación.

engloba [10]
de memoria [15]
se ubicaron [36]
deudas [52]
eran grandes [85]
no tuvo remedio [126]
a partir de [204]

C. En contexto

Da una palabra o frase que quiera decir lo mismo que las siguientes palabras o frases.

aldea [31] no tuvo remedio [126]
se ubicaron [36] a partir de [204]
eran grandes [85]

D. ¿Qué usamos para...?

Empareja las palabras de la columna A con la frase que explica su uso en la columna B.

A		B
____	1. yerba	a. para hacer fuego
____	2. leña	b. para hacer ropa
____	3. paja	c. para hacer muebles
____	4. caballos	d. para alimentar los animales
____	5. algodón	e. para construir el techo de una casa en una aldea
____	6. mimbre	f. para ir de un lugar a otro

E. Al punto

Contesta las siguientes preguntas escogiendo la mejor respuesta o terminación según la lectura.

1. ¿A quién le da crédito Rigoberta Menchú por su "testimonio vivo"?
   a. a su primera maestra
   b. a su gente
   c. a los ricos
   d. a los militares
2. La frase "Mi situación personal engloba toda la realidad de un pueblo" [líneas 9–10] quiere decir que
   a. muchos han pasado por lo mismo.
   b. su realidad ha sido muy diferente.
   c. su pueblo no ha vivido la realidad.
   d. el resto del mundo es como su pueblo.
3. ¿Qué le cuesta trabajo a Rigoberta Menchú?
   a. Expresarse en español.
   b. Ir a la escuela.
   c. Aprender cosas de memoria.
   d. Hablar de sus costumbres.

4. Según la selección, ¿por qué tiene dificultad con el español Rigoberta Menchú?

   a. Porque vivía fuera de Guatemala.
   b. Porque no quiso aprenderlo cuando era joven.
   c. Porque no tuvo instrucción formal.
   d. Porque no había escuelas donde vivía.

5. Una de las características de las etnias indígenas es que

   a. todas están compuestas de mestizos.
   b. no hay ladinos en ninguna de ellas.
   c. son todas descendientes de los quichés.
   d. cada una habla una lengua diferente.

6. La narradora tiene que caminar tanto para llegar a su casa porque

   a. le gusta disfrutar de la naturaleza.
   b. no le gustan las carreteras.
   c. es más fácil caminar que ir a caballo.
   d. no hay otro medio de transporte.

7. ¿Cómo era el lugar donde se ubicaron sus padres?

   a. No había caballos para el transporte.
   b. Estaba lleno de cultivos.
   c. Estaba completamente deshabitado.
   d. Había muchos animales salvajes.

8. Los padres de Rigoberta Menchú perdieron la casa que tenían en el pueblo porque

   a. no tenían suficiente dinero.
   b. no se ocupaban de ella.
   c. los campesinos se la quitaron.
   d. estaba prohibido tener dos casas.

9. ¿Qué hizo la abuelita de la autora con sus hijos?

   a. Los mandó a vivir en las montañas.
   b. Hizo que se casaran muy jóvenes.
   c. Se los dio a otras personas para que pudieran comer.
   d. Los vendió para pagar sus deudas.

10. ¿Cómo trataban al padre de la narradora?

   a. Como a un miembro de la familia.
   b. No se ocupaban de él.
   c. No lo dejaban visitar a sus parientes.
   d. Le pagaban muy bien por su trabajo.

11. ¿Qué hizo el padre de Rigoberta Menchú con el dinero que ganaba en las fincas?

a. Compró las fincas de los ricos.
b. Construyó una fábrica de mimbre.
c. Se mudó fuera de Guatemala.
d. Se llevó a su madre de la casa de los ricos.

12. ¿Qué le sucedió al padre mientras estaba en el servicio?

a. Le dieron un puesto muy importante.
b. Lo trataron muy mal.
c. Aprendió muchas cosas buenas.
d. No pudo completar sus estudios.

13. El padre se tuvo que separar de sus dos hermanos porque

a. no tenían parientes que los ayudaran.
b. tenían muchos problemas y discutían mucho.
c. así se lo ordenaron los militares.
d. así se lo pidió su madre.

14. ¿Cómo consiguieron las tierras para hacer sus cultivos?

a. Pagando dinero al gobierno.
b. Pidiéndole dinero a un banco.
c. Se las regalaron los ricos.
d. Se las dio su madre antes de morir.

15. Según Rigoberta Menchú, era difícil llegar a tener quince años con vida porque

a. había muchas guerras.
b. había mucho crimen.
c. no había suficiente alimento.
d. no había médicos en la aldea.

16. ¿Cuándo se divertían Rigoberta y sus hermanos?

a. Cuando visitaban a sus parientes.
b. Cuando había fiestas en su pueblo.
c. Cuando asistían a la escuela.
d. Cuando hacían las labores del campo.

17. ¿Por qué tenía que vivir en dos lugares la familia?

a. Porque le temía a los militares.
b. Porque iba donde pudiera cultivar la tierra.
c. Porque así lo ordenaban los ricos.
d. Porque llovía mucho en las montañas.

F. Ahora te toca

Usando las siguientes ideas como punto de partida *(point of departure)*, escribe cinco preguntas para ver si tus compañeros han comprendido la selección. También puedes hacerles preguntas de cualquier punto que no hayas comprendido.

- las etnias indígenas de Guatemala
- la vida de la abuela y del padre de la autora
- la situación económica de Rigoberta Menchú y su familia

G. Reflexiones

1. Piensa en la vida de Rigoberta Menchú y en la vida de otros grupos que en tu opinión han sido oprimidos. Probablemente vas a encontrar puntos que puedes comparar. Haz una lista de las semejanzas y otra de las diferencias, luego compáralas con las listas de tus compañeros de clase.

La vida de Rigoberta Menchú

vs.

Otro grupo oprimido: ____________________

Semejanzas	**Diferencias**
____________________	____________________
____________________	____________________
____________________	____________________
____________________	____________________

2. Ahora que has leído un poco sobre la vida de Rigoberta Menchú y la situación de las etnias indígenas de Guatemala y las has comparado con las de otro grupo oprimido, piensa en lo que nosotros podemos hacer para evitar la pobreza y la injusticia, y en cómo podemos mejorar la situación de las personas que son menos afortunadas que nosotros. Prepara un informe corto y compártelo con tus compañeros de clase.

3. Rigoberta Menchú es un ejemplo vivo de la mujer luchadora y digna de admiración. Piensa en la vida de otra mujer a quien tú admiras y presenta un breve informe a la clase, comparando la vida de esa mujer con la de Rigoberta Menchú.

Un paso más

Situaciones difíciles Probablemente nunca te has tenido que enfrentar a muchas de las dificultades que se le presentaron a Rigoberta Menchú y a su familia. Piensa en las siguientes situaciones y explica con detalle lo que tú harías o cómo te sentirías si te encontraras en ellas.

1. Tu familia es desalojada *(evicted)* de su casa.
2. Tienes muchas deudas.
3. No puedes encontrar trabajo durante el verano.
4. Tienes que mudarte cada seis meses.
5. No tienes con qué o con quién divertirte.

Ahora piensa en otras situaciones difíciles y preséntaselas a tus compañeros de clase para ver cómo ellos reaccionarían.

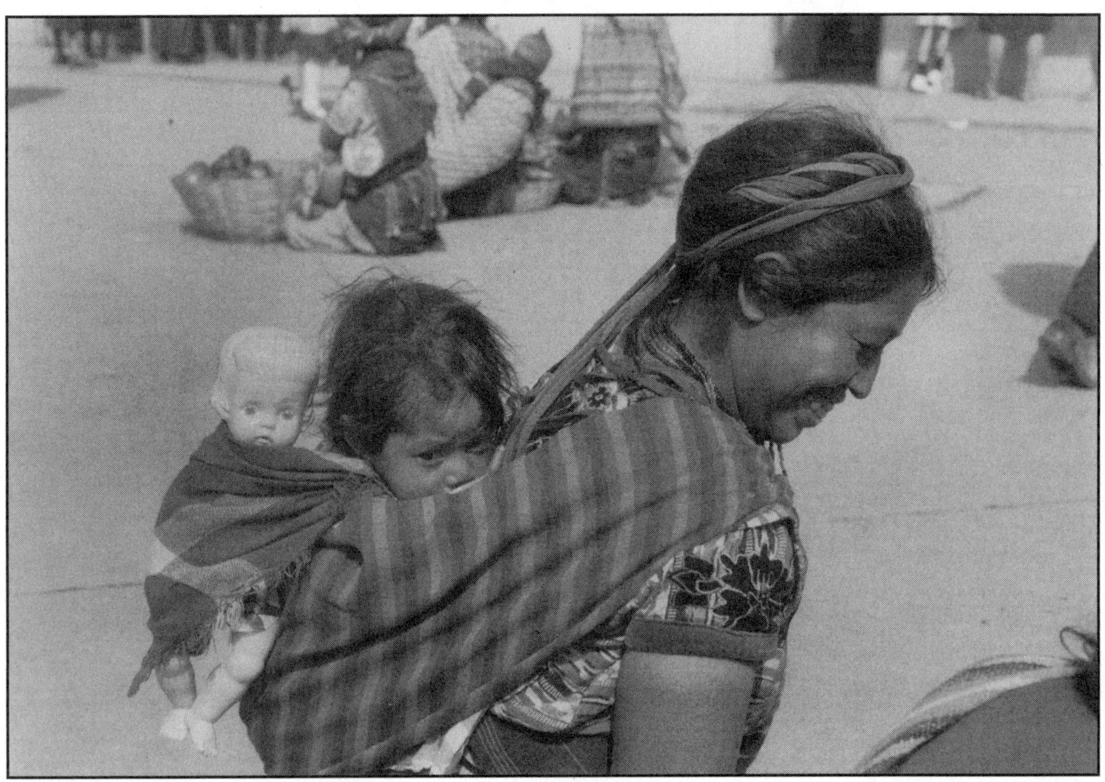

Para conversar

Algunas palabras y expresiones que te ayudarán a expresar tus ideas se encuentran a la derecha.

Una entrevista Imagina que tienes la oportunidad de entrevistar a Rigoberta Menchú. Escribe cinco preguntas que le harías. Luego, en grupos de tres estudiantes, compartan las preguntas y escojan las mejores del grupo. Una vez que hayan seleccionado las mejores, busquen un(a) compañero(a) que les conteste las preguntas como si él o ella fuera Rigoberta Menchú.

Los inmigrantes Piensa en una persona de tu comunidad que haya inmigrado, habla con él (ella) y trata de averiguar su situación con respecto a la necesidad de tener que

- aprender otra lengua
- mudarse a un lugar desconocido
- ayudar a la familia económicamente
- resolver los problemas y las dificultades que enfrentaron, o cualquier otro punto que consideres importante

Prepara un breve informe para los otros estudiantes en la clase.

El Premio Nobel Piensa en lo que significa recibir el Premio Nobel de la Paz. Si pudieras darle el premio a una persona, ¿a quién se lo darías? Explica en detalle las razones por las que piensas que esta persona se lo merece. Luego, en grupos de tres o cuatro estudiantes, trata de defender a tu candidato(a). Cada grupo debe escoger a un(a) ganador(a).

Los estereotipos "Como los ricos siempre acostumbran, cuando la gente tiene deudas con ellos… van apoderándose de todo. Así pasó con mis papás." ¿Estás de acuerdo con esta cita? Usando ejemplos específicos, explica por qué estás o no de acuerdo con ella.

Vocabulario útil

Aquí tienes una lista de palabras y expresiones que probablemente ya sabes.

la ayuda
cansarse
la clase social
la desesperación
divertirse
la niñez
los parientes
el sueldo
el sufrimiento
sufrir
la vivienda

Estas palabras o expresiones pueden ayudarte también.

al fin y al cabo *after all*
como resultado *as a result*
culpar *to blame*
en aquel entonces *at that time*
por eso *therefore*
ya que *since, although*

El sentido de integridad A través de la conciencia las personas desarrollan su integridad. Escoge a una persona que te haya ayudado a desarrollar tu conciencia y sentido de integridad. Haz un corto informe a la clase. Tus compañeros te harán preguntas sobre tu presentación.

Guatemala hoy Investiga la situación actual de Guatemala y haz un breve informe a la clase.

SOFTWARE ATAJO

Phrases:
Expressing an opinion; Asserting & insisting; Describing the past; Writing about an author/narrator; Talking about past events

Vocabulary:
Nationality; Planets; Religious holidays; Upbringing; Working conditions; Continents; Countries; Dreams & aspirations; Languages

Grammar:
Verbs: compound tenses usage; Verbs: subjunctive with *ojalá*; Prepositions: *a personal*; Comparisons: adjectives; Comparisons: equality; Comparisons: inequality; Verbs: preterit & imperfect

Para escribir

Las palabras del Popol Vuh Escribe un párrafo explicando la razón por la que crees que Rigoberta Menchú escogió la cita del *Popol Vuh* para comenzar su autobiografía.

Una carta de felicitación Escribe una carta felicitando a Rigoberta Menchú por haber obtenido el Premio Nobel de la Paz y describiéndole la reacción que has tenido después de leer la selección de su autobiografía.

Un grupo indígena de Norteamérica Escribe un informe sobre uno de los grupos indígenas de Norteamérica. Incluye información sobre su condición actual, los problemas que este grupo tiene que enfrentar, etc. Probablemente tendrás que buscar la información en una biblioteca. También puedes consultar tu respuesta al ejercicio D en la página 48 e incluir algunas de las ideas que expresaste.

Una mini-autobiografía Imagina que has decidido empezar a escribir tu autobiografía. Escoge dos incidentes o un período de tu vida que hayan sido importantes para tu desarrollo *(development)*. Recuerda que estos incidentes van a explicar "cómo te nació la conciencia".

Otra dimensión

Los dibujos en la próxima página representan un cuento. Como puedes ver, el último cuadro es sólo un punto de interrogación. Usa tu imaginación y reconstruye el cuento; luego complétalo con lo que crees que va a suceder al final.

Comprensión auditiva 

A continuación vas a escuchar un reporte de la radio sobre una votación en Guatemala. La selección y las preguntas no están impresas en tu libro, sólo las posibles respuestas a cada pregunta. Escucha la selección y responde a las preguntas escogiendo la respuesta correcta entre las opciones impresas en tu libro.

Número 1

a. las demostraciones en las calles
b. el miedo a las guerrillas
c. la falta de información
d. la falta de transporte

Número 2

a. con mucho fraude
b. con mucha apatía
c. bastante normal
d. muy exitosa

Número 3

a. No había policías para proteger a los ciudadanos.
b. No abrieron los centros para votar.
c. Muy pocas personas sabían que podían votar.
d. La violencia causó la muerte de varias personas.

Número 4

a. 8
b. 22
c. 80
d. 82

Antes de leer

A. Para discutir en clase

Mira los dibujos y describe lo que pasa en cada uno. ¿Cuál es el dilema? Para la discusión con el resto de la clase, haz una lista de palabras clave o de frases que te ayuden a expresar tus ideas.

Jacinto Contreras recibe su paga extraordinaria

Camilo José Cela

B. Nuestra experiencia Entre los regalos que has recibido, ¿recuerdas alguno en particular? ¿Y recuerdas un regalo especial que le compraste a otra persona? Descríbelos, teniendo en cuenta los siguientes puntos:

- ¿Qué fueron los regalos?
- ¿A quién se lo regalaste tú y quién te lo regaló a ti?
- ¿Para qué ocasión fueron los regalos?
- ¿Por qué fueron especiales?

C. Una relación especial Jacinto Contreras y Benjamina, los protagonistas del cuento de Cela, están contentos, a pesar de no tener mucho dinero. En tu opinión, ¿cuáles son los ingredientes esenciales de una buena relación? Las ideas a continuación te ayudarán a responder.

- respetar a la otra persona
- escuchar a la otra persona
- entender a la otra persona
- dejar que la otra persona sea sí mismo(a)
- poder expresarse libremente

D. Una selección Lee la siguiente selección del cuento. Es una descripción de lo que piensa hacer el protagonista con su paga extraordinaria *(bonus)*.

Jacinto Contreras, con sus cuartos° en el bolsillo,° estaba más contento que unas pascuas.° ¡Qué alegría se iba llevar la Benjamina, su señora, que la pobre era tan buena y tan hacendosa!° Jacinto Contreras, mientras caminaba, iba echando sus cuentas:° tanto para unas medias° para la Benjamina, que la pobre tiene que decir que no tiene frío; tanto para unas botas° para Jacintín, para que sus compañeros de colegio no le pregunten si no se moja; tanto para una camiseta de abrigo° para él, a ver si así deja de toser ya de una vez° (las zapatillas ya se las comprará más adelante); tanto para un besugo° (gastarse las pesetas en un pavo,° a como están, sería una insensatez sin sentido común), tanto para turrón,° tanto para mazapán,° tanto para esto, tanto para lo otro, tanto para lo de más allá, y aún sobraba° dinero. Esto de las pagas extraordinarias está muy bien inventado, es algo que está pero que muy bien inventado.

? / ?
más... *as happy as a lark*
?
?
?
?
camiseta... ?
ya... *once and for all*
sea bream (a fish) A common Christmas Eve dinner in Spain. / ? / nougat / marzipan Turrón *and* mazapán *are popular in Spain during the Christmas holidays. / was left over*

Ahora, basándote en lo que acabas de leer, empareja las palabras de la columna A con las definiciones más apropiadas de la columna B.

A

____ 1. bolsillo

____ 2. turrón y mazapán

____ 3. cuartos

____ 4. hacendosa

____ 5. cuentas

____ 6. camiseta de abrigo

____ 7. besugo

____ 8. pavo

____ 9. bota

____ 10. medias

B

a. prenda de vestir para protegerse del frío

b. una clase de zapato que cubre el pie y parte de la pierna

c. ave

d. trabajadora

e. dulces

f. cálculo aritmético

g. pescado

h. sirve para meter en él algunas cosas

i. se llevan sobre el pie y la pierna

j. dinero

El autor

Camilo José Cela nació en Galicia, España, en 1916 y recibió en 1989 el Premio Nobel de Literatura. Sus temas principales son la soledad, el pesimismo y la angustia. En sus cuentos, Cela describe el mundo cómo es, sin exagerar la ansiedad o el sufrimiento de los personajes. También se puede apreciar la compasión que tiene Cela por las personas desafortunadas. Sus personajes son gente de corazón puro. Nos parece que los conocemos personalmente, como si estuviéramos con ellos durante toda la acción del cuento.

Al leer

Este cuento narra un incidente en la vida de Jacinto Contreras y Benjamina, un matrimonio pobre pero muy trabajador. La hábil descripción del autor, nos permite sentir las esperanzas, las alegrías y las desilusiones de los protagonistas. Mientras lees, fíjate en los siguientes puntos:

- lo que quiere hacer Jacinto Contreras con la paga extraordinaria
- la relación entre Jacinto Contreras y Benjamina
- la escena en el metro

Lectura

Jacinto Contreras recibe su paga extraordinaria

Camilo José Cela

Sentimental fabulilla de navidad

Diputación°: *the office which represents others; a body of representatives*

A Jacinto Contreras, en la Diputación,° le habían dado la paga extraordinaria de Navidad. A pesar de que la esperaba, Jacinto Contreras se puso muy contento. Mil doscientas pesetas, aunque sean con descuento, a nadie le vienen mal.

—Firme usted aquí.

—Sí, señor.

Jacinto Contreras, con sus cuartos en el bolsillo, estaba más contento que unas pascuas. ¡Qué alegría se iba a llevar la Benjamina, su señora, que la pobre era tan buena y tan hacendosa! Jacinto Contreras, mientras caminaba, iba echando sus cuentas: tanto para unas medias para la Benjamina, que la pobre tiene que decir que no tiene frío; tanto para unas botas para Jacintín, para que sus compañeros de colegio no le pregunten si no se moja; tanto para una camiseta de abrigo para él, a ver si así deja de toser ya de una vez (las zapatillas ya se las comprará más adelante); tanto para un besugo (gastarse las pesetas en un pavo, a como están, sería una insensatez sin sentido común), tanto para turrón, tanto para mazapán, tanto para esto, tanto para lo otro, tanto para lo de más allá, y aún sobraba dinero. Esto de las pagas extraordinarias está muy bien inventado, es algo que está pero que muy bien inventado.

—¿Usted qué piensa de las pagas extraordinarias?

—¡Hombre qué voy a pensar! ¡A mí esto de las pagas extraordinarias, es algo que me parece que está la mar de° bien inventado!

la... *extremely*

—Sí, eso mismo pienso yo.

Jacinto Contreras, para celebrar lo de la paga extraordinaria —algo que no puede festejarse° a diario—, se metió en un bar y se tomó un vermú.° Jacinto Contreras hacía ya más de un mes que no se tomaba un vermú.

?

an alcoholic drink

—¿Unas gambas a la plancha?°

—No, gracias, déjelo usted.°

gambas... *grilled shrimp (popular in the "tapas" bars)* / déjelo... *leave it (forget it)*

A Jacinto Contreras le hubiera gustado tomarse unas gambas a la plancha, olerlas a ver si estaban frescas, pelarlas parsimoniosamente, cogerlas de la cola y, ¡zas!, a la boca, masticarlas despacio, tragarlas entornando los ojos...

—No, no, déjelo...

El chico del mostrador se le volvió.

—¿Decía algo, caballero?

—No, no, nada..., muchas gracias..., ¡je, je!..., hablaba solo, ¿sabe usted?

—¡Ah, ya!

Jacinto Contreras sonrió.

—¿Qué le debo?

En la calle hacía frío y caía un aguanieve° molesto y azotador.° Por la Navidad suele hacer siempre frío, es la costumbre. Jacinto Contreras, en la calle, se encontró con su paisano Jenaro Viejo Totana, que trabajaba en la Fiscalía de Tasas.° Jenaro Viejo Totana estaba muy contento porque había cobrado su paga extraordinaria.

? / beating, lashing

Fiscalía... *office of price controls*

—¡Hombre, qué casualidad! Yo también acabo de cobrarla.

Jenaro Viejo y Jacinto Contreras se metieron en un bar a celebrarlo. Jacinto Contreras, al principio, opuso cierta cautelosa resistencia, tampoco muy convencida.

—Yo tengo algo de prisa... Además, la verdad es que yo ya me tomé un vermú...

—¡Venga, hombre! Porque te tomes otro no pasa nada.

—Bueno, si te empeñas.°

?

Jenaro Viejo y Jacinto Contreras se metieron en un bar y pidieron un vermú cada uno.

—¿Unas gambas a la plancha?

—No, no, déjelo usted.

commitment

Jenaro Viejo era más gastador que Jacinto Contreras; Jenaro Viejo estaba soltero y sin compromiso° y podía permitirse ciertos lujos.

?

—Sí, hombre, sí. ¡Un día es un día! ¡Oiga, ponga usted un par de raciones° de gambas a la plancha!

El camarero se volvió hacia la cocina y se puso una mano en la oreja para gritar.

—¡Marchen, gambas plancha, dos!

se... *pay only for the drink*

Cuando llegó el momento de pagar, Jenaro Viejo dejó que Jacinto Contreras se retratase.°

—Y ahora va la mía. ¡Chico, otra ronda de lo mismo!

—¡Va en seguida!

Al salir a la calle, Jacinto Contreras se despidió de Jenaro Viejo y se metió en el metro, que iba lleno de gente. En el metro no se pasa frío, lo malo es al salir. Jacinto Contreras miró para la gente del metro, que era muy rara e iba como triste; se conoce que no habían cobrado la paga extraordinaria; sin cuartos en el bolsillo no hay quien esté alegre.

—Perdone.

—Está usted perdonado.

tocar... *to ring the doorbell very lightly (as if with a glass of brandy)*

Al llegar a su casa, Jacinto Contreras no sacó el llavín, prefirió tocar "una copita de ojén", en el timbre.° A Jacinto Contreras salió a abrirle la puerta su señora, la Benjamina Gutiérrez, natural de Daimiel, que la pobre era tan buena y tan hacendosa y nunca se quejaba de nada.

—¡Hola, Jack!

La Benjamina, cuando eran novios, había estado una vez viendo una película cuyo protagonista se llamaba Jack, que ella creía significaba Jacinto, en inglés. Desde entonces siempre llamaba Jack a Jacinto.

—¡Hola, bombón!

eyelashes

Jacinto Contreras era muy cariñoso y solía llamar bombón a la Benjamina, aunque la mujer tenía una conjuntivitis crónica que la estaba dejando sin pestañas.°

—He cobrado la paga extraordinaria.

La Benjamina sonrió.

—Ya lo sabía.

—¿Ya lo sabías?

—Sí; se lo pregunté a la Teresita por teléfono.

tender

La Benjamina puso un gesto mimoso° y volvió a sonreír.

—Mira, ven a la camilla, ya verás lo que te he comprado.

—¿A mí?

—Sí, a ti.

pan for burning coals

Jacinto Contreras se encontró al lado del brasero° con un par de zapatillas nuevas, a cuadros marrones, muy elegantes.

—¡Amor mío! ¡Qué buena eres!

—No, Jack, el que eres bueno eres tú... Te las compré porque tú no te las hubieras comprado jamás... Tú no miras nunca por ti... Tú no miras más que por el niño y por tu mujercita...

Jacinto Contreras puso la radio y sacó a bailar a su mujer.

—Señorita, ¿quiere usted bailar con un joven que va con buenas intenciones y que estrena° zapatillas?

wear for the first time

—¡Tonto!

Jacinto Contreras y la Benjamina bailaron, a los acordes° de la radio, el bolero *Quizás,* que es tan sentimental. La Benjamina, con la cabeza apoyada en el hombro de su marido, iba llorando.

chord (music)

La comida fue muy alegre y de postre tomaron melocotón en almíbar,° que es tan rico. La Benjamina, a cuenta de la paga extraordinaria, había hecho unos pequeños excesos al fiado.°

syrup

al... *on credit*

—Y ahora te voy a dar café.

—¿Café?

—Sí; hoy, sí.

Mientras tomaban café, Jacinto Contreras, con el bolígrafo, fue apuntando.

—Verás: unas medias para ti, cincuenta pesetas.

—¡No seas loco, las hay por treinta y cinco!

—Bueno, déjame. Una barra de los labios, con tubo y todo, otras cincuenta.

—Anda, sigue, los hay por treinta y duran lo mismo.

—Déjame seguir. Llevamos cien. Unas botas para el Jacintín, lo menos doscientas. Van trescientas. Una camiseta de abrigo para mí, cuarenta pesetas... Hasta lo que me dieron, menos el descuento y los dos vermús que me tomé... ¡Tú verás! Queda para el besugo, para turrón, para mazapán, para todo, ¡y aún nos sobra!

Jacinto Contreras y la Benjamina se sentían casi poderosos.

—¿Hay más café?

—Sí.

Jacinto Contreras, después de tomarse su segundo café, palideció.°

?

—¿Te pasa algo?

—No, no...

Jacinto Contreras se había tocado el bolsillo de los cuartos.

—¿Qué tienes, Jack?

—Nada, no tengo nada...

La cartera donde llevaba el dinero —una cartera que le había regalado la Benjamina con las sobras de la paga de Navidad del año pasado— no estaba en su sitio.

—¿Qué pasa, Jack? ¿Por qué no hablas?

Jacinto Contreras rompió a sudar. Después besó tiernamente a la Benjamina. Y después, con la cabeza entre las manos, rompió a llorar.

Hay gentes sin conciencia, capaces de desbaratar° los más honestos sueños de la Navidad: comprarle unas medias a la mujer y unas botas al niño, comer besugo, tomar un poco de turrón de postre, etc.

destroy

Fuera, el aguanieve se había convertido en nieve y, a través de los cristales, los tejados y los árboles se veían blancos como en las novelas de Tolstoi...

Comprensión

A. Comprensión general En tus propias palabras, responde a las siguientes preguntas. Comparte tus ideas con otros estudiantes en la clase y escucha sus respuestas.

1. ¿Qué quiere comprar Jacinto Contreras con su paga extraordinaria?
2. ¿Cómo es la relación entre Jacinto Contreras y Benjamina?
3. ¿Qué le pasó a Jacinto Contreras en el metro?

B. De la misma familia Las palabras de la lista a continuación son formas que provienen de palabras que probablemente ya conoces. Da una palabra de la misma familia.

alegría [8]
hacendosa [9]
zapatillas [14]
festejarse [26]
paisano [45]
gastador [60]
llavín [78]
apuntando [119]
poderosos [130]
palideció [133]
regalado [140]

C. En contexto Da una palabra o frase que quiera decir lo mismo que las siguientes palabras.

festejarse [26]
aguanieve [43]
empeñas [55]
raciones [63]

D. Al punto Contesta a las siguientes preguntas escogiendo la mejor respuesta o terminación según la lectura.

1. Cuando cobró la paga extraordinaria, Jacinto Contreras
   a. se echó a llorar.
   b. se sintió satisfecho.
   c. se enfureció.
   d. se enloqueció.
2. ¿Qué sugiere la frase, "iba echando sus cuentas..." [línea 10]?
   a. Que pensaba en cuánto le costaría lo que quería comprar.
   b. Que le regalaba monedas a los pobres.
   c. Que no quería comprarse nada para sí mismo.
   d. Que le pedía perdón a su esposa.

3. ¿Quién es Jacintín?

a. el jefe de Jacinto
b. el hijo de Jacinto
c. el nombre que le dio Benjamina a su esposo
d. el nombre que le dio Jenaro Viejo a Jacinto

4. Con su paga extraordinaria Jacinto Contreras *no* pensaba comprar

a. ropa.
b. cuadernos.
c. pescado.
d. dulce.

5. Parece que Jacinto Contreras no pidió gambas porque

a. no quería gastar el dinero.
b. no las había.
c. no le gustaban.
d. no sabía pelarlas.

6. Al principio Jacinto Contreras no quería tomar una copita con Jenaro Viejo porque

a. tenía frío.
b. tenía miedo de perder su tren.
c. ya había tomado una.
d. ya estaba borracho.

7. Benjamina llama a su esposo "Jack" porque

a. él habla inglés.
b. él prefiere ese nombre.
c. su madre lo llamaba así.
d. entendió mal el significado del nombre.

8. ¿Por qué parecía llorar Benjamina cuando bailaban ella y su esposo?

a. Porque a su esposo no le gustaron las zapatillas.
b. Porque su esposo había perdido las zapatillas.
c. Porque estaba enferma.
d. Porque estaba contenta.

9. Jacinto Contreras se entristeció cuando se dio cuenta de que

a. había malgastado su dinero.
b. había perdido su dinero.
c. su esposa no se sentía bien.
d. su familia no podía celebrar así todos los días.

10. Podemos deducir que Jacinto le habían robado la cartera en

a. la oficina.
b. la calle.
c. el bar.
d. el metro.

E. Ahora te toca Ahora puedes hacerles preguntas a los otros estudiantes acerca del cuento para ver si lo entendieron bien. Al mismo tiempo ellos podrán ayudarte con las partes que quizás no hayas comprendido. Los temas a continuación te dan algunas posibilidades para las preguntas.

- el tiempo
- las gambas
- los apodos *(nicknames)*
- las enfermedades de los protagonistas
- el bar
- el metro

F. Una situación parecida ¿Cómo te sentirías si te encontraras en estas situaciones? Explica.

1. alguien te da mucho dinero
2. llueve, hace frío y no llevas ropa apropiada
3. le compras un regalo a un pariente
4. alguien te roba tu dinero

Un paso más

Mis sentimientos Explica el efecto de los siguientes aspectos del cuento. ¿Qué emociones sientes tú, como lector, a causa de ellos?

1. el tiempo
2. las Navidades
3. la situación económica de la familia
4. los apodos (Jack, bombón)

El robo El autor no describe el robo. ¿Dónde lo menciona en el cuento? ¿Por qué no lo describe?

Los diálogos La mayor parte del cuento consiste en diálogos. ¿Con quiénes habla Jacinto? ¿Sobre qué?

Para conversar 

Algunas palabras y expresiones que te ayudarán a expresar tus ideas se encuentran a la derecha.

¿Qué comprar? Con un(a) compañero(a) de clase, hagan Uds. los papeles de Jacinto y Benjamina. Discutan lo que quieren comprar con la paga extraordinaria. Si no quieres que el (la) otro(a) la gaste así, recomienda otra compra y dile por qué la prefieres.

El consuelo Imagínate que eres amigo(a) de Jacinto o de Benjamina y él (ella) acaba de contarte este incidente. ¿Qué le puedes decir? ¿Qué consuelo le puedes ofrecer? Tú harás el papel del amigo y un(a) compañero(a) de clase hará el papel de Jacinto o de Benjamina.

¿Qué hacemos? Eres el (la) jefe(a) de Jacinto y acabas de enterarte de que él ha perdido la paga extraordinaria. ¿Cómo reaccionarías? Con un(a) compañero(a) de clase, hagan Uds. los papeles del (de la) jefe(a) y de otro(a) oficial de la compañía. Investiguen algunas opciones posibles y si hay diferencia de opinión entre Uds., trata de convencer a tu compañero(a) de que tienes la razón.

Aquí tienes las respuestas Para este ejercicio los estudiantes de la clase van a trabajar en parejas. Un(a) estudiante en cada equipo leerá las descripciones a continuación y su compañero(a) tratará de adivinar la respuesta. No te olvides de dar tu respuesta en forma de pregunta. Por ejemplo: **mil doscientas pesetas — ¿Cuánto recibió Jacinto?**

1. marisco que toma Jacinto con su bebida
2. pescado que quiere comprar para la comida de Navidad
3. dulces populares durante la temporada navideña
4. compañero con quien Jacinto celebró la ocasión
5. lugar donde le robaron el dinero a Jacinto
6. persona que le informó a Benjamina acerca de la paga extraordinaria
7. lo que le compró Benjamina a su esposo
8. la manera en que Benjamina pagó sus compras

Vocabulario útil

Aquí tienes una lista de palabras y expresiones que probablemente ya sabes.

- alegrar
- el almacén
- barato
- de segunda mano
- en venta
- mañana será otro día
- el mercado
- no ser nada
- la oferta
- el precio
- regatear
- sentir (+ inf.)

Estas palabras o expresiones pueden ayudarte también.

- al fiado *on credit*
- algo va mal *something's wrong*
- aliviar *to alleviate, to ease*
- aplacar *to appease, to placate*
- deprimido *depressed*
- echar la culpa *to blame*
- humildad *humility*
- no hay más remedio que *there's nothing else to do but*
- (pagar) al contado/en efectivo *(to pay) cash*

SOFTWARE

Phrases:
Comparing & distinguishing; Describing objects; Expressing an opinion; Linking ideas; Weighing the evidence

Vocabulary:
Dreams & aspirations; Religions; Upbringing

Grammar:
Personal pronouns: how to use *se*; Prepositions: *a personal*; Verbs: if-clauses *si*; Verbs: present

Para escribir

Un resumen Escribe un resumen del cuento en menos de cien palabras. Piensa en los aspectos más importantes y trata de responder a estas cinco preguntas: ¿quiénes?, ¿qué?, ¿dónde?, ¿cuándo? y ¿por qué?

La ira El oír una historia como la de Jacinto puede provocar gran enojo en mucha gente. Muchos quisieran tratar de aliviar el mal que ha sufrido la víctima. Describe una historia verdadera que conozcas, ya sea personalmente o por medio de la prensa o de la televisión. El esquema a continuación te ayudará.

- la situación (¿qué pasó?)
- tu reacción (¿cómo te sentiste?)
- la reacción de otra gente (¿qué hicieron?)

El reflejo de la sociedad Algunos críticos creen que este cuento presenta un miocrocosmo de la sociedad. Existen buenas personas, pero a su alrededor hay otras que se aprovechan (*take advantage*) de ellas; la gente buena es a menudo víctima del mal. Hay otros que tienen una interpretación totalmente distinta. Éstos dicen que el espíritu de la gente buena a la larga, vencerá, a pesar de los males que se les presentan. ¿Qué opinas tú? En dos o tres párrafos explica tu opinión y defiéndela con ejemplos del cuento. Las preguntas a continuación te ayudarán a preparar y a organizar tus ideas.

- ¿Tiene todo el mundo sueños o esperanzas?
- ¿Hay muchos ladrones como el que le robó el dinero a Jacinto?
- ¿Te parece que el mal se hace más o menos evidente durante las Navidades? ¿Sentimos más el contraste entre el bien y el mal durante esta temporada?
- ¿Es la familia Contreras una familia unida? ¿Cuáles son algunos beneficios de formar parte de una familia unida?

Otra dimensión

Los dibujos a continuación representan un cuento. En tus propias palabras, describe en detalle lo que sucede.

Comprensión auditiva 

La selección que vas a escuchar trata de una celebración. La selección y las preguntas no están impresas en tu libro, sólo las posibles respuestas a cada pregunta. Escucha la selección y responde a las preguntas escogiendo la respuesta correcta entre las opciones impresas en tu libro.

Número 1

a. el Día de los Muertos
b. una fiesta de cumpleaños
c. el Día de Independencia
d. la Navidad

Número 2

a. Que la gente contribuya al bienestar de otros.
b. Que la celebración tenga lugar varias veces al año.
c. Que todo el mundo esté de vacaciones durante esta temporada.
d. Que no se vea mucha gente pobre en las calles.

Número 3

a. los que encuentran trabajo
b. los que ayudan a otros
c. los que visitan a sus familiares
d. los que reciben regalos

CAPÍTULO

Baby H.P.

Juan José Arreola

Antes de leer

A. Para discutir en clase

Mira el dibujo que acompaña el artículo y trata de reconstruir el cuento. Para la discusión con el resto de la clase, haz una lista de palabras clave o de frases que te ayuden a expresar tus ideas. En la presentación incluye las respuestas a las preguntas que aparecen a continuación.

1. ¿Qué lleva el niño en el pecho? Descríbelo.
2. ¿Cómo puede llevar el aparato?
3. ¿Qué ropa lleva el niño?
4. En tu opinión, ¿para qué sirven las agujas indicadoras?
5. ¿Por qué hay rayos alrededor del muchacho? ¿Qué sugieren?

B. Nuestra experiencia Todo el mundo ha sido víctima de la publicidad en una ocasión u otra. Piensa en el efecto que la publicidad tiene en tu vida. Lee las siguientes situaciones y responde dando todos los detalles que recuerdes. Luego escucha las experiencias de tus compañeros de clase.

1. Piensa en un producto o servicio que has comprado basándote solamente en la publicidad y que luego no te gustó o que no era exactamente como decía el anuncio. Incluye en tu respuesta la marca, si la recuerdas, y lo que te convenció comprarlo ¿Qué esperabas del producto, según la publicidad? ¿Cómo era en realidad?
2. Ahora describe un producto o servicio que te gustó mucho y que no habrías comprado si no hubieras visto u oído la publicidad para el mismo.
3. Describe el anuncio o la publicidad más tonta que puedes recordar.

C. La publicidad Escoge el producto que se vende en cada anuncio.

____ 1. Es divertido, dinámico, atractivo. ¡Lánzate en el nuevo Pólvora!

____ 2. Tienen poder concentrado para aliviar todo tipo de dolores musculares, y vienen ahora cubiertas con una capa gelatinada.

____ 3. Nuestra familia de productos frescos y saludables crece, con las nuevas y prácticas presentaciones de 1.5 lt. y 340 ml.

____ 4. Se compran de dos en dos, pero se pierden de uno en uno… ¡No permita que esto le pase a Ud.!

____ 5. ¡Su piel recibirá una infusión de juventud!

____ 6. Nunca tanto por tan poco. ¡No dejes pasar esta gran oportunidad! ¡En el mejor vecindario de la ciudad!

a. apartamentos
b. organizador de aretes *(earrings)*
c. auto
d. pastillas
e. crema hidratante
f. agua purificada

D. Una selección Lee el primer y último párrafo del cuento "Baby H.P.". Mientras lees, ten en mente estas preguntas.

- ¿Qué venden?
- ¿A quién se dirige la publicidad?

Señora ama de casa: convierta usted en fuerza motriz la vitalidad de sus niños. Ya tenemos a la venta el maravilloso Baby H.P., llamado a revolucionar la economía hogareña.°...

(of the) home

❖ ❖ ❖

El Baby H.P. está disponible en las buenas tiendas en distintos tamaños, modelos y precios. Es un aparato moderno, durable y digno de confianza, y todas sus coyunturas° son extensibles. Lleva la garantía de fabricación de John P. Mansfield & Sons, de Atlanta, Illinois.

joints

Ahora haz una lista de palabras o expresiones en estos párrafos que son típicas de la publicidad.

Al leer

El cuento que vas a leer es una obra satírica escrita por el mexicano Juan José Arreola. Aparece en *Confabulario* (1952), una colección de cuentos y obras satíricas. Mientras lees, fíjate en los siguientes puntos:

- las ventajas que ofrece el producto
- cómo el autor rechaza las posibles dudas que el consumidor pueda tener acerca del producto
- las palabras o frases que demuestran que es una obra satírica

Lectura

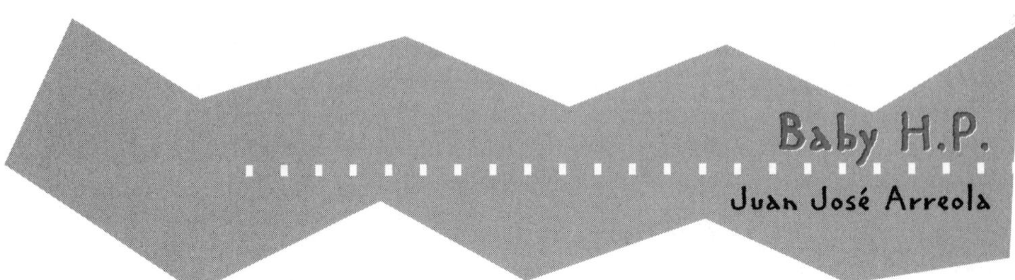

Baby H.P.

Juan José Arreola

Señora ama de casa: convierta usted en fuerza motriz la vitalidad de sus niños. Ya tenemos a la venta el maravilloso Baby H.P., llamado a revolucionar la economía hogareña.

El Baby H.P. es una estructura de metal muy resistente y ligera que se adapta con perfección al delicado cuerpo infantil, mediante cómodos cinturones, pulseras, anillos y broches. Todas las ramificaciones de este esqueleto suplementario recogen cada uno de los movimientos del niño, haciéndolos converger° en una botellita de Leyden que puede colocarse en la espalda o en el pecho, según necesidad. Una aguja indicadora señala el momento en que la botella está llena. Entonces usted, señora, debe desprenderla° y enchufarla en un depósito que puede colocarse en cualquier rincón de la casa, y representa una preciosa alcancía° de electricidad disponible° en todo momento para fines de alumbrado° y calefacción, así como para impulsar° alguno de los innumerables aparatos que invaden ahora los hogares.

De hoy en adelante usted verá con otros ojos el agobiante ajetreo° de sus hijos. Y ni siquiera perderá la paciencia ante una rabieta convulsiva,° pensando en que es una fuente generosa de energía. El pataleo° de un niño de pecho durante las veinticuatro horas del día se transforma, gracias al Baby H.P., en unos útiles segundos de tromba° licuadora, o en quince minutos de música radiofónica.

Las familias numerosas pueden satisfacer todas sus demandas de electricidad, instalando un Baby H.P. en cada uno de sus vástagos,° y hasta realizar un pequeño y lucrativo negocio, transmitiendo a los vecinos un poco de la energía sobrante.° En los grandes edificios de departamentos pueden suplirse° satisfactoriamente las fallas del servicio público de electricidad, enlazando° todos los depósitos familiares.

El Baby H.P. no causa ningún trastorno físico ni psíquico en los niños, porque no cohibe° ni trastorna° sus movimientos. Por el

haciéndolos... *bringing them together*
?
money box / ?
? / ?
agobiante... *overwhelming bustling about*
rabieta... ?
kicking, stamping
whirlwind
?
?
supply, make up for
?
restrains / *upsets*

contrario, algunos médicos opinan° que contribuye al desarrollo armonioso de su cuerpo. Y por lo que toca a su espíritu, puede despertarse la ambición individual de las criaturas, otorgándoles° pequeñas recompensas° cuando sobrepasen sus récords habituales. Para este fin se recomiendan las golosinas° azucaradas,° que devuelven con creces su valor. Mientras más calorías se añadan a la dieta del niño, más kilovatios se economizan en el contador eléctrico.

Los niños deben llevar puesto día y noche su lucrativo H.P. Es importante que lo lleven siempre a la escuela, para que no se pierdan las horas preciosas del recreo, de las que ellos vuelven con el acumulador rebosante° de energía.

Los rumores acerca de que algunos niños mueren electrocutados por la corriente que ellos mismos producen son completamente irresponsables. Lo mismo debe decirse sobre el temor supersticioso de que las criaturas provistas de un Baby H.P. atraen rayos y centellas.° Ningún accidente de esta naturaleza puede ocurrir, sobre todo si se siguen al pie de la letra las indicaciones contenidas en los folletos° explicativos° que se obsequian junto con cada aparato.

El Baby H.P. está disponible en las buenas tiendas en distintos tamaños, modelos y precios. Es un aparato moderno, durable y digno de confianza, y todas sus coyunturas son extensibles. Lleva la garantía de fabricación de John P. Mansfield & Sons, de Atlanta, Illinois.

?
giving them
?
sweets, tidbits / ?
overflowing
sparks
?
?

Comprensión

A. Comprensión general En tus propias palabras, responde a las siguientes preguntas. Comparte tus ideas con otros estudiantes en la clase y escucha sus respuestas:

1. ¿Cuál es el propósito del cuento?
2. ¿Por qué querrán comprar este producto los padres?
3. ¿Cómo sabes que es una obra satírica?

B. De la misma familia Las palabras de la lista a continuación son formas que provienen de palabras que probablemente ya conoces. Da una palabra de la misma familia.

opinan [30]

azucaradas [34]

explicativos [47]

C. En contexto Da una palabra o frase que quiera decir lo mismo que las siguientes palabras o frases.

desprenderla [11]
alumbrado [14]
impulsar [14]
rabieta convulsiva [17–18]
sobrante [25]
enlazando [27]
recompensas [33]
folletos [46]
disponible [48]

D. Al punto Contesta a las siguientes preguntas escogiendo la mejor respuesta o terminación según la lectura.

1. Los niños tienen que llevar puesto el aparato para
   a. seguir creciendo.
   b. poder moverse libremente.
   c. saber cuándo hay suficiente energía.
   d. transformar su energía física en electricidad.

2. La palabra "vástagos" [línea 23] se refiere a
   a. los cuartos.
   b. las chaquetas.
   c. los niños.
   d. los parientes.

3. ¿Qué se puede hacer con la energía sobrante?
   a. Compartirla con los vecinos.
   b. Regalársela a la compañía eléctrica.
   c. Usarla para modelos más grandes.
   d. Distribuirla a otros países.

4. El cuento da a entender que el criar a los niños puede ser
   a. un servicio mal pagado.
   b. un buen negocio.
   c. una pérdida de tiempo.
   d. una experiencia tranquilizante.

5. El ofrecer dulces a los niños "devuelve con creces su valor" [líneas 34–34] porque
   a. los dulces aumentan la inteligencia.
   b. el azúcar se transforma en aún más energía.
   c. los huesos se ponen más fuertes.
   d. los niños no comerían tanto.

6. Para evitar posibles accidentes es importante

   a. apagar la luz antes de usar la botella.
   b. no dejar caer la estructura en agua.
   c. leer cuidadosamente las instrucciones.
   d. consultar con un médico antes de comprar el Baby H.P.

7. El autor no dice nada acerca … de Baby H.P.

   a. del diseño
   b. del precio
   c. de las ventajas
   d. de la utilidad

E. Ahora te toca En esta actividad tendrás la oportunidad de hacerles preguntas a otros estudiantes. Prepara algunas preguntas a base del texto para que se las hagas a varios compañeros de clase. Aquí tienes algunos temas que pueden servirte de punto de partida.

- el diseño
- las ventajas
- la utilidad
- los posibles peligros
- la disponibilidad

Un paso más

Un buen vendedor Si vendieras el Baby H.P. y un posible cliente te hiciera los siguientes comentarios, ¿cómo le responderías? Si eres un(a) buen(a) vendedor(a) y si conoces bien tu producto, debes responder con toda la información posible. Compara tus respuestas con las de tus compañeros.

1. Cuesta demasiado y no tengo suficiente dinero.
2. Mis hijos nunca lo llevarían puesto todo el día.
3. No quiero un montón (*pile*) de botellas sucias en mi casa.
4. ¿Qué pensarán los maestros de mis hijos?
5. ¿Qué hago si no se sienten bien mis hijos?
6. Es difícil recordar y seguir todas las indicaciones.
7. No tengo niños.

regalos
25%
30%
20%
10%
15%
LOS COLORES DEL AHORRO
30% De descuento en la mercancia con etiqueta verde del 30%
25% De descuento en la mercancia con etiqueta naranja del 25%
20% De descuento en la mercancia con etiqueta morada del 20%
15% De descuento en la mercancia con etiqueta café del 15%
10% De descuento en la mercancia con etiqueta azul del 10%

Garantizado Ahora quieres convencer a alguien que compre o que pruebe algo que a ti te gusta mucho. Intenta hacerlo en una oración. Dile cuál es el producto y por qué le va a gustar.

1. una prenda de vestir
2. un aparato eléctrico
3. un juguete
4. un alimento
5. una película
6. un producto para el cuidado personal

Para conversar

Algunas palabras y expresiones que te ayudarán a expresar tus ideas se encuentran a la derecha.

Los mejores anuncios ¿Cuáles son tus anuncios comerciales preferidos? Descríbelos. Menciona estos puntos en tu descripción.

- el producto
- la marca
- los actores
- la acción

¡Váyase, por favor! ¿Cómo te sientes cuando no te interesa algo y un(a) vendedor(a) no te deja en paz? ¿Qué haces para salir de *(get rid of)* él (ella)? ¿Te sientes incómodo(a), enojado(a), impaciente? Describe tu reacción.

Peligros ¿Cuáles son algunos de los posibles peligros de la publicidad? Las siguientes ideas te ayudarán a comenzar.

- Cuando los niños ven los anuncios comerciales…
- Cuando todo parece tan perfecto en los anuncios comerciales…
- Cuando la publicidad nos hace querer más y más…

Vocabulario útil

Aquí tienes una lista de palabras y expresiones que probablemente ya sabes.

aguantar/soportar
arrogante
chistoso
creativo/original
engañar
mentir/decir una mentira
molestarle (algo a alguien)
ofensivo/insolente
oponerse a
la percepción
el entendimiento

Estas palabras o expresiones pueden ayudarte también.

adivinar las intenciones de *to see through (a person's intentions)*
en disputa *at issue*
patrocinar *to sponsor*
patrocinador *sponsor*

SOFTWARE

Phrases:
Comparing & distinguishing; Persuading; Linking ideas; Writing about theme, plot or scene; Writing about an author/narrator

Vocabulary:
Fairy tales & legends; Family members; Media: newsprint; Media: television & radio; Stores & products; Upbringing

Grammar:
Adverb types; Adjective agreement; Comparisons: adjectives; Comparisons: inequality; Verbs: if-clauses *si*; Verbs: subjunctive with *como si*

Para escribir

Un resumen Escribe un resumen del cuento en dos o tres oraciones. Ten en mente el tema (¿Sobre qué escribe el autor?) y el objetivo (¿Qué mensaje nos quiere dar el autor?).

Un párrafo Una persona que haya tenido experiencia con los niños y con la publicidad encontará el cuento bastante gracioso. En un párrafo, explica con ejemplos específicos los aspectos cómicos del cuento. Las preguntas a continuación te ayudarán a expresar tus ideas.

- ¿Cómo es la energía de los niños?
- ¿Qué aspectos del cuento son parecidos a la publicidad hoy en día?
- ¿Puede ser tonta la publicidad a veces?
- ¿Hay demasiados aparatos eléctricos en las casas modernas?

Composición La organización del cuento "Baby H.P." sigue una estructura típica de los anuncios publicitarios. Estudia la estructura y luego trata de imitarla en una composición que trate de convencer a otras personas para que compren un nuevo producto. El número de párrafos puede variar, pero debes de seguir las ideas generales expuestas aquí.

1. Describe el producto.
2. Di cómo cambiará la vida del que lo compre.
3. Enumera todas sus ventajas.
4. Disputa opiniones negativas que el público pudiera tener con opiniones contrarias.
5. Asegura la calidad y disponibilidad del producto.

Tus intereses En forma escrita, desarrolla tus ideas sobre uno de los siguientes temas. El propósito es convencer a otros de que acepten tus ideas.

1. **La política: un aspecto de la política que me interesa.** (Puede ser un(a) candidato(a), un partido, un tema que se esté discutiendo actualmente, o una manera de enfocar un problema.)
2. **El valor de algo: un tema importante para mí.** (Puede ser casi cualquier cosa, desde el valor de la independencia personal o la libertad hasta la defensa de una manera específica de comportarse.)

Otra dimensión

En tus propias palabras, describe en detalle lo que sucede en los dibujos a continuación.

Comprensión auditiva

La selección que vas a escuchar es un comentario de la radio acerca de la tecnología. La selección y las preguntas no están impresas en tu libro, sólo las posibles respuestas a cada pregunta. Escucha la selección y responde a las preguntas escogiendo la respuesta correcta entre las opciones impresas en tu libro.

Número 1

a. la vida lenta
b. las computadoras viejas
c. los adelantos de la tecnología
d. las nuevas modas

Número 2

a. Que nos ayudan con las labores diarias.
b. Que son monstruos prehistóricos.
c. Que se ponen anticuadas muy pronto.
d. Que ya no son tan rápidas.

Número 3

a. Que la tecnología no avanzara tan rápido.
b. Que destruyeran todas las máquinas.
c. Volver a los tiempos prehistóricos.
d. Comprar otra computadora.

CAPÍTULO 7

El árbol de oro

Ana María Matute

Antes de leer

A. Para discutir en clase

Mira el dibujo y descríbelo en todo detalle. Para la discusión con el resto de la clase, haz una lista de palabras clave o de frases que te ayuden a expresar tus ideas. En la presentación incluye las respuestas a las preguntas que aparecen en la próxima página.

1. ¿Qué impresión parecen dar los campos en el dibujo?
2. ¿Cómo es el árbol?
3. ¿Por qué crees que tiene una llave el chico?
4. ¿Por qué piensas que está triste la niña?

B. Nuestra experiencia Cuando estabas en la escuela primaria, ¿pensabas que el (la) maestro(a) tenía un estudiante favorito? Explica. (¡No tienes que decir el nombre del estudiante!)

C. Intercambio A veces necesitamos dar algo o hacer algo a cambio de otra cosa que queremos o necesitamos. ¿Qué harías en las siguientes situaciones para conseguir lo que quieres o necesitas?

1. Quieres que un amigo te preste un disco compacto o cassette que te gusta mucho pero que no puedes comprar.
2. Quieres ir a un partido pero tienes que estudiar.
3. Quieres que tus padres te compren un teléfono para tu cuarto.
4. Necesitas que tu profesor(a) te dé una extensión para una tarea o trabajo que tienes que entregar.

Ahora inventa tres situaciones y preséntaselas a tus compañeros de clase para ver lo que ellos harían para conseguir algo.

D. Fascinación Generalmente durante la niñez conocemos a personas que nos causan cierta fascinación o que nos parecen misteriosas. Describe a una persona que hayas conocido y que te haya infundido *(instilled)* esta sensación y explica por qué.

E. Una selección Lee el siguiente párrafo de "El árbol de oro". Una vez que lo hayas leído, haz una lista de los aspectos que describen el ambiente: la naturaleza y el tiempo. ¿Qué sensación trata de crear la autora en este primer párrafo?

> Asistí durante el otoño a la escuela de la señorita Leocadia, en la aldea,° porque mi salud no andaba bien y el abuelo retrasó° mi vuelta a la ciudad. Como era el tiempo frío y estaban los suelos embarrados° y no se veía rastro° de muchachos, me aburría dentro de la casa, y pedí al abuelo asistir a la escuela. El abuelo consintió, y acudí° a aquella casita alargada y blanca de cal,° con el tejado pajizo° y requemado° por el sol y las nieves, a las afueras del pueblo.

small village / *delayed, put off*

all muddy / *trace*

? / *lime*

tejado… *thatched roof* / *dried*

Al leer

Mientras lees el cuento ten en mente las siguientes ideas:

- la descripción de los personajes
- la envidia que existe entre algunos personajes
- la naturaleza/el ambiente

La autora

Ana María Matute ocupa un lugar muy distinguido entre las escritoras españolas de este siglo. Nació en Barcelona en 1926 y a muy temprana edad mostró su capacidad como escritora. La mayoría de sus obras tienen niños como personajes principales. Estos niños se desenvuelven en un ambiente trágico, mezcla de realidad y fantasía, y Matute nos los presenta con gran sensibilidad y agudo dramatismo. Entre los temas de sus obras encontramos la muerte, la huída, la infancia, el amor y el odio, la soledad y el aislamiento del individuo. En 1960 recibió el Premio Nadal por su obra *Primera memoria* (1959). Otros premios que ha recibido son el Premio Planeta y el Premio Café Gijón. Entre sus obras están *Los Abel* (1948), *Fiesta al Noroeste* (1953), *Los niños tontos* (1956) e *Historia de la Artámila* (1961).

Lectura

Asistí durante un otoño a la escuela de la señorita Leocadia, en la aldea, porque mi salud no andaba bien y el abuelo retrasó mi vuelta a la ciudad. Como era el tiempo frío y estaban los suelos embarrados y no se veía rastro de muchachos, me aburría dentro de la casa, y pedí al abuelo asistir a la escuela. El abuelo consintió, y acudí a aquella casita alargada y blanca de cal, con el tejado pajizo y requemado por el sol y las nieves, a las afueras del pueblo.

La señorita Leocadia era alta y gruesa,° tenía el carácter más bien áspero y grandes juanetes° en los pies, que la obligaban a andar como quien arrastra cadenas.° Las clases en la escuela, con la lluvia rebotando° en el tejado y en los cristales, con las moscas pegajosas° de la tormenta persiguiéndose alrededor de la bombilla,° tenían su atractivo. Recuerdo especialmente a un muchacho de unos diez años, hijo de un aparcero° muy pobre, llamado Ivo. Era un muchacho delgado, de ojos azules, que bizqueaba° ligeramente al hablar. Todos los muchachos y muchachas de la escuela admiraban y envidiaban° un poco a Ivo, por el don que poseía de atraer la atención sobre sí, en todo momento. No es que fuera ni inteligente ni gracioso, y, sin embargo, había algo en él, en su voz quizás, en las cosas que contaba,

heavy-set
bunions
arrastra... *drags chains*
bouncing / moscas... *pesky flies*
bulb
sharecropper
squinted
?

que conseguía cautivar a quien le escuchase. También la señorita Leocadia se dejaba prender de aquella red de plata que Ivo tendía° a cuantos atendían sus enrevesadas° conversaciones, y —yo creo que muchas veces contra su voluntad— la señorita Leocadia le confiaba a Ivo tareas deseadas por todos, o distinciones que merecían alumnos más estudiosos y aplicados.

se... *she allowed herself to be caught in the silver net he cast* / *complicated, intricate*

Quizá lo que más se envidiaba de Ivo era la posesión de la codiciada° llave de *la torrecita*. Ésta era, en efecto, una pequeña torre situada en un ángulo de la escuela, en cuyo interior se guardaban los libros de lectura. Allí entraba Ivo a buscarlos, y allí volvía a dejarlos, al terminar la clase. La señorita Leocadia se lo encomendó° a él, nadie sabía en realidad por qué.

coveted

entrusted

Ivo estaba muy orgulloso de esta distinción, y por nada del mundo la hubiera cedido.° Un día, Mateo Heredia, el más aplicado y estudioso de la escuela, pidió encargarse de° la tarea —a todos nos fascinaba el misterioso interior de la torrecita, donde no entramos nunca—, y la señorita Leocadia pareció acceder. Pero Ivo se levantó, y acercándose a la maestra empezó a hablarle en su voz baja, bizqueando los ojos y moviendo mucho las manos, como tenía por costumbre. La maestra dudó un poco, y al fin dijo:

la... *would have given it up*

encargarse... *to take charge of, to be entrusted with*

—Quede todo como estaba. Que siga encargándose Ivo de la torrecita.

A la salida de la escuela le pregunté:

—¿Qué le has dicho a la maestra?

Ivo me miró de través° y vi relampaguear° sus ojos azules.

miró... *squinted* / *gleaming*

—Le hablé del árbol de oro.

Sentí una gran curiosidad.

—¿Qué árbol?

Hacía frío y el camino estaba húmedo, con grandes charcos° que brillaban al sol pálido de la tarde. Ivo empezó a chapotear° en ellos, sonriendo con misterio.

puddles

to splash

—Si no se lo cuentas a nadie...

—Te lo juro° , que a nadie se lo diré.

Te... *?*

Entonces Ivo me explicó:

—Veo un árbol de oro. Un árbol completamente de oro: ramas, tronco, hojas... ¿sabes? Las hojas no se caen nunca. En verano, en invierno, siempre. Resplandece° mucho; tanto, que tengo que cerrar los ojos para que no me duelan.

It glows, shines

—¡Qué embustero° eres! —dije, aunque con algo de zozobra.° Ivo me miró con desprecio.

liar / *uneasiness*

—No te lo creas —contestó—. Me es completamente igual que te lo creas o no... ¡Nadie entrará nunca en la torrecita, y a nadie dejaré ver mi árbol de oro! ¡Es mío! La señorita Leocadia lo sabe, y no se atreve° a darle la llave a Mateo Heredia, ni a nadie... ¡Mientras yo viva, nadie podrá entrar allí y ver mi árbol!

no... *doesn't dare*

Lo dijo de tal forma que no pude evitar preguntarle:

—¿Y cómo lo ves...?

—Ah, no es fácil —dijo, con aire misterioso—. Cualquiera no podría verlo. Yo sé la rendija° exacta.

—¿Rendija...?

—Sí, una rendija de la pared. Una que hay corriendo° el cajón de la derecha: me agacho° y me paso horas y horas... ¡Cómo brilla el árbol! ¡Cómo brilla! Fíjate que si algún pájaro se le pone encima también se vuelve° de oro. Eso me digo yo: si me subiera a una rama, ¿me volvería acaso de oro también?

No supe qué decirle, pero, desde aquel momento mi deseo de ver el árbol creció de tal forma que me desasosegaba.° Todos los días, al acabar la clase de lectura, Ivo se acercaba al cajón de la maestra, sacaba la llave y se dirigía a la torrecita. Cuando volvía, le preguntaba:

—¿Lo has visto?

—Sí —me contestaba. Y, a veces, explicaba alguna novedad:

—Le han salido unas flores raras. Mira: así de grandes, como mi mano lo menos, y con los pétalos alargados. Me parece que esta flor es parecida al *arzadú.*°

—¡La flor del frío! —decía yo, con asombro°—. ¡Pero el *arzadú* es encarnado!°

—Muy bien —asentía él, con gesto de paciencia—. Pero en mi árbol es oro puro.

—Además, el *arzadú* crece al borde° de los caminos... y no es un árbol.

No se podía discutir con él. Siempre tenía razón, o por lo menos lo parecía.

Ocurrió entonces algo que secretamente yo deseaba; me avergonzaba° sentirlo, pero así era: Ivo enfermó, y la señorita Leocadia encargó a otro la llave de la torrecita. Primeramente, la disfrutó Mateo Heredia. Yo espié su regreso, el primer día, y le dije:

—¿Has visto un árbol de oro?

—¿Qué andas graznando?° —me contestó de malos modos, porque no era simpático, y menos conmigo. Quise dárselo a entender, pero no me hizo caso.° Unos días después, me dijo:

—Si me das algo a cambio,° te dejo un ratito la llave y vas durante el recreo. Nadie te verá...

Vacié mi hucha,° y, por fin, conseguí la codiciada llave. Mis manos temblaban de emoción cuando entré en el cuartito de la torre. Allí estaba el cajón. Lo aparté° y vi brillar la rendija en la oscuridad. Me agaché y miré.

Cuando la luz dejó de cegarme, mi ojo derecho sólo descubrió una cosa: la seca tierra de la llanura° alargándose° hacia el cielo. Nada más. Lo mismo que se veía desde las ventanas altas. La tierra desnuda y yerma,° y nada más que la tierra. Tuve una gran decepción y la seguridad de que me habían estafado.°

Olvidé la llave y el árbol de oro. Antes de que llegaran las nieves regresé a la ciudad.

Dos veranos más tarde volví a las montañas. Un día, pasando por el

opening, crack
moving
me... *I crouch*
se... *it becomes*
me... *it made me uneasy, it unsettled me*
flowering plant
con... *with astonishment*
flesh-colored, red
al... *on the edge, border*
made me ashamed
croaking
no... *he didn't pay attention to me* / a... *?*
Vacié... *I emptied my piggy bank*
Lo... *I moved it aside*
prairie / *?*
desnuda... *bare and barren*
swindled

cementerio —era ya tarde y se anunciaba la noche en el cielo: el sol, como una bola roja, caía a lo lejos, hacia la carrera° terrible y sosegada° de la llanura—, vi algo extraño. De la tierra grasienta y pedregosa,° entre las cruces° caídas, nacía un árbol grande y hermoso, con las hojas anchas de oro: encendido y brillante todo él, cegador. Algo me vino a la memoria, como un sueño, y pensé: "Es un árbol de oro". Busqué al pie del árbol, y no tardé en dar con una crucecilla de hierro negro, mohosa° por la lluvia. Mientras la enderezaba,° leí: IVO MÁRQUEZ, DIEZ AÑOS DE EDAD.

Y no daba tristeza alguna, sino, tal vez, una extraña y muy grande alegría.

hacia... *towards the road* / *peaceful* / grasienta... *grimy and abounding with stones* / entre... *among the crosses*

rusty

I was straightening it

Comprensión

A. Comprensión general Responde a las siguientes preguntas según la lectura.

1. ¿Cómo podrías caracterizar la personalidad de los niños en el cuento?
2. ¿Cómo es la relación entre los niños? ¿Se llevan bien? ¿Hay celos entre ellos? Explica.
3. ¿Qué sensación nos dan las descripciones físicas de la naturaleza?

B. Definiciones Lee las frases de la columna A y busca en la columna B la palabra que complete la oración

	A	B
____	1. Cuando llueve, el agua hace … en la tierra.	a. retraso
____	2. Para abrir la puerta necesitamos una… .	b. enderezarlo
____	3. Una persona que no dice la verdad es un… .	c. recreo
____	4. Lo que cubre las casas se llama… .	d. charcos
____	5. Cuando una persona no llega a tiempo, llega con… .	e. llave
		f. cruces
____	6. Una cosa que brilla mucho,… .	g. embustero
____	7. Una pequeña apertura es una… .	h. tejado
____	8. El tiempo que usamos para descansar se llama… .	i. resplandece
____	9. En los cementerios encontramos… .	j. rendija
____	10. Cuando algo no está derecho, necesitamos… .	

C. En contexto

Empareja las palabras o expresiones de la columna A con una palabra que signifique lo opuesto en la columna B. El contexto te ayudará a averiguar el sentido de las palabras.

	A	B
____	1. gruesa [8]	a. seco
____	2. húmedo [48]	b. alegría
____	3. embustero [58]	c. honesto
____	4. vacié [102]	d. recordé
____	5. aparté [104]	e. montaña
____	6. llanuras [107]	f. uní
____	7. olvidé [111]	g. delgada
____	8. tristeza [122]	h. llené

D. Sinónimos

Escribe un sinónimo para cada una de estas palabras.

vuelta [3]
acudí [5]
alargada [6]
gruesa [8]
tareas [24]

E. En tus propias palabras

Explica estas palabras o expresiones en tus propias palabras. Puedes usar ejemplos para definirlas.

aldea [2]
envidiaba [26]
te lo juro [52]
al borde [88]
a cambio [100]

F. Al punto

Contesta a las siguientes preguntas, escogiendo la mejor respuesta o terminación según la lectura.

1. ¿Por qué retrasó el abuelo el regreso de la narradora a la ciudad?
   a. Porque no le gustaba la ciudad.
   b. Porque estaba enferma.
   c. Porque no se llevaba bien con sus padres.
   d. Porque habían vendido la casa en la ciudad.

2. La narradora quería asistir a la escuela en la aldea porque

a. no tenía con qué entretenerse.
b. no quería regresar a la ciudad.
c. era buena amiga de la señorita Leocadia.
d. era allí donde estaban sus hermanos.

3. ¿Qué característica tenía Ivo?

a. Les gustaba a todos los que lo conocían
b. Se hacía enemigo de todos los maestros.
c. Siempre hablaba en voz baja.
d. Era muy envidioso de sus compañeros.

4. ¿Cómo trataba la señorita Leocadia a Ivo?

a. Le tenía mucha envidia.
b. Le daba todos los trabajos más difíciles.
c. Trataba de no prestarle atención.
d. Parecía que era su estudiante favorito.

5. ¿Qué le envidiaban los alumnos a Ivo?

a. Que viviera en la torrecita.
b. Que pudiera ir a la pequeña torre.
c. Que su clase fuera en la torrecita.
d. Que tuviera la oportunidad de limpiar la torrecita.

6. Cuando Mateo Heredia le pidió a la maestra que le diera la tarea *(the chore)* de Ivo, la maestra al principio

a. lo complació.
b. se alegró.
c. sintió odio por Mateo.
d. tomó la sugerencia de Ivo.

7. Según Ivo, él convenció a la maestra para que no le diera la tarea a Mateo Heredia diciéndole que

a. Mateo no era honesto.
b. Mateo no podría subir a la torrecita.
c. él podía ver un árbol fantástico desde allí.
d. Mateo era un ladrón.

8. ¿Por qué es especial el árbol que ve Ivo?

a. Se le caen las hojas durante el verano.
b. Aparece en diferentes lugares cada día.
c. Nunca se puede ver desde lejos.
d. Nunca muere y brilla mucho.

9. ¿Qué les sucede a los pájaros cuando se posan *(perch)* encima del árbol?

a. Se mueren.
b. Se vuelven de oro.
c. Empiezan a cantar.
d. Pierden sus plumas.

10. ¿Cómo se sentía la narradora después de haber escuchado lo que le dijo Ivo sobre el árbol?

a. Triste porque pensaba que Ivo estaba loco.
b. Alegre de saber el secreto.
c. Perturbada por su interés en el secreto.
d. Enojada por las mentiras de Ivo.

11. ¿Cuál fue una de las novedades que Ivo le contó a la narradora?

a. Que al árbol le habían salido flores.
b. Que el árbol había desaparecido.
c. Que nunca más volvería allí.
d. Que podía ver a la maestra desde allí.

12. ¿Cuándo pudo Mateo Heredia encargarse de la llave?

a. Después que la narradora regresó a la ciudad.
b. Cuando la señorita Leocadia se fue de la escuela.
c. Después de convencer a Ivo.
d. Cuando se enfermó Ivo.

13. ¿Cómo consiguió la narradora la llave para ir a la torrecita?

a. Robándosela del escritorio de la maestra.
b. Buscándola en el bolsillo del abrigo de Mateo.
c. Dándole algo a Mateo.
d. Pidiéndosela a la maestra.

14. ¿Qué vio la narradora desde la torrecita?

a. El mismo paisaje que se veía de las ventanas altas.
b. El árbol de oro con muchas flores.
c. A Ivo que le echaba agua al árbol.
d. Muchos árboles con hojas y ramas doradas.

15. ¿De qué estaba segura la narradora?

a. De que habían arrancado *(uprooted)* el árbol.
b. De que Ivo la había engañado.
c. De que estaba ciega.
d. De que sólo los chicos lo podían ver.

16. ¿Qué vio la narradora cuando regresó dos años más tarde?

   a. La casa de Ivo.
   b. La escuela de la señorita Leocadia.
   c. Las flores del árbol.
   d. La tumba de Ivo.

17. ¿Qué supo la narradora cuando leyó las palabras de la cruz?

   a. Que era el cumpleaños de Ivo.
   b. Que Ivo vivía cerca de allí.
   c. Que Ivo había muerto.
   d. Que Ivo había mentido sobre su edad.

G. Ahora te toca Trata de averiguar si tus compañeros comprendieron el cuento haciéndoles preguntas sobre él. También puedes aclarar cualquier duda que tengas. Los temas a continuación te dan algunas posibilidades para tus preguntas. Recuerda que estas ideas son sólo una guía. Tú puedes hacer otras preguntas.

- la razón por la que la narradora se quedó en la aldea
- Ivo y su personalidad
- el secreto de Ivo
- la visita de la narradora a la torrecita
- el regreso de la narradora a la aldea

H. Reflexiones Ana María Matute, la autora del cuento, es muy conocida por crear un mundo infantil muy especial. Aunque sólo has leído uno de sus cuentos, piensa en lo que has leído y trata de explicar cómo, en tu opinión, es ese mundo. Incluye: si este mundo te parece alegre o triste, los aspectos positivos o negativos de la personalidad de los personajes, el ambiente físico, etc.

Un paso más

El/La favorito(a) Si en una de tus clases el (la) profesor(a) tuviera un(a) estudiante favorito(a), ¿qué harías? ¿Cómo tratarías al estudiante? ¿Hablarías con el (la) profesor(a)? ¿Hablarías con el (la) director(a) de la escuela o con tus compañeros de clase?

Para conversar

Algunas palabras y expresiones que te ayudarán a expresar tus ideas se encuentran a la derecha.

La niñez Ahora te toca a ti expresar tus ideas sobre el mundo de la niñez. Piensa en tus propias experiencias y trata de presentar a la clase tus ideas sobre lo que representa para ti el mundo de la niñez. Las siguientes palabras te pueden ayudar a expresar tus ideas:

inocencia	amor
felicidad	juegos
libertad	amistad

Una persona especial El personaje principal de este cuento, Ivo, es una persona con características muy especiales. ¿Son esas características deseables? ¿Puede una persona así crear problemas para otros o para sí mismo? Explica tu respuesta.

Una conversación Imagina que tú eres Ivo y que necesitas hablar con la señorita Leocadia. Con un(a) compañero(a) de clase, ten una conversación con respecto al secreto que tú (Ivo) tenías.

¡No veo nada! Imagina que tú eres la narradora. Ten una conversación con Ivo después de que descubres que no puedes ver nada por la rendija de la torrecita. Un(a) compañero(a) de clase va a hacer el papel de Ivo.

Mi secreto En nuestra niñez casi todos tenemos un lugar, un objeto o un juego que consideramos nuestro secreto. Descríbeles a tus compañeros de clase un aspecto de tu niñez que considerabas un secreto.

Mi fantasía Durante la niñez muchas veces creábamos un mundo de fantasía. Piensa en algo que tú creaste en tu imaginación cuando eras pequeño(a). Describe esta fantasía y explica cómo te sentiste cuando descubriste que esa fantasía no era como la habías imaginado.

Vocabulario útil

Aquí tienes una lista de palabras y expresiones que probablemente ya sabes.

- acabar + de + inf.
- el compañero
- diario
- distante
- esconder
- extraño
- la fantasía
- los juegos
- el secreto

Estas palabras o expresiones pueden ayudarte también.

- a causa de *on account of, because of*
- cada vez más (menos) + adj. *each time more (less)...*
- confiar *to confide in*
- darle pena *to feel ashamed*
- el fantasma *ghost*
- para empezar (terminar) *to begin (finish)*
- parecerse a *to look like*
- por consiguiente *therefore*
- ser diferente de *to be different from*

Phrases:
Attracting attention; Describing the past; Sequencing events; Talking about past events; Writing a news item

Vocabulary:
Fairy tales & legends; School: classroom; Media: newsprint

Grammar:
Verbs: if-clauses *si*; Verbs: passive with *se*; Verbs: preterit & imperfect; Verbs: subjunctive with *como si*

Para escribir

Resumen Piensa en el cuento que acabas de leer. Haz una lista de diez palabras que consideras importantes para poder contarle el cuento a otra persona. Usando esta lista, escribe un párrafo que resuma el cuento.

Un párrafo Escribe un párrafo explicando lo que significa para ti la última línea del cuento: "Y no daba tristeza alguna, sino, tal vez, una extraña y muy grande alegría".

Otro punto de vista Escribe un párrafo explicando cómo sería el cuento si fuera contado desde el punto de vista de la señorita Leocadia o de Mateo Heredia.

La reseña *(Review)* Imagina que eres un crítico para el periódico de tu escuela y te han pedido que hagas una reseña sobre este cuento. Escribe un artículo para el periódico en el que discutas los méritos de este cuento.

Otro final Escribe un corto párrafo explicando cómo cambiarías el final del cuento si tú fueras la autora.

Un ensayo Las fantasías que crean los niños son consideradas por algunos como algo negativo y por otros como algo muy positivo en su crecimiento (*growth*). En un corto ensayo, explica cómo, en tu opinión, la fantasía influye en la vida de los niños. Usa el siguiente esquema para tu ensayo. Cada punto puede ser un párrafo o puedes combinar algunos de los puntos. También puedes usar tu propia guía.

- lo que significa la fantasía para ti
- lo positivo de la fantasía en el crecimiento: puedes discutir los amigos imaginarios, los cuentos de hadas *(fairy tales)*, etc.
- lo negativo de la fantasía
- tu experiencia cuando eras más pequeño(a)
- un resumen de las ideas principales

Otra dimensión 

Los dibujos a continuación representan un cuento. En tus propias palabras, describe en detalle lo que sucede. Como puedes ver, el último cuadro sólo tiene un signo de interrogación. Usa tu imaginación y reconstruye el cuento; luego complétalo con lo que tú crees que va a suceder ahora.

Comprensión auditiva 

Escucha la selección sobre los cuentos de hadas. La selección y las preguntas no están impresas en tu libro, sólo las posibles respuestas a cada pregunta. Escucha la selección y responde a las preguntas escogiendo la respuesta correcta entre las opciones impresas en tu libro.

Número 1

a. Para discutir los problemas de la familia.
b. Para prepararse para futuros problemas.
c. Para evitar problemas con los amigos.
d. Para mantener el interés en la escuela.

Número 2

a. Leerlos ellos mismos.
b. Consultar con un experto.
c. Cambiar el final.
d. Evitar los estereotipos.

Número 3

a. Que fueron escritos hace mucho tiempo.
b. Que ya no existen.
c. Que introducen nuevas ideas.
d. Que muchas veces son chistes crueles.

Número 4

a. Que sus hijos lean varios tipos de libros.
b. Que sus hijos lean libros clásicos solamente.
c. Que sus hijos no lean cuentos de hadas.
d. Que sus hijos no lean libros en voz alta.

CAPÍTULO

8

Los empresarios

Clyde James Aragón

Antes de leer

A. Para discutir en clase

Mira el dibujo y piensa en cómo lo describirías. Lee entonces las preguntas y prepara un breve informe para la clase sobre el dibujo y tu experiencia personal sobre el tema. Comparte con los estudiantes lo que escribiste y escucha sus impresiones.

1. ¿Cuándo compras tarjetas?
2. ¿Tienes problemas al escoger una tarjeta entre tantas?
3. ¿Cuál es tu opinión acerca de la comercialización de las tarjetas?
4. ¿Prefieres diseñar tus propias tarjetas o comprarlas?

B. Nuestra experiencia Para empezar un negocio que tenga éxito es necesario tener una idea innovadora. Usa las preguntas a continuación para presentar a tus compañeros de clase tus ideas sobre el comienzo de una nueva empresa (*enterprise*).

1. ¿Has pensado alguna vez si te gustaría empezar un negocio? ¿Por qué?
2. ¿Qué producto o servicio piensas que puede ser la base para un buen negocio?
3. ¿Cuáles son las características de un buen negocio?
4. ¿Cuáles son algunas ideas que serían buenas para tal empresa? Explica por qué.

C. Para cualquier ocasión ¿Qué escribirías tú en una tarjeta para las siguientes ocasiones?

1. un cumpleaños
2. el día de las madres
3. Un(a) amigo(a) se ha ganado un premio.
4. Tu mejor amigo(a) ha encontrado un nuevo trabajo.
5. Un amigo acaba de ser aceptado a la universidad.
6. Tu profesor(a) va a hacer un viaje alrededor del mundo.
7. Una buena amiga está en el hospital a causa de un accidente.

D. Los personajes En el cuento "Los empresarios", los personajes son escritores hispanos muy conocidos. Para que disfrutes más de la lectura, aquí tienes alguna información acerca de ellos y selecciones de sus obras que se mencionan en el cuento.

José Martí (1853–1895) Nació en Cuba de padres inmigrantes españoles. Desde muy temprana edad se distinguió por su incesante lucha por la independencia de su país. A los diecisiete años fue condenado a trabajo forzado y luego fue desterrado a España, donde comenzó su vida literaria. Escribió poesía, ensayo, drama, novela y también se destacó *(stood out)* como periodista. Su poesía se distingue por un lenguaje poético profundo y al mismo tiempo sencillo y muy original. Una de sus obras más conocidas es *Versos sencillos*, en los que nos presenta sus preocupaciones, sus convicciones e ideales. También se puede ver que la naturaleza está presente en su obra, no importa el tema que trate. Martí murió asesinado en la lucha contra los españoles, y es reconocido como héroe de la independencia de Cuba.

Lee la siguiente selección de los *Versos sencillos* de José Martí y contesta las siguientes preguntas:

1. Por los temas que trata, ¿qué clase de persona piensas tú que fue el autor?
2. ¿Cuáles son algunas de las preocupaciones o intereses que se notan en estas estrofas?

Selección de "Versos sencillos"

Yo soy un hombre sincero
de donde crece la palma° *palm tree*
y antes de morirme quiero
echar mis versos del alma.

❖ ❖ ❖

Si dicen que del joyero° *jeweler*
tome la joya mejor,
tomo a un amigo sincero
y pongo a un lado el amor.

❖ ❖ ❖

Todo es hermoso y constante,
todo es música y razón
y todo, como el diamante,
antes que luz es carbón.° *charcoal*

Gabriela Mistral (1885–1957) En el año 1945, esta escritora chilena se convirtió en la primera persona hispanoamericana en recibir el Premio Nobel de Literatura. Sin duda alguna la muerte de su primer y único novio y su deseo insatisfecho de ser madre hicieron que su vida fuera una de tristeza, desolación y constante sufrimiento personal. Así, en su poesía encontramos temas como la maternidad frustrada, la muerte, el amor, el sentimiento religioso y la naturaleza, la cual le daba una inspiración básica.

Lee el siguiente poema de Gabriela Mistral, prestando atención al contraste que se presenta entre la noche, el cielo, el mundo y la soledad de la autora. ¿Se siente ella verdaderamente sola? ¿Por qué?

Yo no tengo soledad

Es la noche desamparo° — *abandonment*
de las sierras° hasta el mar — *mountain range*
Pero yo, la que te mece°, — te... *rocks you*
¡yo no tengo soledad!

Es el cielo desamparo
si la luna cae al mar
Pero yo, la que te estrecha,° — te... *hugs you*
¡yo no tengo soledad!

Es el mundo desamparo
y la carne triste va.
Pero yo, la que te oprime,° — te... *squeezes you*
¡yo no tengo soledad!

Ahora lee el poema de nuevo y contesta estas preguntas.

3. ¿A quién le habla la autora?
4. ¿Qué connotación tienen las palabras **te mece, te estrecha** y **te oprime**?
5. ¿Qué contraste hay entre el desamparo de la noche, del cielo y del mundo y la autora?

Miguel de Unamuno (1864–1936) Escritor y filósofo español, cuya obra nos presenta su angustiosa lucha por encontrar la fe que tanto anhelaba. Poseía una personalidad contradictoria y una obsesión constante sobre la muerte y la inmortalidad.

Rubén Darío (1867–1916) Escritor nicaragüense que desde muy niño demostró un gran talento para la poesía. Ésta nos transmite una vida inquietante y demuestra que encontró en la poesía un substituto de la fe y de la religión. Al mismo tiempo, en su obra se puede ver una gran frustración por no haber podido crear "el arte por el arte", o sea, la estética que todo artista busca. En el cuento se hace referencia a uno de sus más famosos poemas, "Canción de otoño en primavera", que trata de la fugacidad de la juventud. Notarás que el autor del cuento que vas a leer ha tomado la libertad de cambiar el título a "Canción de otoño en mi Prima Vera". Darío lo escribió de esta manera:

Selección de "Canción de otoño en primavera"

Juventud, divino tesoro,
¡ya te vas para no volver!
Cuando quiero llorar, no lloro...
y a veces lloro sin querer.

Federico García Lorca (1898–1936) Poeta y dramaturgo español, cuya poesía nos muestra España con todo su colorido, belleza e inigualable pasión. Su uso del gitano como figura apasionada lo ayuda a resaltar el folklore y el paisaje de la región española de Andalucía. Sus dramas, de gran éxito hasta hoy día, son muy líricos y ofrecen un gran dramatismo.

En el poema "Baladilla de los tres río" Lorca hace una comparación entre Sevilla y Granada. El autor de este cuento se ha tomado libertad con algunos de los versos. Ésta es la versión verdadera:

Selección de "Baladilla de los tres ríos"

El río Guadalquivir
va entre naranjos° y olivos
Los dos ríos de Granada
bajan de la nieve al trigo.°

¡Ay, amor
que se fue y no vino!

naranjos: orange trees
trigo: wheat

Alfonsina Storni (1892–1938) La temática de esta poeta argentina se parece mucho a la de Gabriela Mistral. Ambas exploran el sufrimiento y la angustia de la vida, con la diferencia de que Storni ve a la mujer y su angustiosa vida como resultado de una sociedad en la que los hombres dirigen, y como consecuencia, oprimen a la mujer. No obstante, Storni considera al hombre como un ser inferior.

E. Los parecidos Mira las siguientes fotos de Miguel de Unamuno y de Sigmund Freud. ¿En qué se parecen? ¿Piensas que una persona se pudiera equivocar fácilmente entre ellos dos?

Al leer

El cuento "Los empresarios" trata de un encuentro entre seis escritores hispanos muy conocidos y una séptima persona, Antonio Pelear Devezencuando, narrador. Como parte de tu preparación para esta lectura ya has leído algo sobre la vida y la obra de estos autores. Ahora lee cuidadosamente el nombre del narrador [línea 6] y te darás cuenta que su nombre nos dice mucho de su personalidad. Mientras lees, trata de:

- identificar la razón por la cual este incidente es humorístico
- fijarte en la manera que estos reconocidos autores reaccionan y se comportan *(behave)* ante la idea de empezar una nueva empresa

Lectura

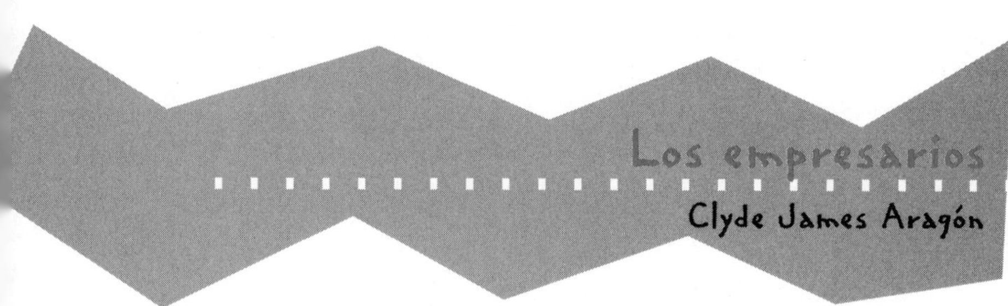

Nos conocimos en México en 1910 en el galpón derruido° de un almacén donde había más olor a ratas que a genio literario. Y, sin embargo, allí había genio.°

En aquel edificio húmedo y caliente estábamos los siete: Rubén Darío, José Martí, Gabriela Mistral, Alfonsina Storni, Miguel de Unamuno, Federico García Lorca y yo, Antonio Pelear Devezencuando. Nos habíamos congregado° en aquel sitio para poner en marcha el tipo de empresa artística con el cual la mayoría de los artistas sólo sueñan. Sí, una compañía de tarjetas de saludos.

Ya teníamos mucho camino andado, pero aun así todos estábamos impresionados con Martí, quien había estado muerto por más de 15 años. Estaba un poco mohoso,° los gusanos ocasionalmente salían de su carne putrefacta, y su olor nos hizo desear a todos que hubiera usado loción para después de afeitarse, pero los poderes creativos de Martí estaban tan afinados° como siempre.

el... *shed in ruins*

?

?

moldy

polished

"Nada me hubiera impedido° venir", dijo más tarde.

Hay que admirar un temple° de ese tipo.

Elegimos a Darío como director creativo, y el resto pasamos a ser el personal de nuestra compañía, a la que bautizamos *Tarjetas y Envoltorios° para Regalo Siglo de Oro.* De inmediato nos organizó.

"El mensaje de una tarjeta tiene que darte aquí, exactamente aquí", dijo Darío golpeándose° el pecho. "Es por eso que tenemos que escribir con toda nuestra pasión." Luego, levantó su mano derecha en el aire para marcar el énfasis. "¡Quiero conceptos!"

Y eso fue lo que hicimos. Y, como nuestro guía y jefe, fue Darío quien hubo de mostrarnos la senda° con su *Canción de Otoño en mi Prima Vera,* que nos leyó con su voz estentórea° y apasionada.

Juventud divino tesoro
¡ya te vas para no volver!
Cuando quiero llorar no lloro,
y por eso, te deseo una Feliz Navidad.

Nos paramos para aplaudir. ¡Ah, cómo le ovacionamos!

Hay que admirar una creatividad de ese tipo.

Casi inmediatamente, hubo un choque° de egos. Darío quería una línea azul[1] de tarjetas, en tanto que Mistral insistía en el color adobe por su conexión con la tierra. La grieta se tornó ensordecedora.° Es que la teoría del arte pone a la gente así.

"Hagamos dos líneas", propuso Storni, forjando° un compromiso muy bien acogido.° "Habrá lugar para muchos colores en nuestra compañía."

Esa fue nuestra primera disputa artística. Vendrían muchas más.

Luego, Martí se paró a leer su *Verso Sencillo:*

Yo soy un hombre sincero
de donde crece la palma
y antes de morirme quiero
que tengas un buen día de los enamorados.

"Pero no rima", señalé yo.

Eso irritó a Martí.

"Devezencuando", dijo, señalándome con su dedo lívido, "tú eres un puerco maloliente,° sin fibra,° sin arte".

Martí era así. Un temperamento volátil. Profano. Brillante.

Lo senté golpeándolo con un rollo de papel.°

"Y, ¿qué hay de ti, Unamuno?", preguntó Darío. "¿Qué tienes para nosotros?"

Unamuno se levantó, parsimonioso. Hizo una pausa. Se acomodó el cuello de la camisa. Iba a darnos su *Poema Psicoanalítico* cuando García Lorca lo descubrió.

prevented · *temperament* · *wraps* · *pounding* · *path* · *loud* · *clash* · *deafening* · *forging* · *welcomed* · un... *ill-bred man* / sin... *?* · un... *?*

[1] línea azul: En 1888 Diario publica *Azul,* su primer libro importante, compuesto de verso y prosa.

"¡Tú no eres Unamuno!", espetó.° "¡Tú eres Sigmund Freud!"

spat

Se acercó y examinó al impostor.

"¡Empecé a sospechar que algo andaba mal cuando en el viaje en barco te confundías todo el tiempo al Lazarillo de Tormes[2] con Mel Tormé.[3]"

Y así era, era Freud. Él y Unamuno eran dueños de la misma barba.

Darío lo sacó de una oreja.°

ear

La pérdida de Unamuno fue un duro golpe para todos nosotros. No teníamos consuelo.°

?

Aunque los pesares° ensombrecían° nuestras almas, no permitimos que dejara de fluir la creatividad.

sorrows / ?

Lorca pronto trajo su *Baladilla de los dos ríos:*

El río Grande
va entre pinos y desiertos
El río Pecos
baja de la nieve a los puertos.
Ay, amor
pásame esa botella de vino.

Y antes de que Federico pudiera terminar, Martí ya estaba de pie.

"Y eso, ¿qué tiene que ver con las tarjetas de salutación?"

Lorca contestó, con tono defensivo: "Esto es arte. El arte no ha de responder a vulgares propósitos comerciales".

"Pero, ¿quién va a comprar ese tipo de tarjetas?", dijo Storni, y tiró al piso° su propio poema. Más tarde lo haría pedazos°. Tenía algo que ver con las fiestas para las futuras mamás. "O le prestamos atención a nuestro mercado, o dejamos todo el asunto de lado. Miren, yo quiero ganar dinero."

floor / lo... *would smash it into pieces*

Dura, directa esa Storni. Y, aparte, tenía razón.

Hay que admirar un pragmatismo de ese tipo.

Pero aquello fue el principio del fin. Nos decidimos en dos campos enemigos. Darío, Mistral y Lorca postulaban el arte por el arte. Storni, Martí y yo queríamos el dinero por el dinero. Freud intentó meterse, para votar, pero volvimos a echarlo afuera.

Lloré. Estábamos peleándonos° entre nosotros mismos. Al final, cada uno se fue por su lado.

quarreling

Y, de todos modos, no importó mucho. Al día siguiente, estalló la Revolución Mexicana y las tropas° de Porfirio Díaz[4] quemaron nuestro galpón.

?

Hay que admirar las guerras de ese tipo.

---

[2] Lazarillo de Tormes: protagonista de la novela clásica picaresca *La vida de Lazarillo de Tormes y de sus fortunas y adversidades* (1554)

[3] Mel Tormé: cantante americano muy popular en los años cincuenta

[4] Porfirio Díaz: general mexicano que luchó contra la intervención francesa en México; también fue presidente en 1876, de 1877 a 1880 y de 1884 a 1911

Comprensión

A. Comprensión general Contesta a las siguientes preguntas sobre el cuento que acabas de leer. Comparte tus ideas con los otros estudiantes.

1. ¿Cuál es la diferencia entre la descripción de estas personas al principio del cuento y la manera en que se comportan mientras discuten el negocio?
2. ¿Cuáles son los incidentes en el cuento que se pueden clasificar como cómicos?
3. ¿Por qué piensas tú que el comportamiento de estas personas cambia?
4. ¿Qué significa la última línea, según el contexto del cuento?

B. En otras palabras Explica en español el significado de las siguientes palabras. Puedes dar ejemplos de situaciones, personas u objetos para hacer tu explicación clara. Las referencias al texto te ayudarán a leerlas en contexto, si lo necesitas.

genio [2]
congregado [7]
maloliente [52]
sin fibra [52]
rollo de papel [54]
impostor [61]
consuelo [68]
ensombrecían [69]
estalló [96]
tropas [97]

C. En contexto Da un sinónimo o un antónimo de las siguientes expresiones, basándote en el contexto. Esto te ayudará en el futuro a expresar ideas en español de diferentes maneras.

nos habíamos congregado [7]
poner en marcha [7]
teníamos mucho camino andado [10]
mostrarnos la senda [26]
choque de egos [35]

D. Al punto Contesta a las siguientes preguntas escogiendo la mejor respuesta según la lectura.

1. ¿Dónde se conocieron los personajes de este cuento?
   a. en una tienda de campaña
   b. en una biblioteca
   c. en un edificio en malas condiciones
   d. en una tienda en la capital de México
2. ¿Qué le sorprendió al narrador sobre José Martí?
   a. Que oliera tan bien.
   b. Que hubiera caminado tanto.
   c. Que se hubiera afeitado la barba.
   d. Que todavía escribiera buena poesía.
3. ¿Qué muestran los comentarios de Darío acerca de su personalidad?
   a. Que es muy pasivo.
   b. Que es muy apasionado.
   c. Que no es un buen hombre de negocios.
   d. Que no es una persona agradable.
4. ¿Qué tipo de reacción tuvieron los amigos de Darío cuando éste leyó su poema?
   a. decepcionada
   b. desafiante
   c. aclamadora
   d. incomprensible
5. ¿Por qué no les gustó a los otros escritores el "verso sencillo" de Martí?
   a. Porque no tenía pasión.
   b. Porque era muy triste.
   c. Porque no rimaba.
   d. Porque era muy difícil de comprender.
6. ¿Cómo podríamos caracterizar el comportamiento de las personas allí?
   a. Poco racional.
   b. Como si hubiera muerto alguien.
   c. Como si estuvieran de fiesta.
   d. Fuera de su personalidad.

7. ¿Por qué se pudo hacer pasar Freud por Unamuno?

   a. Porque estaba escondido todo el tiempo.
   b. Porque el galpón estaba oscuro.
   c. Porque se parecían mucho.
   d. Porque nadie se había encontrado con Freud antes.

8. ¿Qué le hizo sospechar a García Lorca que Unamuno era otra persona?

   a. Que no llevaba barba.
   b. Que no hablaba mucho.
   c. Que no le gustaba escribir poesía.
   d. Que confundía a personas famosas.

9. ¿Por qué no les gustó a los otros la poesía de García Lorca?

   a. Porque no se prestaba para una tarjeta.
   b. Porque era demasiado realista.
   c. Porque no rimaba.
   d. Porque estaba escrita en un dialecto.

10. ¿Cómo actúa Storni en comparación con los otros autores?

    a. más práctica
    b. más enojada
    c. más avariciosa
    d. más comprensiva

11. ¿Por qué no dio resultado el negocio que se proponían?

    a. Porque tenían diferencias artísticas.
    b. Porque estalló la Revolución Mexicana.
    c. Porque Freud no quiso participar.
    d. Porque no tenían suficientes fondos.

12. ¿Qué sucede al final del cuento?

    a. Freud ganó el voto.
    b. Hubo un incendio.
    c. Porfirio Díaz se unió al grupo.
    d. Se terminó la Revolución Mexicana.

13. ¿Cómo podemos caracterizar este artículo?

    a. sarcástico
    b. intuitivo
    c. humorístico
    d. contradictorio

E. Ahora te toca Piensa en algunas preguntas que les quisieras hacer a tus compañeros de clase sobre "Los empresarios". Pueden ser preguntas sobre detalles que no comprendiste, o sobre puntos que quieres estar seguro(a) que ellos hayan comprendido. Algunos puntos que puedes tomar en consideración son:

- el lugar donde se reúnen
- la condición de José Martí
- el papel de Rubén Darío
- el nombre del narrador
- Unamuno vs. Freud
- el final del cuento

F. Reflexiones En un párrafo corto explica lo que tú harías para tratar de solucionar el problema que tienen estos "empresarios". Trata de hallar una solución que cree un ambiente productivo y que ayude a la empresa a tener éxito.

Un paso más

Versos sencillos Vas a leer algunos versos de poesías de José Martí. Léelos cuidadosamente y trata de completarlos de una manera original. Piensa en situaciones para las cuales se presten, y en palabras o frases que rimen con el resto del verso (por ejemplo las palabras *piña* o *niña* para la primera estrofa, o cualquier infinitivo de la segunda terminación para la segunda estrofa).

Temblé° una vez en la reja,° — *I trembled / iron grate*
a la entrada de la viña,° — *vineyard*
cuando la bárbara abeja° — *bee*

____

El obispo,° por la noche, — *bishop*
sale, despacio, a cantar:
monta, callado, en su coche,

____

Ahora eres poeta Ahora que tienes una idea del tipo de poesía que José Martí escribió, escribe un verso sencillo al estilo de Martí. Usa tu imaginación y trata de usar como tema algún problema que existe en la sociedad actual.

Para conversar 

Algunas palabras y expresiones que te ayudarán a expresar tus ideas se encuentran a la derecha.

Un producto nuevo Imagina que eres el (la) presidente(a) de una compañía y que alguien viene a presentarte una idea para un nuevo producto. Un(a) compañero(a) va a hacer el papel de empresario y tú vas a hacer el papel de presidente. Entrevista a esta persona y trata de averiguar si el producto tiene mérito o no. Recuerda que como presidente de una compañía tienes que estar seguro(a) de que el producto va a tener éxito. Para prepararte, escribe algunas de las preguntas que le vas a hacer. Tu compañero(a) debe preparar una lista de las características del producto.

El mejor anuncio Busca un anuncio que aparezca en una revista o periódico de tu comunidad. Tráelo a la clase y explica por qué te atrajo. También explica las cualidades que tiene, cómo presenta el mensaje, a quién está dirigido y cómo se compara con otros anuncios que has visto.

Una nueva empresa Piensa en un negocio que te gustaría empezar. Una vez que te hayas decidido por el producto, piensa en tres personas famosas con quien te gustaría asociarte para llevar a cabo la empresa. Puedes escoger artistas, políticos, autores, personajes históricos, etc. Explica por qué has escogido a cada una de estas personas.

Vocabulario útil

Aquí tienes una lista de palabras y expresiones que probablemente ya sabes.

- ahorrar
- el anuncio publicitario
- buen precio
- la comodidad/cómodo
- compacto
- conveniente
- el diseño
- la durabilidad
- garantía/garantizado(a)
- la innovación/innovador(a)
- útil

Estas palabras o expresiones pueden ayudarte también.

- a mi parecer *in my opinion*
- aprovecharse de *to take advantage of*
- darle gusto *to give pleasure*
- igualar *to equate, deem equal*
- lo mismo creo yo *I feel the same way*
- más vale *it's better*
- probar *to try*
- ¿qué le (te) parece? *what do you think?*

Phrases: Agreeing & disagreeing; Asserting & insisting; Stating a preference; Comparing & contrasting

Vocabulary: Arts; Cultural periods & movements; Personality; Poetry

Grammar: Comparisons: adjectives; Comparisons: equality; Comparisons: inequality; Verbs: if-clauses *si*; Verbs: subjunctive with *como si*

Para escribir

Un resumen Escribe un breve resumen del cuento, usando la siguiente lista como guía. Trata de limitarte a ocho oraciones.

1. los personajes
2. el tipo de negocio que desean empezar
3. el dilema
4. el comportamiento de los personajes
5. la solución o final

Opinión Al final del cuento los escritores estaban divididos en dos campos enemigos: los que defendían "el arte por el arte" y los que querían "el dinero por el dinero". En un párrafo corto, explica lo que significa para ti "el arte por el arte", y expresa tu opinión acerca de cómo podrían solucionar esta división los dos grupos.

Composición Escribe una composición en la que comparas las ideas de "el arte por el arte" y "el dinero por el dinero", el gran dilema dentro del mundo de negocios. ¿Crees que un artista debe de comprometer su trabajo por el dinero? Y los hombres (las mujeres) de negocios: ¿deben de adaptar el arte a la necesidad de obtener ganancias? Piensa en estas preguntas y haz una lista para cada una, donde das las razones por las que estás o no de acuerdo con la idea. Una vez que hayas pensado en el tema y escrito las listas, empieza a escribir la composición usando el siguiente esquema como guía.

Primer párrafo:	Define el dilema o tu tesis
Segundo párrafo:	¿Hay que defender "el arte por el arte"? ¿Por qué?
Tercer párrafo:	¿Hay que defender "el dinero por el dinero"? ¿Por qué?
Cuarto párrafo:	Tu opinión o defensa de la tesis
Quinto párrafo:	La solución ideal del dilema

Otra posibilidad sería usar el segundo y el tercer párrafo del esquema anterior para comparar o contrastar las dos ideas.

Las siguientes expresiones te ayudarán a escribir el ensayo:

al mismo tiempo *at the same time*
en cambio *on the other hand*
es decir *that is to say*
para resumir *in summary*
por otra parte *on the other hand*
sobre todo *above all*

Otra dimensión 

Los dibujos a continuación representan un cuento. Como puedes ver, el último cuadro sólo tiene un signo de interrogación. Usa tu imaginación y reconstruye el cuento, luego complétalo con lo que tú crees que va a suceder. Puedes hacer apuntes de los puntos más importantes para que así estés preparado(a) para presentarlo a la clase.

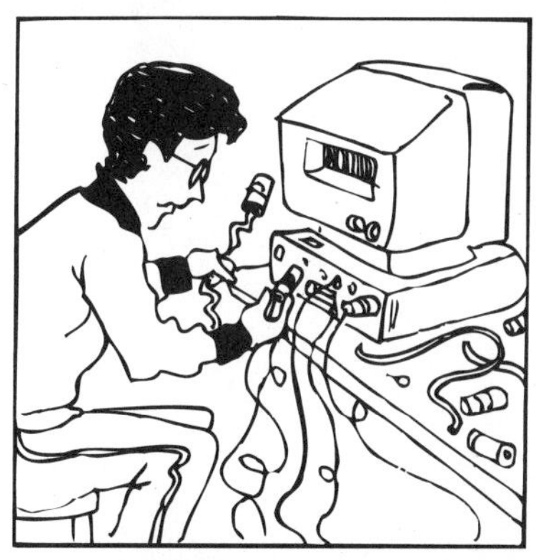

Comprensión auditiva 

Selección número 1

Vas a escuchar una conversación entre Luz y un amigo. El diálogo y las preguntas no están impresas en tu libro, sólo las posibles respuestas a cada pregunta. Escucha la conversación y responde a las preguntas escogiendo la respuesta correcta entre las opciones impresas en tu libro.

Número 1

a. Está enfadada con un amigo.
b. No se siente bien.
c. Nadie recordó su cumpleaños.
d. No recibió una carta importante.

Número 2

a. La echó al correo.
b. La usó en un anuncio.
c. La tiró a la basura.
d. Se la devolvió a Luz.

Número 3

a. Porque él se va de viaje.
b. Porque el error de Juan es común.
c. Porque él le pidió perdón.
d. Porque él le compró una tarjeta.

Selección número 2

Escucha ahora el siguiente anuncio de la radio. Las preguntas no están impresas en tu libro, sólo las posibles respuestas a cada pregunta. Escucha el anuncio y responde a las preguntas escogiendo la respuesta correcta entre las opciones impresas en tu libro.

Número 1

a. Para aliviar la piel seca.
b. Para evitar sudar demasiado.
c. Para limpiar los cuartos que no huelen bien.
d. Para secar los cuartos húmedos.

Número 2

a. un nuevo jabón
b. un nuevo champú
c. un nuevo limpiador
d. un nuevo perfume

Número 3

a. Su resultado dura más.
b. Lo puede devolver si no le gusta.
c. Se puede usar en la cocina.
d. Está disponible en las farmacias.

CAPÍTULO

9

Al colegio (Estampa)

Carmen Laforet

Antes de leer

A. Para discutir en clase

Mira el dibujo y descríbelo detalladamente. Para la discusión con el resto de la clase, haz una lista de palabras clave o de frases que te ayuden a expresar tus ideas. En la presentación incluye las respuestas a las preguntas que aparecen en la próxima página.

1. ¿Qué tiempo hace?
2. ¿Quiénes están en el jardín de la escuela? ¿Qué hacen?
3. ¿Cómo va vestida la señora?
4. ¿Cómo va vestida la niña?
5. Vamos a leer un cuento sobre los sentimientos de una madre que lleva a su hija por primera vez a la escuela. ¿Cómo piensas que se siente la madre? ¿Cómo piensas que se siente la hija? ¿Por qué?

B. Nuestra experiencia Antes de comenzar a leer, contesta a las siguientes preguntas. Las preguntas y sus respuestas te ayudarán a tener una idea sobre lo que vas a leer y además te ayudarán a pensar en tu experiencia con respecto al tema.

1. El cuento que vas a leer se llama "Al colegio". ¿Qué connotación tiene para ti el título? ¿En qué piensas cuando lo ves? En tu opinión, ¿de qué trata el cuento?
2. ¿Recuerdas tu primer día de escuela o el primer día en esta escuela secundaria? ¿Cómo fue?
3. ¿Cómo piensas que tus padres se sintieron cuando fuiste a la escuela por primera vez? ¿Se sintieron tristes o contentos? Explica tu respuesta.

C. El tiempo Muchas personas dicen que el estado del tiempo influye en la manera en que nos sentimos. ¿Cómo te sientes tú en las siguientes situaciones?

1. Hay niebla y las calles están húmedas.
2. Hace fresco y hay muchas hojas en las calles.
3. Hace sol, pero no mucho calor.
4. Cae una lenta lluvia.

D. Una selección Lee los siguientes párrafos del cuento y trata de deducir el significado de las expresiones subrayadas. Mientras lees, trata también de visualizar el estado del tiempo y fíjate en la descripción de las emociones entre los dos personajes.

Vamos cogidas de la mano en la mañana. Hace fresco, el aire está sucio de niebla. Las calles están húmedas. Es muy temprano.

Yo me he quitado el guante para sentir la mano de la niña en mi mano y me es infinitamente tierno este contacto, tan agradable, tan amical, que la estrecho° un poquito emocionada. Su propietaria <u>vuelve hacia mí la cabeza</u> y con el rabillo de los ojos me sonríe. Sabe perfectamente la importancia de este

° *press, squeeze*

apretón,° sabe que yo estoy con ella y que somos más amigas hoy que <u>otro día cualquiera</u>. Viene un aire vivo y empieza a romper la niebla. A todos los árboles de la calle <u>se les caen las hojas</u>, y durante unos segundos corremos debajo de una lenta lluvia de color tabaco.

squeeze

Vuelve a leer el párrafo y contesta estas preguntas.

1. ¿Qué frases se refieren al estado del tiempo?
2. Tres frases han sido subrayadas. ¿Puedes deducir su significado?
3. Teniendo presente la descripción al principio del cuento, ¿piensas que el ambiente del cuento va a ser feliz o triste? ¿Por qué?

Al leer

El cuento que vas a leer trata del primer día que una niña va a la escuela y las emociones de la madre ese día. Mientras lees, piensa en los siguientes puntos:

- los pensamientos de la madre
- el contacto físico entre la madre y la hija
- los recuerdos que tiene la madre de otros paseos y por qué le gustan
- los recuerdos que tiene la madre de su niñez

La autora

Carmen Laforet nació en Barcelona en 1921. Recibió el Premio Nadal por su novela *Nada* (1945), que de una manera autobiográfica presenta las consecuencias de la guerra civil española. Esta novela es de gran importancia y tuvo un gran éxito, trayéndole fama a la joven escritora. Laforet ha escrito varias novelas, cuentos y artículos, entre ellos *La isla y los demonios* (1952), *La mujer nueva* (1955) e *Insolación* (1963). La obra "Al colegio" pertenece a su colección de cuentos *La niña y otros relatos*.

Lectura

Al colegio (Estampa)

Carmen Laforet

Vamos cogidas de la mano en la mañana. Hace fresco, el aire está sucio de niebla. Las calles están húmedas. Es muy temprano.

Yo me he quitado el guante para sentir la mano de la niña en mi mano, y me es infinitamente tierno este contacto, tan agradable, tan amical, que la estrecho un poquito emocionada. Su propietaria vuelve hacia mí la cabeza, y con el rabillo de los ojos me sonríe. Sabe perfectamente la importancia de este apretón, sabe que yo estoy con ella y que somos más amigas hoy que otro día cualquiera.

Viene un aire vivo y empieza a romper la niebla. A todos los árboles de la calle se les caen las hojas, y durante unos segundos corremos debajo de una lenta lluvia de color tabaco.

—Es muy tarde; vamos.

—Vamos, vamos.

Pasamos corriendo delante de una fila de taxis parados, huyendo de la tentación. La niña y yo sabemos que las pocas veces que salimos juntas casi nunca dejo de coger un taxi. A ella le gusta; pero, a decir verdad, no es por alegrarla por lo que lo hago; es, sencillamente, que cuando salgo de casa con la niña tengo la sensación de que emprendo un viaje muy largo. Cuando medito una de estas escapadas,° uno de estos paseos, me parece divertido ver la chispa° alegre que se le enciende a ella en los ojos, y pienso que me gusta infinitamente salir con mi hijita mayor y oírla charlar; que la llevaré de paseo al parque, que le iré enseñando, como el padre de la buena Juanita,° los nombres de las flores; que jugaré con ella, que nos reiremos, ya que es tan graciosa, y que, al final, compraremos barquillos° —como hago cuando voy con ella— y nos los comeremos alegremente.

Luego resulta que la niña empieza a charlar mucho antes de que salgamos de casa, que hay que peinarla y hacerle las trenzas° (que salen

escapadas ?
chispa spark
Juanita character in children stories
barquillos thin rolled wafers
trenzas braids

pequeñas y retorcidas,° como dos rabitos° dorados debajo del gorro°) y cambiarle el traje, cuando ya está vestida, porque se tiró encima° un frasco° de leche condensada, y cortarle las uñas, porque al meterle las manoplas° me doy cuenta de que han crecido... Y cuando salimos a la calle, yo, su madre, estoy casi tan cansada como el día en que la puse en el mundo... Exhausta, con un abrigo que me cuelga como un manto;° con los labios sin pintar (porque a última hora me olvidé de eso), voy andando casi arrastrada por ella, por su increíble energía, por sus infinitos "porqués" de su conversación.

—Mira, un taxi. —Este es mi grito de salvación y de hundimiento° cuando voy con la niña... Un taxi.

Una vez sentada dentro, se me desvanece° siempre aquella perspectiva de pájaros y flores y lecciones de la buena Juanita, y doy la dirección de casa de las abuelitas, un lugar concreto donde sé que todos seremos felices: la niña y las abuelas, charlando, y yo, fumando un cigarrillo, solitaria y en paz.

Pero hoy, esta mañana fría, en que tenemos más prisa que nunca, la niña y yo pasamos de largo delante de la fila tentadora de autos parados. Por primera vez en la vida vamos al colegio... Al colegio, le digo, no se puede ir en taxi. Hay que correr un poco por las calles, hay que tomar el metro, hay que caminar luego, en un sitio determinado, a un autobús... Es que yo he escogido un colegio muy lejano para mi niña, ésa es la verdad; un colegio que me gusta mucho, pero que está muy lejos... Sin embargo, yo no estoy impaciente hoy, ni cansada, y la niña lo sabe. Es ella ahora la que inicia una caricia° tímida con su manita dentro de la mía; y por primera vez me doy cuenta de que su mano de cuatro años es igual a mi mano grande: tan decidida, tan poco suave, tan nerviosa como la mía. Sé por este contacto de su mano que le late° el corazón al saber que empieza su vida de trabajo en la tierra, y sé que el colegio que le he buscado le gustará, porque me gusta a mí, y que aunque está tan lejos, le parecerá bien ir a buscarlo cada día, conmigo, por las calles de la ciudad... Que Dios pueda explicar el por qué de esta sensación de orgullo que nos llena y nos iguala durante todo el camino...

Con los mismos ojos ella y yo miramos el jardín del colegio, lleno de hojas de otoño y de niños y niñas con abrigos de colores distintos, con mejillas que el aire mañanero° vuelve rojas, jugando, esperando la llamada a clase.

Me parece mal quedarme allí; me da vergüenza acompañar a la niña hasta última hora, como si ella no supiera ya valerse por sí misma° en este mundo nuevo, al que yo la he traído... Y tampoco la beso, porque sé que ella en este momento no quiere. Le digo que vaya con los niños más pequeños, aquellos que se agrupan° en el rincón,° y nos damos la mano, como dos amigas. Sola, desde la puerta, la veo marchar, sin volver la cabeza ni por un momento. Se me ocurren cosas para ella, un montón de° cosas que tengo que decirle, ahora que ya es mayor, que ya va al colegio, ahora que ya no la tengo en casa, a mi

twisted / *little tails* / *bonnet*
se... *spilled*
bottle
mittens
cape
collapse
disappear
caress
beats
?
valerse... *take care of herself*
se... *?* / *corner*
un... *a pile*

disposición a todas horas... Se me ocurre pensar que cada día lo que aprenda en esta casa blanca, lo que la vaya separando de mí —trabajo, amigos, ilusiones nuevas—, la irá acercando de tal modo a mi alma, que al fin no sabré dónde termina mi espíritu ni dónde empieza el suyo...

Y todo esto quizá sea falso... Todo esto que pienso y que me hace sonreír, tan tontamente, con las manos en los bolsillos de mi abrigo, con los ojos en las nubes.

Pero yo quisiera que alguien me explicase por qué cuando me voy alejando por la acera, manchada° de sol y niebla, y siento la campana° del colegio llamando a clase, por qué, digo, esa expectación anhelante,° esa alegría, porque me imagino el aula y la ventana, y un pupitre mío pequeño, desde donde veo el jardín, y hasta veo clara, emocionantemente, dibujada en la pizarra con tiza amarilla una A grande, que es la primera letra que yo voy a aprender...

spotted *bell* *anxious*

Comprensión

A. Comprensión general Responde a las siguientes preguntas sobre el cuento que acabas de leer. Comparte tus ideas con los otros estudiantes.

1. ¿Quién narra el cuento?
2. ¿Con quién parece hablar la narradora? ¿Por qué lo hace?
3. ¿Cómo es la relación que han tenido los personajes hasta ahora?
4. ¿Cuáles son los pensamientos de la madre a través del cuento?
5. ¿Cuál es el significado del contacto físico entre la madre y la hija?
6. ¿Cómo son los paseos que dan la madre y la hija? ¿Por qué les gustan?
7. ¿Qué recuerda la madre de su niñez?

B. Antónimos Da los antónimos de las siguientes palabras. Las referencias al texto te ayudarán a encontrarlas en el contexto, si lo necesitas.

sucio [2]	enciende [22]
divertido [21]	alegremente [27]

C. De la misma familia

Las palabras de la lista a continuación son formas que provienen de palabras que probablemente ya conoces. Da una palabra de la misma familia.

sucio [2]	tentadora [47]
divertido [21]	mañanero [66]
paseos [21]	bolsillos [83]
vestida [31]	dibujada [90]

D. En contexto

Explica el significado de las siguientes palabras en español. Si las buscas en el cuento, el contexto te ayudará a explicarlas.

caricia [54]	suave [57]
decidida [56]	vergüenza [68]

E. Al punto

Contesta a las siguientes preguntas escogiendo la mejor respuesta o terminación segun la lectura.

1. Por la descripción del estado del tiempo sabemos que es
   a. verano.
   b. otoño.
   c. invierno.
   d. primavera.
2. Cuando salen juntas, la madre y la hija generalmente
   a. toman un autobús.
   b. toman el metro.
   c. toman un taxi.
   d. van a pie.
3. Sabemos que ellas salen de la casa apuradas *(in a hurry)* porque la madre
   a. no le corta las uñas a la hija.
   b. no se ha pintado los labios.
   c. se olvida de cerrar la puerta.
   d. se cae al salir.
4. Cuando salen de la casa, la madre y la hija van generalmente
   a. a casa de las abuelitas.
   b. a comprar barquillos.
   c. a la escuela.
   d. al parque.

5. A la madre le gusta ir a casa de las abuelitas porque

   a. puede ir en taxi.
   b. está cerca.
   c. siempre le dan muchas flores.
   d. se siente feliz allí.

6. Mientras las abuelitas y la niña charlan, la madre

   a. duerme la siesta.
   b. fuma un cigarrillo.
   c. lee un libro.
   d. escribe una carta.

7. Podemos deducir que la madre no quiere tomar un taxi porque

   a. no quiere separarse de la niña.
   b. no tiene prisa.
   c. la escuela está muy cerca.
   d. es más agradable tomar un autobús.

8. La madre se da cuenta por primera vez de que

   a. su hija la impacienta mucho.
   b. su hija ha crecido mucho.
   c. la mano de su hija es demasiado grande.
   d. siempre está cansada.

9. ¿Por qué le gustará el colegio a la niña?

   a. Porque es muy bueno.
   b. Porque los profesores son distinguidos.
   c. Porque le gusta a la madre.
   d. Porque allí van todos sus amigos.

10. Los niños en el jardín esperan que

   a. lleguen sus padres.
   b. caigan más hojas de los árboles.
   c. les quiten los abrigos.
   d. comiencen las clases.

11. ¿Por qué le parece mal a la madre quedarse en el colegio?

   a. Porque ya la hija es mayor.
   b. Porque ya se han ido las otras madres.
   c. Porque la niña no se puede valer por sí misma.
   d. Porque le da vergüenza haber llegado tarde.

12. Antes de dejar a la niña en la escuela, la madre y la niña

a. se besan.
b. se dan la mano.
c. se abrazan.
d. empiezan a llorar.

13. La frase "porque me imagino el aula… que es la primera letra que yo voy a aprender" [líneas 88–91] quiere decir que la madre

a. decide regresar y sentarse en la sala de clase.
b. recuerda su primer día en la escuela.
c. va a tener que enseñar a la niña en la casa.
d. se ha imaginado toda la historia.

F. Ahora te toca Escribe cinco preguntas sobre las ideas principales de la lectura para hacérselas a tus compañeros y asegurarte que ellos la han comprendido. Algunos temas que puedes considerar para tus preguntas son:

- los personajes
- la relación entre los personajes
- la importancia del evento que se describe

G. Reflexiones Escribe un párrafo corto contestando a las siguientes preguntas.

1. ¿Por qué *no* se queda la madre con la hija hasta el último momento?
2. ¿Se siente mal la niña cuando la madre se va? ¿Cómo lo sabemos?
3. ¿Qué transformación ocurre al final del cuento?

Un paso más

El primer día de clases Tu hermanito(a) ha regresado de la escuela después de su primer día de clase. Él (Ella) te hace los siguientes comentarios o preguntas. ¿Cómo responderías tú? Compara tus respuestas con las de tus compañeros.

1. Tengo tres nuevos amigos.
2. La maestra me hizo muchas preguntas.
3. Me gusta hablar con mis compañeros de clase.
4. La comida de la escuela no me gusta.
5. ¿Por qué no podemos jugar todo el día en la escuela?
6. El conductor *(driver)* del autobús que me lleva a la escuela es muy simpático.

Para conversar 

Algunas palabras y expresiones que te ayudarán a expresar tus ideas se encuentran a la derecha.

Un contraste Explícales a tus compañeros de clase cómo, en tu opinión, ha cambiado tu escuela en comparación con los primeros meses cuando empezaste a asistir a ella. Describe a tus amigos, las clases, los profesores y las actividades en que participabas y participas ahora.

Una descripción Imagina que le quieres contar el cuento "Al colegio" a uno de tus amigos, pero te parece que la autora no ha dado suficiente información sobre los personajes. Haz una descripción ficticia de la madre y la hija, incluyendo sus características físicas, su ropa, la manera en que actúan, etc. Escribe una lista de vocabulario antes de empezar a describir a los personajes.

Un día difícil Uno de tus compañeros de clase va a hacer el papel de un(a) hermano(a) menor o un(a) amigo(a) que regresa a la casa quejándose de los problemas que ha tenido su primer día de escuela. Trata de darle consejos y de convencerlo(a) de que la situación mejorará.

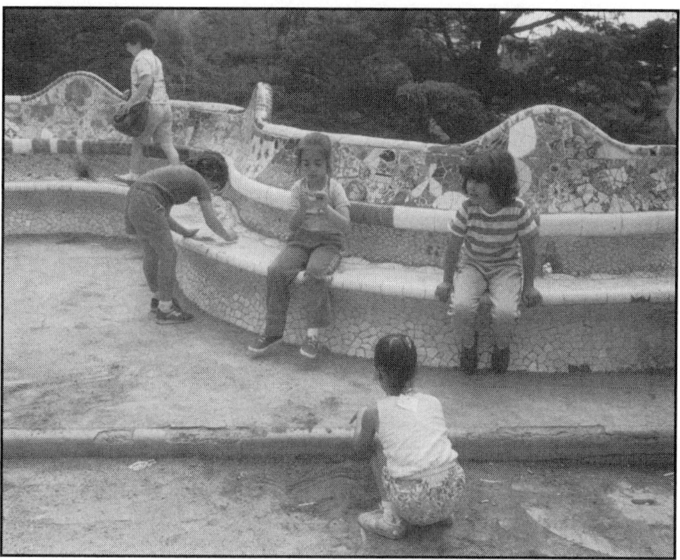

Vocabulario útil

Las siguientes expresiones te servirán para expresar tus ideas en los ejercicios.

- **a pesar de** *in spite of*
- **de hecho** *as a matter of fact, actually*
- **de hoy en adelante** *from now on*
- **de manera que** *so that*
- **ni siquiera** *not even*
- **no quedarle más remedio** *not to be able to avoid*

SOFTWARE

Phrases:
Describing the past; Linking ideas; Sequencing events; Expressing an opinion

Vocabulary:
Body: senses; People; School: classroom

Grammar:
Verbs: preterit & imperfect; Verbs: subjunctive with *que*

Para escribir

Un resumen Escribe un resumen del cuento. Antes de empezar, haz una lista de las ideas principales, respondiendo brevemente a las siguientes preguntas: ¿Qué sucede?, ¿Dónde?, ¿Cuándo?, ¿Quiénes? y ¿Por qué?

Un párrafo ¿Piensas que la niña del cuento se sentía de la misma manera que su madre mientras caminaban a la escuela? ¿Cuáles serían sus pensamientos y emociones ese primer día de clases? Escribe un párrafo respondiendo a estas preguntas. Antes de empezar a escribir, haz una lista de las emociones que un niño podría sentir el primer día que va a la escuela. Estas emociones pueden ser negativas, positivas o cosas que lo (la) asombran *(astonish)*. Una vez que termines la lista, escoge entre esas frases las que te puedan ayudar a escribir el párrafo.

emociones positivas	emociones negativas	cosas que lo (la) asombran

Composición Escribe una composición sobre tu primer día en esta escuela. Empieza por tratar de recordar todo lo que puedas sobre ese día y haz una lista de todas las cosas que te vengan a la mente. Una vez que hayas terminado, lee la lista y tacha (*cross out*) las ideas que no consideres muy importantes. Trata de combinar las frases que te queden para formar oraciones completas y párrafos. Aquí tienes algunas palabras y expresiones que pueden ayudarte a conectar las frases.

y	además	también
por esta razón	mientras	es decir
en cambio	sin embargo	pero
primero	por eso	en otras palabras
después	por fin	en resumen

Con las oraciones que formes, decide qué información vas a incluir en cada párrafo.

Ésta es una posible organización para tu composición:

- Empieza expresando tu opinión sobre tu primer día de escuela.
- Da ejemplos específicos sobre lo que pasó ese día. Explica cómo te hicieron sentir esos incidentes.
- Escribe un párrafo de resumen y explica cómo son tus impresiones de esta escuela hoy en día, comparándolas con las del primer día.

Ten en cuenta también los siguientes puntos:

- Debes escribir usando la primera persona.
- Contesta las preguntas ¿dónde? ¿cuándo? y ¿quién?
- No olvides que tu composición puede ser cómica o seria.

Otra dimensión 

Mafalda Lee la siguiente historieta. Luego explícasela a un(a) compañero(a), usando las preguntas a continuación como guía.

1. ¿Por qué está alegre el padre de Mafalda?
2. ¿Está de acuerdo su madre? ¿Por qué?
3. ¿Qué sucede en el tercer cuadro?
4. ¿Por qué gritan en el cuarto cuadro?
5. ¿De qué se dan cuenta al final de la historieta?

Comprensión auditiva 

Vas a escuchar una selección sobre las experiencias de los niños. La selección y las preguntas no están impresas en tu libro, sólo las posibles respuestas a cada pregunta. Escucha la selección y responde a las preguntas escogiendo la respuesta correcta entre las opciones impresas en tu libro.

Número 1

a. a los efectos de la vida moderna en los niños
b. a las publicaciones sobre la familia moderna
c. a los cambios en la vida de los escolares
d. a las pesadillas que causan los dolores de cabeza

Número 2

a. demasiados adultos a su alrededor
b. la intensidad de los estudios
c. los constantes trastornos digestivos
d. la poca experiencia para resolver problemas

Número 3

a. Que sean cuidados por personas que no conocen.
b. Que sus madres siempre estén en casa.
c. Que sean alimentados a la misma hora siempre.
d. Que no duerman cómodamente.

Número 4

a. la rutina diaria durante la semana
b. la manera de alimentar a los niños
c. los cambios imprevistos en la vida de los niños
d. las discusiones en familia delante de los niños

CAPÍTULO

10

La amistad en Norteamérica

Julián Marías

Antes de leer

A. Para discutir en clase

Mira los dibujos y describe cada situación. ¿Qué tienen que ver estas situaciones con la amistad? Para la discusión con el resto de la clase, haz una lista de palabras clave o de frases que te ayuden a expresar tus ideas. En la presentación incluye las respuestas a las preguntas que aparecen en la próxima página.

1. ¿Qué es la amistad? ¿Cómo se manifiesta?
2. ¿Te gusta asistir a bailes o fiestas? ¿Por qué?
3. ¿Te gustan las fiestas formales? Explica.
4. ¿Prefieres salir con muchos amigos o con pocos? Explica.
5. ¿Pueden ser amigos los miembros de una familia? ¿Qué podemos aprender sobre la amistad observando las relaciones entre familiares?
6. ¿Qué dicen los saludos diarios de nuestras relaciones personales? Es decir, ¿llevan nuestros saludos (¿Qué tal?, ¿Cómo te va?, ¿Qué hay?) alguna importancia o son palabras sin sentido?

B. Nuestra experiencia Todo el mundo conoce la importancia de la amistad. Nos damos cuenta de la necesidad de tener compañeros con quienes compartir nuestras alegrías y nuestras tristezas. Con unos compañeros de clase, responde a las siguientes preguntas y escucha las respuestas de otros. Para prepararte, piensa en tu vida y en las amistades que tienes y has tenido.

1. ¿Quién es tu mejor amigo(a)? ¿Cómo es? ¿Por qué se llevan Uds. bien?
2. ¿Quién era tu mejor amigo(a) cuando eras más joven? ¿Por qué eran Uds. amigos? (¿Vivían cerca? ¿Asistían al mismo colegio? ¿Les gustaban a Uds. las mismas cosas?)
3. ¿Qué buscas en un(a) amigo(a)? ¿Qué cualidades debe tener? ¿sensibilidad? ¿generosidad? ¿honradez? ¿la capacidad de escuchar?
4. ¿En qué ocasiones te gusta estar con amigos?
5. Cuando te encuentras triste, ¿prefieres estar solo(a) o con amigos? ¿Por qué?
6. Crea tu propia pregunta aquí acerca de la amistad para que se la hagas a los compañeros en tu grupo.

C. Entre amigos ¿Qué les dirías a tus amigos en las siguientes situaciones? Con un(a) compañero(a) de clase, hagan los papeles de los (las) amigos(as) en cada una de las situaciones. Sigan la discusión hasta resolver el dilema.

1. Tu amigo(a) te dice que no cree que eres un(a) amigo(a) verdadero(a) porque no estás de acuerdo con él (ella) sobre un tema. (Escoge el tema.)
2. Él (Ella) te invita a participar en una actividad que tú consideras peligrosa.

3. Es tu cumpleaños y él (ella) no puede venir a tu fiesta porque prometió llevar a su abuela al hospital.

4. Descubres que tu amigo(a) no te ha invitado a una pequeña fiesta que va a dar.

5. Crea tu propia situación aquí.

D. Una selección Esta selección consiste en la primera frase del ensayo "La amistad en Norteamérica", seguida del segundo párrafo. El autor dice que los norteamericanos tienen muy pocos amigos verdaderos, aunque dan la impresión de tener muchos. Mientras lees, ten en mente las siguientes preguntas. Piensa en lo que dice el autor, y en los ejemplos que da, antes de dar tu opinión sobre sus ideas.

- ¿Por qué tienen los norteamericanos pocos amigos verdaderos?
- ¿Para qué sirven las preguntas que aparecen en la selección?

Nada hay en el mundo más amistoso que un norteamericano —a no ser° una norteamericana...

Y sin embargo... Contra lo que se esperaría, los americanos tienen muy pocos amigos. Si se va a averiguar, el círculo de amistades de cada persona es muy reducido; además, estas amistades no son frecuentes; por último, sólo muy pocas son íntimas. ¿Cómo es esto posible? ¿Cómo un pueblo tan egregiamente° dotado° para la amistad, tan intrínsecamente amistoso o *friendly*, la cultiva de un modo parco° y deficiente? Los amigos —repito que casi siempre pocos— se ven de tarde en tarde;° las amistades universitarias, a veces próximas, incluso de compañeros de cuarto, se dejan caer: los amigos no se escriben, se mandan una postal por Navidades, se visitan cuando van a la ciudad en que vive el otro, pero nada más. Hay todas las excepciones que se quieran, pero estadísticamente las cosas son así, esa es la estructura de la amistad como fenómeno general.

a... *unless it be*

illustriously / *endowed*

frugal, moderate

de... *once in a while*

Ahora contesta a estas preguntas basándote en lo que acabas de leer.

1. ¿Por qué supones que el autor dice "Contra lo que se esperaría..."? ¿Por qué esperaríamos lo contrario de lo que dice en la selección? ¿Estás de acuerdo con la tesis del autor?

2. ¿Cuál es la idea principal de este párrafo? Escribe una frase que la describa.

3. ¿Cuáles son las palabras clave de la selección? Escoge algunas y explica por qué son las más importantes para desarrollar el tema de la selección.

El autor

Julián Marías nació en Valladolid en 1914. Es considerado un autor prodigioso y un verdadero intelectual. Ha escrito obras literarias, filosóficas y sociológicas. En "La amistad en Norteamérica" podemos apreciar al comentador filosófico y sociológico desarrollando uno de sus géneros literarios favoritos, el ensayo. No hay duda de que sus observaciones son más reflexiones que críticas. No sorprende que este hombre haya dedicado gran parte de su vida y de sus esfuerzos a la enseñanza. Marías fue profesor de muchos estudiantes norteamericanos mientras enseñaba en el programa de Middlebury College en Madrid.

Al leer

El ensayo de Julián Marías trata el tema de la amistad, o la falta de ella, en Norteamérica. Tal vez el ensayo sea un poco difícil de comprender la primera vez que lo leas, pero no te preocupes. Al terminar podrás volver a leerlo para comprenderlo con más claridad. Mientras lees, ponle atención a estos puntos:

- la causa principal por la cual los norteamericanos tienen muy pocas amistades
- los ejemplos de amistad que se presentan
- el efecto que causa el uso de palabras en inglés en el ensayo

Lectura

La amistad en Norteamérica

Julián Marías

Nada hay en el mundo más amistoso que un norteamericano —a no ser una norteamericana. El conductor del autobús os mira con simpatía al subir y, si no hay muchas apreturas,° os dice adiós al apearos.° (Hace unos meses, una poderosa compañía ofreció, con fines de publicidad, costear el deseo íntimo, largos años sofocado, de un puñado° de personas; uno de los ganadores era un conductor de autobús; su deseo: invitar a cenar y al teatro a sus pasajeros; y todos los que tenían tiempo fueron con él al restaurante y al espectáculo. Pocas cosas me han parecido más representativas de los Estados Unidos.) El operario de la Telefónica que va a reparar vuestro aparato, os ofrece un cigarrillo y conversa cordialmente con vosotros.

apreturas: *jam, crush*
apearos: *?*
puñado: *handful*

Hasta el policía que os pone un *ticket* por exceso de velocidad, implacable,° al mismo tiempo sonríe y se ofrece a ayudaros a poner el coche culpable° otra vez en marcha ("lo cortés no quita a lo valiente°"). El sacerdote° predicador° sonríe desde el altar o desde el púlpito y realmente os encuentra amables. Cuando se inicia un trato° individualmente amistoso, el americano, desde el primer momento, está en confianza, os pone en ella, y a los diez minutos charláis de persona a persona, con efectiva cordialidad. Se piensa, y no sin razón, que los Estados Unidos son el paraíso de la amistad.

?

? / lo... *courtesy does not indicate a lack of courage / ? / preaching, sermonizing / personal relations, dealing (as a friend)*

Y sin embargo... Contra lo que se esperaría, los americanos tienen muy pocos amigos. Si se va a averiguar, el círculo de amistades de cada persona es muy reducido; además, esas amistades no son frecuentes; por último, sólo muy pocas son íntimas. ¿Cómo es esto posible? ¿Cómo un pueblo tan egregiamente dotado para la amistad, tan intrínsecamente amistoso o *friendly,* la cultiva de un modo parco y deficiente? Los amigos —repito que casi siempre pocos— se ven de tarde en tarde; las amistades universitarias, a veces próximas, incluso de compañeros de cuarto, se dejan caer: los amigos no se escriben, se mandan una postal por Navidades, se visitan cuando van a la ciudad en que vive el otro, pero nada más. Hay todas las excepciones que se quieran, pero estadísticamente las cosas son así, esa es la estructura de la amistad como fenómeno general.

Las causas de ello no son fáciles de descubrir. Cuando se pregunta por ellas a los americanos, suelen primero sorprenderse: no se les había ocurrido que pasaba así y que era anómalo;° luego reconocen que efectivamente sucede de esa manera; en tercer lugar, buscan una explicación, y la que suelen dar es el aislamiento y la falta de tiempo. Pero esta causa es muy secundaria. Yo creo que reside más bien° en que los Estados Unidos tienen cierta escasez° de una sola cosa: imaginación. Cuando encuentran a una persona, la reacción de los americanos es positiva, porque los Estados Unidos son uno de los poquísimos lugares de este mundo en que se ama al prójimo° (un poco menos que a sí mismo, pero aun así, ¡qué milagro!); gozan con su presencia, frecuentemente les parece bien, y se separan llenos de cordialidad y buenos sentimientos. ¿Y después? Probablemente nada. En otra ocasión, por lo general en un *party,* vuelven a encontrar a la misma persona, vuelven a alegrarse y a estar llenos de simpatía. Entre los encuentros, el vacío. Y la amistad no es eso, porque, como todo lo humano, es algo de índole° dramática, es decir, necesita un argumento. Y esto, el inventar un argumento para la amistad, requiere imaginación. Cuando yo encuentro a una persona agradable, imagino otro encuentro futuro, tal vez en diferentes condiciones, por ejemplo a solas, o para hablar de algo concreto, o bien en conexión con otros amigos antiguos; y cuando esta segunda reunión se realiza, imagino una tercera y una cuarta, distintas, que significan pasos en un camino.

?

más... *rather*

?

?

temper, disposition

¿En cuál? En el de nuestras vidas, que empiezan a ser en algún sentido nuestras, a estar juntas. Yo tengo la impresión de que mi trayectoria vital está entrelazada° con otras, a diversas distancias, que son las de mis amigos. Y todas esas amistades tienen sus argumentos, que se entrelazan, se cruzan, son tangentes,° como los de las novelas de Galdós.

En los Estados Unidos se multiplican las ocasiones de la amistad, se fomenta° la sociabilidad, se provocan reuniones *(social gatherings)*: las iglesias son órganos de convivencia,° con clubs, tés, fiestas, conferencias, bailes (sí, también las iglesias católicas, por supuesto); en las Universidades son legión° las *fraternities* y *sororities* (cada una designada por tres letras griegas); se pertenece a varias asociaciones de todo género:° profesionales, deportivas, literarias, de coleccionistas, benéficas,° económicas. Con pretexto° del negocio —para acallar la conciencia puritana—, pero probablemente para gozar un poco del ocio,° se organizan convenciones de todo género. La primera vez que estuve en Chicago, al salir de mi habitación, vi el *lobby* del inmenso Conrad Hilton Hotel lleno de señores, señoras y señoritas con una cartulina° en la solapa° que ponía en cuatro grandes letras: NADA. ¿Una asamblea de existencialistas,° tal vez de nihilistas?° Pero todos respiraban bienestar, alegría y afirmación de la vida. Se trataba de una *convention* de la Asociación Nacional de Vendedores de Automóviles *(National Automobile Dealers Association),* que a juzgar por° las dificultades de tráfico y estacionamiento tenían todos los motivos para la satisfacción.

Pero todo eso implica que la sociedad tiene que dar un impulso; que la imaginación individual no es suficiente para la proliferación e intensificación de las amistades estrictamente personales. La amistad en los Estados Unidos suele ser discontinua, como un rosario de momentos aislados y equivalentes unos a otros, sin progreso, sin argumento, sin trayectoria dramática. La amistad de la mayoría de los norteamericanos no tiene biografía, y no la tiene porque no se le inventa un programa, una novela más o menos imaginativa.

Y cuando alguien aporta° un poco de imaginación, la amistad florece maravillosamente; el americano responde con inesperada avidez,° se embarca en la empresa que se le propone, presta a ella toda su riqueza de efusividad,° simpatía, afecto y falta de malas pasiones. Cuando brota° ante ella el surtidor° imaginativo, el alma americana da las mismas cosechas prodigiosas° que esta seca tierra de California bajo el riego del agua.

?
?
se... *is promoted*
?
?
?
charitable / Con... ?
leisure
badge / *lapel*
? / ?
a... ?
contributes
?
?
springs up / *fountain*
?

Comprensión

A. Comprensión general En tus propias palabras, responde a las siguientes preguntas. Comparte tus ideas con otros estudiantes en la clase y escucha sus ideas.

1. ¿Cuál es la causa principal de que tengan los norteamericanos tan pocas amistades?
2. ¿Qué ejemplos en el ensayo reflejan las características de la amistad norteamericana?
3. ¿Qué efecto tiene el uso de las expresiones en inglés en el ensayo?

B. De la misma familia Las palabras de la lista a continuación son formas que provienen de palabras que probablemente ya conoces. Da una palabra de la misma familia.

amistoso [1]
simpatía [3]
costear [5]
aislamiento [38]
acallar [70]
florece [91]

C. En contexto Da una palabra o frase que quiera decir lo mismo que las siguientes palabras o frases.

apearos (apearse) [4]
sacerdote [15]
escasez [40]
prójimo [43]
entrelazada [59]
convivencia [65]
de todo género [69]
avidez [92]

D. Vocabulario avanzado Las palabras a continuación son bastante avanzadas, pero todas se escriben de una forma parecida en español y en inglés. ¿Sabes las palabras que corresponden a éstas en inglés? Si no, búscalas en el diccionario. Después, explica en español, en tus propias palabras, el significado de las palabras de la lista.

implacable [13]
culpable [14]
anómalo [36]
tangentes [61]
legión [67]
benéficas [70]
pretexto [70]
existencialistas [76]
nihilistas [76]
efusividad [93]
prodigiosas [95]

E. Al punto Contesta a las siguientes preguntas, escogiendo la mejor respuesta o terminación según la lectura.

1. La compañía le dio un premio al conductor de autobús para
   a. ser más reconocida por el público.
   b. ver la reacción del conductor.
   c. ahorrar dinero.
   d. tener más amigos.
2. ¿Qué *no* cita el autor entre los ejemplos que usa para discutir el tema?
   a. la iglesia
   b. la telecomunicación
   c. la educación
   d. la ley
3. Según el ensayo, parece que los norteamericanos empiezan una verdadera relación amistosa cuando
   a. se entienden.
   b. se encuentran.
   c. se conocen bien.
   d. se ayudan.
4. El autor mantiene que los norteamericanos realmente no tienen
   a. muchos amigos universitarios.
   b. muchos amigos íntimos.
   c. muchas oportunidades para conocer a otros.
   d. muchas ocasiones para celebrar la amistad.
5. La frase "…la cultiva de un modo parco y deficiente…" [líneas 26–27] quiere decir que el norteamericano no trata que una relación amistosa
   a. se desarrolle.
   b. se acepte.
   c. se olvide.
   d. se reconozca.
6. Algunos norteamericanos probablemente dicen que no tienen muchos tratos amistosos porque son personas muy
   a. tranquilas.
   b. imaginativas.
   c. generosas.
   d. ocupadas.

7. Cuando los norteamericanos piensan en la falta de muchos amigos verdaderos,

   a. les sorprende y lo niegan.
   b. les sorprende y lo aceptan.
   c. no saben explicarlo.
   d. no quieren discutirlo.

8. Cuando el autor sugiere que a los norteamericanos les falta la imaginación, dice que ellos sólo piensan en

   a. el futuro.
   b. el ideal.
   c. el momento.
   d. el pasado.

9. Según Marías, los norteamericanos organizan reuniones sociales o profesionales porque

   a. no saben mantener y desarrollar relaciones personales.
   b. no quieren hablar con sus parientes.
   c. les importan las relaciones personales.
   d. les gusta mostrar que tienen dinero.

10. ¿Qué quiere decir Marías en la frase "La amistad de la mayoría de los norteamericanos no tiene biografía, y no la tiene porque no se le inventa un programa, una novela más o menos imaginativa" [líneas 87–89]?

    a. Que los norteamericanos sólo se encuentran en reuniones sociales.
    b. Que los norteamericanos no se reúnen con frecuencia.
    c. Que a los norteamericanos no les gusta leer.
    d. Que los amigos de los norteamericanos no juegan un papel importante en su vida.

11. Marías compara la amistad sin imaginación a

    a. un libro.
    b. un laboratorio.
    c. un desierto.
    d. una empresa.

F. Ahora te toca En esta actividad tienes la oportunidad de hacerles preguntas a otros estudiantes. A través de tus preguntas podrás recibir ayuda para comprender mejor algunas ideas o podrás escuchar interpretaciones distintas de las tuyas. Al mismo tiempo te dará práctica en hacer preguntas en vez de siempre contestarlas. Haz tus preguntas sobre estos temas.

- **Ejemplos de la amistad norteamericana** (el conductor del autobús, el operario de la Telefónica, el policía, el sacerdote)
- **Opinión** "...los americanos tienen muy pocos amigos. Si se va a averiguar, el círculo de amistades de cada persona es muy reducido: además, esas amistades no son frecuentes; por último, sólo muy pocas son íntimas."
- **Recomendación** "Y cuando alguien aporta un poco de imaginación, la amistad florece maravillosamente..."

Un paso más

Dos puntos de vista Da ejemplos que apoyen las siguientes ideas del ensayo y otros ejemplos que contradigan esas ideas. Esta estrategia te ayudará a ver los dos puntos de vista, a pensar antes de reaccionar y a no actuar de una manera defensiva. Compara tus ejemplos con los de tus compañeros.

1. "Nada hay en el mundo más amistoso que un norteamericano —a no ser una norteamericana."
2. "...los americanos tienen muy pocos amigos. ...el círculo de amistades de cada persona es muy reducido; además, esas amistades no son frecuentes; por último, sólo muy pocas son íntimas."
3. "... (los americanos) buscan una explicación, y la que suelen dar es el aislamiento y la falta de tiempo."
4. "Entre los encuentros, el vacío."
5. "La amistad en los Estados Unidos suele ser discontinua, como un rosario de momentos aislados y equivalentes unos a otros, sin progreso, sin argumento, sin trayectoria dramática."

¿Buenos amigos? En estas situaciones tendrás la oportunidad de ver la relación entre algunos acontecimientos verdaderos y lo que dice el autor en su ensayo. Describe cómo las situaciones reflejan o contradicen las ideas de Marías.

1. Una muchacha hace un viaje (en tren, en autobús o en avión) y conoce a otra pasajera. Ellas pasan la excursión charlando y se llevan muy bien. Al final intercambian sus direcciones, con la promesa de verse en otra ocasión. Después de tres meses la muchacha se da cuenta de que ni ella ni su compañera se han comunicado.
2. En un programa de intercambio, un muchacho norteamericano de dieciséis años vivió con una familia española en La Coruña. Durante los tres próximos años la única comunicación que tuvieron fueron las tarjetas de Navidad que se mandaron y dos llamadas telefónicas. Tres años después el norteamericano se encontró en Salamanca, otra vez en un programa de intercambio. Para las Navidades visitó a su "familia" en La Coruña, donde todos pasaron quince días maravillosos.
3. Unos graduados de una universidad se reúnen cada año y aunque la mayoría de los que asisten lo pasan bien, algunos se dan cuenta de que pasan el fin de semana contando los mismos cuentos del pasado. Ellos deciden no reunirse en el futuro.

Vocabulario útil

Aquí tienes una lista de palabras y expresiones que probablemente ya sabes.

amable
caerle bien/mal a alguien (me cae...)
compartir
la confianza
confiar en
conocer (imperfect = ***knew*** **/ preterite =** ***met [for the first time]*****)**
conocido(a)
encontrarse con
inseparable
la lealtad
llevarse bien con
el trato

Estas expresiones pueden ayudarte también.

establecer amistad con *to make friends with*
familiarizarse con *to get to know*
una amistad muy estrecha *a close friendship*

Para conversar

Algunas palabras y expresiones que te ayudarán a expresar tus ideas se encuentran a la izquierda.

Situaciones difíciles Con un(a) compañero(a), imagínense que se encuentran en las siguientes situaciones.

- a tu mejor amigo(a) no le cae bien tu novio(a)
- tu padre no quiere que salgas con ciertos amigos
- tu mejor amigo(a) te pide que no invites a unos muchachos a la fiesta que das

Decidan qué papel va a hacer cada uno(a). Antes de comenzar, piensen en posibles temas que deben discutir, situaciones, preguntas, dificultades que se puedan presentar y recomendaciones apropiadas y prepárense para presentar la discusión al resto de la clase.

Hola, ¿qué tal? Algunas veces para conocer a gente nueva, hay que tomar la iniciativa, presentarse y empezar una conversación. A menudo tales conversaciones comienzan con preguntas. Escoge a dos o tres compañeros(as) de clase que todavía no conozcas muy bien y pregúntales acerca de su vida. Puedes preguntarle sobre los siguientes temas:

- sus intereses y pasatiempos
- su familia
- su dirección y de dónde es
- su trabajo, etc.

¿Pocos amigos? Organícense en grupos de cuatro o seis estudiantes y preparen un debate sobre el tema “Los norteamericanos tienen muy pocos amigos íntimos”. En cada grupo algunos deben de estar en pro del tema y otros en contra. Piensen en los siguientes puntos mientras se preparan:

- ejemplos que apoyen sus opiniones
- posibles explicaciones para la situación
- preguntas para los que tienen opiniones diferentes a las suyas

Para escribir

SOFTWARE

Phrases:
Inviting, accepting & declining; Comparing & contrasting; Writing a letter (informal)

Vocabulary:
Leisure; Mail; School: university

Grammar:
Verbs: subjunctive agreement; Verbs: if-clauses *si*; Verbs: subjunctive with *como si*; But: *pero, sino (que), nada, más que*

Una tarjeta postal Las tarjetas postales generalmente son breves. Muchas veces las escribimos rápidamente y sin desarrollar las ideas en detalle. Piensa en algunas tarjetas postales que has recibido y escribe algunas de las expresiones más comunes que asocias con estas tarjetas. (Por ejemplo: "Me gustaría que estuvieras aquí.") Luego imagínate que estás de vacaciones y escríbele una tarjeta a un(a) amigo(a), usando un tono familiar y personal.

Un nuevo negocio Para empezar un nuevo negocio muchas veces se necesita la ayuda de otra persona. Imagina que quieres comenzar un negocio y quieres que uno de tus amigos(as) participe en él. Escríbele una carta invitándolo(la) a participar usando el esquema a continuación. La lista es sólo una posible manera de organizar tus ideas, no tienes que discutir todos los puntos en tu carta.

- saludo
- descripción del proyecto
- por qué la gente va a necesitar y querer el producto o servicio
- anticipadas reacciones negativas a tu idea por ser un proyecto arriesgado
- explicación de por qué esas reacciones no son apropiadas
- proposición para organizar el proyecto y el papel que tu amigo(a) va a hacer
- despedida

Intercambia la carta que escribiste con un(a) compañero(a) de clase.

Una respuesta Instrucciones para tu compañero(a): acabas de recibir una carta de un(a) amigo(a) invitándote a participar en un nuevo negocio. No quieres aceptar la invitación, pero tampoco quieres ofenderlo(la). Escríbele una carta explicándole las razones por las que no puedes aceptar su oferta, pero sin ofenderlo(la). El siguiente esquema es una posible guía para tu respuesta:

- Saludo
- Dale las gracias a tu amigo(a) por haber pensado en ti.
- Ofrece tu apoyo pero rechaza su oferta.
- Da ejemplos que apoyen el negocio, pero que al mismo tiempo muestren las probables reacciones negativas.
- Sugiere algunas preguntas que él (ella) debe considerar.
- Ofrece algunas soluciones para estas preguntas o problemas.
- Felicita a tu amigo(a) por sus ideas y deséale buena suerte.
- Despedida

Malas noticias En forma escrita, desarrolla tus ideas sobre uno de los siguientes temas.

1. Quieres informarle a tu novio(a) que no quieres continuar la relación que Uds. llevan.
2. Estás en la universidad y quieres informarle a tu padre o a tu madre que no vas a seguir especializándote en la carrera que ellos te habían sugerido.

Otra dimensión

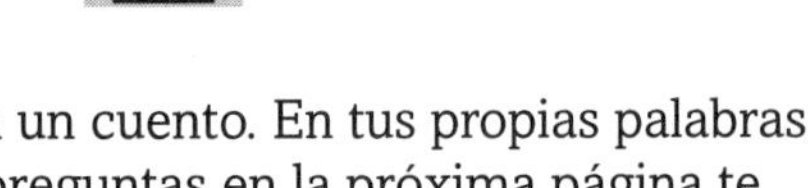

Los dibujos a continuación representan un cuento. En tus propias palabras, describe en detalle lo que sucede. Las preguntas en la próxima página te ayudarán a describir la acción.

- ¿Qué dificultad tiene una de las personas en los dibujos?
- ¿Es típico este problema?
- ¿Cómo puede ayudarle a encontrar las palabras su amigo?
- ¿Cuándo te es más difícil encontrar las palabras correctas?
- ¿Son algunas personas más dotadas con el uso de la palabra?

Comprensión auditiva 

A continuación vas a escuchar dos conversaciones o partes de conversaciones. En tu libro tienes impresas cuatro opciones para cada conversación. Después de escuchar cada conversación, escoge la respuesta que continúa la conversación de la manera más lógica.

Selección número 1

a. Ya viene el mecánico que va a arreglar el autobús.
b. Normalmente no hay tráfico a estas horas.
c. Ellos siempre tienen ganas de conducir el autobús.
d. ¡Qué egoístas! No pueden pensar en otros.

Selección número 2

a. No hay cuartos en los hoteles de la ciudad.
b. No sea antipática, salude al Señor Pardo.
c. De acuerdo, pero siempre es un placer reunirnos una vez al año, ¿no?
d. Lo siento, pero no conozco a la persona de quien me habla.

CAPÍTULO 11

Una semana de siete días

Magali García Ramis

Antes de leer

A. Para discutir en clase

Mira el dibujo y describe la escena. Además de dar los detalles físicos, no dejes de incluir las emociones y los pensamientos de las personas. Para la discusión con el resto de la clase, haz una lista de palabras clave o de frases que te ayuden a expresar tus ideas. En la presentación incluye las respuestas a las preguntas que aparecen en la próxima página.

1. ¿Qué relación piensas que tienen las mujeres y la niña con el difunto *(deceased person)*?
2. ¿Qué hacen ellas?
3. ¿Cómo crees que se siente cada una? ¿Piensas que la niña sabe lo que está pasando?
4. ¿Qué preguntas tendrá la niña?
5. ¿Qué consuelo le pueden ofrecer las mujeres a la niña?
6. ¿Qué significan las letras Q.E.P.D. en la tumba?

B. Nuestra experiencia ¿Alguna vez has tenido que consolar a alguien que haya perdido a un ser querido? Piensa en esta situación y contesta estas preguntas.

1. ¿Cómo pueden ayudar los amigos a los que están de luto *(mourning)* por un familiar?
2. ¿Qué costumbres sociales o religiosas existen para ayudar a la familia de un(a) difunto(a)?
3. ¿Cuál es la mejor manera de explicarle el concepto de la muerte a un(a) niño(a) pequeño(a)?

C. La mudanza *(The move)* En el cuento "Una semana de siete días", el mudarse de casa tiene un papel importante en la trama. Hoy en día mucha gente tiene que mudarse a menudo por diferentes razones. Estas mudanzas pueden ser especialmente difíciles para los jóvenes, porque tienen que dejar a sus amigos y cambiar de escuela. Si te has mudado de casa, y si te acuerdas de lo que sentiste, explícale tu experiencia a un(a) compañero(a) de clase. Cuéntale lo bueno y lo malo de la experiencia. Puedes mencionar los temores, preocupaciones o preguntas que tuviste. ¿Qué o quién te ayudó a adaptarte? ¿Qué consejos tendrías para otros jóvenes que tuvieran que mudarse de casa? Si no te has mudado de casa, ¿cómo reaccionarías a la necesidad de cambiar de domicilio? ¿Te gustaría o no? ¿Qué temores, preocupaciones o preguntas tendrías si te encontraras en tal situación?

D. La idea general En la siguiente selección leerás acerca de varios temas importantes del cuento: la muerte, la mudanza, la relación cariñosa y protectiva de una madre hacia su hija, y la vida aparte y misteriosa de la madre (desde la perspectiva de la niña). Lee la selección prestando atención a las frases que usa el autor para hablar de estos temas.

...Caminábamos el mundo de mil calles y cien ciudades y ella trabajaba y me miraba crecer y pasaba sus manos por mi pelo cada vez que me iba a hacer cariños.° En cada lugar que vivíamos mamá tenía muchos amigos —compañeros les decía ella— y venían a casa de noche a hablar de cosas, y a veces a tocar guitarra. Un día mamá me llamó seria y suave, como hacía cuando me iba a decir algo importante. "Vamos a regresar a casa", me dijo, "papá ha muerto". Muerto. Los muertos estaban en los cementerios, eso sí lo sabía yo, y nuestra casa era este departamento° azul donde, como en todos los que habíamos estado, mamá tenía la pintura del señor de sombrero con fusil en la mano, la figura de madera de una mujer con su niño, un par de fotos de otro hombre que ella pegaba en la pared junto a mi cama. "No hay tal papá Dios, este hombre es tu padre, tu único papá", me decía. Y yo lo miraba todas las noches, a ese hombre de pelo tan claro y ojos verdes que ahora estaba muerto y nos hacía irnos de casa.

hacer... *to show affection*

apartment

Ahora identifica las referencias a los temas:

- la muerte: ______________________________
- la mudanza: ______________________________
- la relación cariñosa y protectiva de la madre hacia su hija:

  ____
- la vida aparte y misteriosa de la madre (desde la perspectiva de la niña, ______________________________

Al leer

El cuento que vas a leer trata de la relación entre una mujer y su hija. La madre lleva una vida acerca de la cual la niña sabe muy poco. Esa vida impone algunas complicaciones en sus vidas. Mientras lees, fíjate en lo siguiente:

- la razón por la cual la madre y la hija se tienen que mudar constantemente
- la personalidad de la madre
- la perspectiva de la niña
- la religión

La autora

Magali García Ramis nació en 1946 en Santurce, Puerto Rico. Ha estudiado en Puerto Rico, Nueva York y México. Actualmente es una respetada periodista y novelista. Desde su punto de vista de mujer puertorriqueña, nos presenta en sus obras algunos de los verdaderos conflictos de la isla, sobre todo el de las distintas clases sociales y el de la política. En muchas de sus obras se puede notar un obvio fondo histórico.

Lectura

Una semana de siete días

Magali García Ramis

?

de... *facing*

?

Mi madre era una mujer que tenía grandes los ojos y hacía llorar a los hombres. A veces se quedaba callada por largos ratos° y andaba siempre de frente° al mundo; pero aunque estaba en contra de la vida, a mí, que nací de ella, nunca me echó de su lado. Cuando me veían con ella, toda la gente quería quedarse conmigo. "Te voy a robar, ojos lindos", me decían los dependientes° de las tiendas. "Déjala unos meses al año acá, en el verano, no es bueno que esa niña viaje tanto", le habían pedido por carta unas tías. Pero mi madre nunca me dejaba. Caminábamos el mundo de mil calles y cien ciudades y ella trabajaba y me miraba crecer y pasaba sus manos por mi pelo cada vez que me iba a hacer cariños. En cada lugar que vivíamos mamá tenía muchos amigos —compañeros les decía ella— y venían a casa de noche a hablar de cosas, y a veces a tocar guitarra. Un día mamá me llamó seria y suave, como hacía cuando me iba a decir algo importante. "Vamos a regresar a casa", me dijo, "papá ha muerto". Muerto. Los muertos estaban en los cementerios, eso sí lo sabía yo, y nuestra casa era este departamento azul donde, como en todos los que habíamos estado, mamá tenía la pintura del señor de sombrero con fusil en la mano, la figura de madera de una mujer con su niño, un par de fotos de un hombre que ella ponía en el cuarto y una de otro hombre que ella pegaba en la pared junto a mi cama. "No hay tal papá Dios, este hombre es tu padre, tu único papá", me decía. Y yo lo miraba todas las noches, a ese hombre de pelo tan claro y ojos verdes que ahora estaba muerto y nos hacía irnos de casa.

No me puedo acordar cómo llegamos a la isla, sólo recuerdo que allí no podía leer casi nada aunque ya sabía leer, porque les daba por escribir° los nombres de las tiendas en inglés. Entonces alguien nos

les... *they were given to writing*

llevó en un auto a San Antonio. Antonio se llamaba mi padre y ése era su pueblo. Antes de salir para San Antonio mi madre me compró un traje blanco y otro azul oscuro y me puso el azul para el viaje. "Vas a ver a tu abuela de nuevo", me dijo. "Tú vas a pasar unos días con ella, yo tengo unos asuntos que atender° y luego iré a buscarte. Tú sabes que mamá no te deja nunca, ¿verdad? Te quedarás con abuela una semana, ya estás grande y es bueno conocer a los familiares".

?

Y así de grande, más o menos, llegué dormida con mamá a San Antonio. El auto nos dejó al lado de una plaza llena de cordones con luces rojas, verdes, azules, naranjas y amarillas. Una banda de músicos tocaba una marcha y muchos niños paseaban con sus papás. "¿Por qué hay luces, mamá?" "Es Navidad", fue su única respuesta. Yo cogí mi bultito° y mamá la maleta, y me llevó de la mano calle arriba, lejos de la plaza que me llenaba los ojos de colores y de música. Caminamos por una calle empinada° y ya llegando a una colina nos detuvimos frente a una casa de madera de balcón ancho y tres grandes puertas. Yo me senté en un escalón° mientras mi madre tocaba a la puerta de la izquierda. Desde allí, sentada, mis ojos quedaban al nivel de las rodillas que una vez le habían dicho que eran tan bonitas.

little pack

steep

step (of stairs)

"Tus rodillas son preciosas, y tú eres una chulería de mujer",° le decía el hombre rubio a mamá y yo me hacía la dormida° en la camita de al lado y los oía decirse cosas que no entendía. De todo lo que se dijeron y contaron esa noche, lo único que recuerdo es que sus rodillas eran preciosas. Aquel hombre rubio le decía que la quería mucho, y que a mí también, y que quería casarse con ella —pero ella no quiso. Un día estábamos sentados en un café y le dijo que no volviera, y allí mismo él pagó la cuenta y se fue llorando. Yo miré a mi madre y ella me abrazó.

chulería… *gracefulness of a woman* / me… *I pretended to be asleep*

Hacía frío y creí que me iba a dormir de nuevo, pero no me dio tiempo porque detrás de la puerta con lazo° negro una voz de mujer preguntó: ¿Quién? "Soy yo, Doña Matilde, Luisa, he venido con la niña". La mujer abrió la puerta y sacó la cabeza para mirar al balcón y allí en la escalera a su derecha estaba yo, mirando a esa mujer con los ojos verdes de mi padre. "Pasen, pasen, no cojan el sereno que hace daño",° dijo la abuela. Pasamos un pasillo ancho con muchas puertas a los dos lados, y luego un patio sin techo, en el medio. "¿Por qué tiene un hoyo° esta casa, mamá?" "Es un patio interior, las casas de antes son así", dijo mamá, y seguimos caminando por la casa de antes hasta llegar a un comedor. Allí estaba Rafaela, la muchacha de abuela que era casi tan vieja como ella. Nos sentamos a tomar café con pan y mamá habló con la abuela.

bow (to represent mourning)

no… *don't stay out in the night air as it's not good for you*

hole

Al otro día amanecí con mi payama puesta en una cama cubierta con sábanas y fundas de flores bordadas,° tan alta que tuve que brincar° para bajarme. Busqué a mamá y me asustó pensar que quizás ya se había ido por una semana y me había dejado sin despedirse, y yo en payamas. Entonces oí su voz: "La nena ha crecido muy bien, Doña Matilde. Es inteligente, y buena como su padre". "Tiene los ojos [de]

?

jump

Ocasio", dijo la abuela. "Yo sé lo que usted piensa, que tanto cambio le hace daño, y yo sé que usted no está de acuerdo con la vida que yo llevo, ni con mis ideas políticas, pero deje que la conozca a ella para que vea que no le ha faltado nada: ni cariño, ni escuela, ni educación". "Él preguntó por ti antes de cerrar los ojos, siempre creyó que tú volverías", contestó la abuela, como si cada una tuviese una conversación aparte. "Mamá, mamá, ya me desperté", dije. "Ven acá, estamos en el patio", me contestó. "Pero no sé dónde está mi bata", grité, porque ella estaba diciéndole a la abuela que yo tenía educación° y aunque nunca me ponía la bata eso ayudaría a lo que mi mamá decía. "Olvídate de eso, si tú no te la pones, ven", repitió mamá, que nunca fingía° nada. Yo me acerqué y vi de frente a la abuela que era casi tan alta como mi madre y con su pelo recogido en redecilla° me sonreía desde una escalerita donde estaba trepada° podando° una enredadera° en ese patio sembrado de helechos° y palmas. "Saluda a tu abuela". "Buenos días, abuela", dije. Y ella bajó de la escalera y me dio un beso en la cabeza.

tenía... ?
faked
hair net
perched / trimming
vine / ferns

Durante el desayuno siguieron hablando mi madre de mí y mi abuela de mi padre. Luego me pusieron el traje blanco y fuimos al cementerio. Hacía una semana que lo habían enterrado, nos contó la abuela. Vimos la tumba que decía algo y después tenía escrito el nombre de mi papá: Antonio Ramos Ocasio Q.E.P.D.° "Yo sé que tú no eres creyente, pero dejarás que la niña se arrodille y rece° conmigo un padrenuestro° por el alma de su padre..." Mi madre se quedó como mirando a lo lejos y dijo que sí. Y así yo caí hincada° en la tierra en el mundo de antes de mi abuelo, repitiendo algo sobre un padre nuestro que estaba en los cielos y mirando de reojo° a mamá porque las dos sabíamos que ese padre no existía.

"que en paz descanse" *(R.I.P).*
?
Our Father (a prayer)
caí... *I knelt down on one knee*
mirando... *looking out of the corner of my eye*

"Mamá, ¿esta noche me llevas a aquel sitio de luces?" le pregunté ese día. "¿A qué sitio?" preguntó abuela, "recuerda que en esta casa hay luto°". "A la plaza pregunta ella, Doña Matilde. No frunza el ceño,° recuerde que en este pueblo nadie nos conoce, que ella nunca ha estado unas Navidades en un pueblo de la isla, y que yo me voy mañana..." y terminó de hablar con miradas. Abuela respiró hondo y se miró en mis ojos.

mourning / no... *don't make that face (don't frown)*

Esa noche fuimos a la plaza mamá y yo. De nuevo, había mucha gente paseando. Vendían algodón de azúcar° color rosa, globos° pintados con caras de los reyes magos y dulces y refrescos. Había kioscos° con comida y muchas picas de caballitos° donde los hombres y los muchachos apostaban° su dinero. Y la banda tocó marchas que le daban a uno ganas de saltar. Yo me quedé callada todo el tiempo porque todo eso me iba entrando por los ojos y de tanto que me gustaba me daban ganas de llorar. "No te pongas triste", me dijo mamá. "No estoy triste, es que estoy pensando, mamá", le expliqué, y ella me llevó hasta un banquito de piedra. Nos sentamos justo encima de donde decía: "Siendo alcalde de San Antonio el honorable Asencio Martínez, se edificaron estos bancos con fondos° municipales para el

algodón... *? / ?*
stands, booths / picas... *?*
bet
?

ornato° de esta ciudad y la comodidad de sus habitantes". "Mamá se tiene que ir mañana a la ciudad a donde llegamos primero. Va a estar solamente una semana yendo a muchas oficinas y es mejor que te quedes esos días acá con abuela, ¿me entiendes, cariño? Tú sabes que mamá nunca te ha mentido, si te digo que vuelvo, vuelvo. ¿Te acuerdas la vez que te quedaste unos días con Francisco, el amigo de mamá?"

?

Las dos cotorras° que tenía Francisco hablaban. Vivimos con él un tiempo y una vez que mamá tuvo que ir a un sitio importante me dejó con él unos días. Cuando regresó me trajo una muñeca japonesa con tres trajecitos que se le cambiaban y Francisco me hizo cuentos de los hombres del Japón. Un tiempito° después mamá llegó y nos dijo que había conseguido trabajo en otra ciudad y que teníamos que mudarnos ese día. Francisco quiso mudarse con nosotras; mamá le dijo que no. Y nos despidió en la estación del tren con los ojos llenos de lágrimas, de tan enamorado que estaba de mi madre.

small parrots

?

"Sí, mamá, me acuerdo", le dije. "Pues es igual. Mamá tiene cosas muy importantes que hacer. La abuela Matilde es la mamá de tu papá. Ella te quiere mucho ¿viste que sobre su tocador hay un retrato de cuando tú eras pequeñita? Ella te va a hacer mañana un bizcocho° de los que te gustan. Y te hará muchos cuentos. Y ya enseguida° pasa la semana. ¿Estamos de acuerdo?" Yo no lo estaba por nada del mundo,° pero mamá y yo éramos compañeras, como decía ella, y siempre nos dábamos fuerzas una a la otra. Así que yo cerré mi boca lo más posible y abrí mis ojos lo más que podía, como hacía cada vez que me daba trabajo aceptar algo y le dije sí, mamá, de acuerdo, porque yo sabía que ella también se asustaba si estaba sin mí. Y nos dimos un abrazo largo allí sentadas encima del nombre del alcalde y del ornato, que quería decir adorno, me explicó mi mamá.

cake (P.R.)

ya... *just like that*

Yo... *I was not (in agreement) for anything in the world*

Al otro día, frente a la plaza ahora callada después del almuerzo, nos despedimos de mamá que subió en un auto lleno de gente. "Las cosas en la ciudad no están muy tranquilas, Luisa, cuídate, no te vaya a pasar nada". "No se preocupe, Doña Matilde, sólo voy a ver al abogado para arreglar eso de los papeles de Antonio y míos, y enseguida vuelvo a buscar la niña y nos vamos. Cuídela bien y no se preocupe".

"¿Tú sabes cuánto es una semana?" "Sí, abuela, es el mismo tiempo que papá lleva enterrado". "Sí, pero en tiempo, hijita, en días ¿sabes?" me preguntó abuela luego de que se fuera mamá. "No, abuela". "Son siete, siete", me repetía, pero yo nunca fui buena con los números ni entendí bien eso del tiempo. Lo que sí recuerdo es que entonces fue tiempo de revolú.° Una noche se oyeron tiros y gritos, y nadie salió a las calles ni a la plaza. Por unos días todos tenían miedo. Abuela tomaba el periódico que le traían por las mañanas al balcón y leía con mucho cuidado la primera página y luego ponía a Rafaela a leerle° unas listas de nombres en letras demasiado chiquititas para su vista que venían a veces en las páginas interiores. A mí no me lo dejaban ver. Yo sólo podía leer rápido las letras negras grandotas de la

disturbance, revolt (P.R.)

ponía... *had Rafaela read her*

primera página que decían cosas como DE TE NI DOS LE VAN TA MI EN TO SOS PE CHO SOS E IZQUIER DISTAS que yo no entendía.

Una noche después, llegaron unos hombres cuando nos íbamos a acostar Rafaela, abuela y yo. "Súbete a la cama, anda", me dijo muy seria la abuela. Yo la obedecí primero y luego me bajé. Corrí de cuarto en cuarto hasta llegar al que daba a° la sala y me puse a escuchar. Ya los hombres estaban en la puerta y sólo pude oír cuando decían: "De modo que no trate de sacarla del pueblo y mucho menos de la isla. Sabemos que ella vendrá por la niña, y tenemos orden de arresto". "Mire, señor policía", le decía la abuela, "yo estoy segura que ella no tuvo nada que ver.° Le repito que vino a la isla solamente porque murió mi hijo, ella ya no está en política, créame, ¿por qué hay orden de arresto?" "Ya está avisada, señora, hay que arrestar a todos esos izquierdistas para interrogarlos. Y si no tuvo que ver ¿por qué se esconde?° Hay testigos° que afirman que la vieron en la Capital, armada... ¿eso es ser inocente? Con que ya lo sabe, la niña se queda en el pueblo".

La niña era yo, eso lo supe en seguida, y en lo que la abuela cerraba la puerta corrí cuarto por cuarto de vuelta a° mi cama. Abuela vino hasta donde mí. Yo me hice la dormida pero no sé si la engañé° porque se me quedó parada al lado° tanto rato que me dormí de verdad.

Ahora estoy en el balcón esperando que me venga a buscar mi mamá, porque sé que vendrá por mí. Todos los días pienso en ella y lo más que recuerdo es que tenía unos ojos grandes marrones y que era una mujer que hacía llorar a los hombres. Ah, y que nunca me mentía; por eso estoy aquí, en el balcón, con mi bultito, esperándola, aunque ya haya pasado más de una semana, lo sé porque ya sé medir° el tiempo, y porque mis trajes blanco y azul ya no me sirven.

daba... *faced*
no... ?
por... *why is she hiding?* / ?
de... ?
fooled, deceived
parada... *at my side*
?

Comprensión

A. Comprensión general En tus propias palabras, responde a las siguientes preguntas. Comparte tus ideas con otros estudiantes en la clase y escucha sus ideas.

1. ¿Por qué tuvieron que mudarse con tanta frecuencia la madre y la hija?
2. Sin volver a leer el cuento, ¿cómo describirías la personalidad de Luisa, la madre de la niña?

3. ¿Cómo sabemos que este cuento se presenta desde la perspectiva de una niña?

4. ¿Qué referencias a la religión recuerdas del cuento?

B. De la misma familia Las palabras de la lista a continuación son formas que provienen de palabras que probablemente ya conoces. Da una palabra de la misma familia.

escalón [44]
abrazo [55]
creyente [97]
se arrodille [97]
reojo [101]
miradas [108]
se edificaron [121]
comodidad [122]
izquierdistas [170]

C. Amigos falsos Explica el significado de las siguientes palabras o expresiones.

largos [2]
ratos [2]
dependientes [6]
atender [32]
no tuvo nada que ver [178]

D. En contexto Da una palabra o frase que quiera decir lo mismo que las siguientes palabras o frases.

bordadas [70]
rece [97]
algodón de azúcar [111]
picas de caballitos [113]
fondos [121]
ornato [122]
tiempito [132]
testigos [183]
de vuelta a [187]
medir [196]

E. Al punto Contesta a las siguientes preguntas, escogiendo la mejor respuesta o terminación según la lectura.

1. ¿Quiénes se ofrecieron para cuidar a la niña durante el verano?
   a. los amigos de Luisa
   b. los dependientes de las tiendas
   c. sus tías
   d. sus abuelos

2. Luisa no quería que su hija
   a. se enterara de quc su padre había muerto.
   b. viera una foto de su papá.
   c. se quedara con sus tías.
   d. hablara con los dependientes.
3. ¿Qué sabemos acerca de Luisa a través de la frase, "No hay tal papá Dios, este hombre es tu padre, tu único papá" [líneas 21–22]?
   a. Que su esposo no creía en Dios.
   b. Que su esposo no era muy religioso.
   c. Que ella no sabía mucho acerca de su esposo.
   d. Que ella no creía en un ser supremo.
4. La niña no comprendía los nombres de las tiendas en San Antonio porque
   a. no sabía leer todavía.
   b. no podía verlos bien desde el auto.
   c. los nombres estaban en inglés.
   d. los nombres estaban cubiertos de polvo.
5. Antes de llegar a San Antonio Luisa le compró a su hija
   a. unas prendas de vestir.
   b. unas muñecas nuevas.
   c. unos dulces.
   d. unos libritos.
6. Luisa y su hija llegaron a la casa de Doña Matilde
   a. en autobús.
   b. en taxi.
   c. en auto.
   d. a pie.
7. Doña Matilde era la … de Luisa.
   a. suegra
   b. cuñada
   c. madre
   d. tía
8. Rafaela parece ser la … de Doña Matilde.
   a. hermana
   b. criada
   c. hija
   d. enfermera

9. La cama en que durmió la niña en la casa de su abuela era

a. incómoda.
b. nueva.
c. alta.
d. pequeña.

10. De la frase de Doña Matilde "...siempre creyó que tú volverías" [líneas 79–80] se puede inferir que

a. Alejandro dejó a Luisa.
b. Luisa dejó a Alejandro.
c. Alejandro no quería que Luisa volviera.
d. Luisa no quería que Alejandro estuviera solo.

11. La frase "aunque nunca me ponía la bata eso ayudaría a lo que mi mamá decía" [líneas 84–85] nos da a entender que la niña quería que su abuela supiera

a. que sabía portarse muy bien.
b. que era muy inteligente.
c. que le gustaba la bata.
d. que quería quedarse con ella.

12. Doña Matilde no quería que la niña fuera a la feria porque

a. esperaba llevarla en otra ocasión.
b. sabía que no le gustaría.
c. allí no había atracciones para niños.
d. eso no mostraba respeto hacia el difunto.

13. La frase "Las cosas en la ciudad no están muy tranquilas" [líneas 151–152] sugiere que

a. había demasiado tráfico.
b. había un juicio público.
c. había elecciones locales.
d. había inquietud política.

14. La niña oyó lo que decían los policías porque

a. ellos hablaban en voz alta.
b. ellos gritaban instrucciones a las mujeres.
c. ella estaba sentada en la sala.
d. ella no obedeció a su abuela y se acercó a la sala.

15. Al final sabemos que Luisa estaba participando en

a. la educación.
b. la política.
c. las elecciones.
d. las celebraciones.

F. Vocabulario en contexto Escoge la palabra o expresión de la columna B que se podría sustituir por cada palabra o expresión de la columna A.

	A	B
____	1. de nuevo [56]	a. continuaron
____	2. de antes [65]	b. di "hola"
____	3. amanecí [69]	c. me vistieron con
____	4. nena [73]	d. dijo
____	5. saluda [89]	e. otra vez
____	6. siguieron [92]	f. viejas
____	7. me pusieron [93]	g. niña
____	8. contó [94]	h. me desperté

	A	B
____	1. sitio [104]	a. tenía miedo
____	2. cariño [125]	b. obtenido
____	3. te acuerdas [126]	c. dijo "adiós"
____	4. regresó [130]	d. lugar
____	5. conseguido [133]	e. me ocultaba la verdad
____	6. despidió [135]	f. recuerdas
____	7. se asustaba [147]	g. volvió
____	8. mentía [194]	h. querida

G. Ahora te toca Imagina que tienes la oportunidad de hacerles preguntas a los personajes del cuento, incluso a Antonio antes de su muerte. Trata de comenzar cada pregunta con una introducción. Eso le ayudará al personaje a comprender mejor tu pregunta. Por ejemplo, si le preguntas a Luisa acerca de su participación en la política, podrías comenzar así: "Sabemos que la policía te buscaba en la casa de tu suegra. ¿Qué hacías en la capital?" Después de escribir tus preguntas, compártelas con algunos compañeros de clase que pueden hacer el papel de los personajes. Escucha sus respuestas. Prepara preguntas para por lo menos cinco de estos personajes:

Luisa	el policía
la niña	las tías de la niña
Doña Matilde	Francisco
Antonio	

Un paso más

Citas importantes Las siguientes citas prefiguran *(foreshadow),* en algunos casos con ironía, sucesos centrales del cuento. Explica el contexto de cada frase (¿quién habla? ¿a quién? ¿acerca de qué?) y di cómo el tema se repite más tarde en el cuento.

1. "No hay tal papá Dios, este hombre es tu padre, tu único padre..." [líneas 21–22]
2. "Antes de salir para San Antonio mi madre me compró un traje blanco y otro azul oscuro y me puso el azul para el viaje. " [líneas 29–30]
3. "Él preguntó por ti antes de cerrar los ojos, siempre creyó que tú volverías..." [líneas 79–80]
4. "...pero yo nunca fui buena con los números ni entendí bien eso del tiempo." [líneas 160–161]

Los titulares La niña "sólo podía leer rápido las letras negras grandotas de la primera página que decían cosas como DE TE NI DOS LE VAN TA MI EN TO SOS PE CHO SOS E IZQUIER DISTAS…" y ella no las entendía. ¿Puedes tú juntar las sílabas de los siguientes titulares? Al juntar las letras, explícale cada titular a un(a) compañero(a) de clase.

1. TER RO RIS TAS VUEL VEN A U TI LI ZAR EL CO CHE BOM BA
2. A SE SI NAN A CUA TRO MI LI TA RES Y A UN CI VIL
3. MA TAN ZA EN MAD RID
4. SE MA NA SAN GRI EN TA EN LA CA PI TAL
5. LOS IN SUR REC TOS RE PAR TI ER ON AR MAS EN TRE LA PO BLA CI ÓN CI VIL
6. DI EZ MU ER TOS EN UN A SE MA NA DE VEN GAN ZA
7. DE JAN LA PU ER TA A BI ER TA A LA CON FE REN CI A DE PAZ

Recuerdos de la juventud Igual que la narradora, todos tenemos recuerdos de nuestra niñez. ¿Qué recuerdas de tu niñez en relación con los siguientes temas? Escoge los dos o tres temas más apropiados para ti y di lo que recuerdas a otros estudiantes en la clase.

- el trabajo de tu padre o madre
- los días festivos
- tus abuelos
- tu casa o apartamento
- tu barrio
- tu dormitorio
- los amigos de tus padres
- la religión

Para conversar

Algunas palabras y expresiones que te ayudarán a expresar tus ideas se encuentran a la derecha.

Continuación Con un(a) compañero(a) de clase, comiencen una discusión, utilizando algunas de las citas del cuento a continuación como punto de partida. Una persona hará el papel del primer personaje que habla (la primera persona entre paréntesis) y la otra hará el papel del otro personaje (la segunda persona entre paréntesis). La conversación puede incluir preguntas, consejos y explicaciones. La primera persona debe de comenzar la discusión con una de estas frases.

1. "Déjala unos meses al año acá, en el verano, no es bueno que esa niña viaje tanto." [líneas 7–8] (Tía – Luisa)
2. "Vamos a regresar a casa, papá ha muerto." [línea 15] (Luisa – la niña)
3. "¿Por qué hay luces, mamá?" —"Es Navidad." [líneas 38–39] (la niña – Luisa)
4. "La nena ha crecido muy bien, Doña Matilde. Es inteligente, y buena como su padre." [líneas 73–74] (Luisa – Doña Matilde)
5. "Él preguntó por ti antes de cerrar los ojos, siempre creyó que tú volverías ..." [líneas 79–80] (Doña Matilde – Luisa)
6. "No estoy triste, es que estoy pensando, mamá..." [línea 118] (la niña – Luisa)
7. "Súbete a la cama, anda..." [línea 172] (Doña Luisa – la niña)

Temores ¿A qué le temías cuando eras niño(a)? ¿Le tenías miedo a alguna de las cosas de la siguiente lista? Da ejemplos que apoyen tus ideas. Comparte tus respuestas con algunos compañeros y escucha la diversidad de ideas.

- la oscuridad
- el tráfico
- los fantasmas
- los desconocidos
- estar solo(a)
- comenzar la escuela

Vocabulario útil

Aquí tienes una lista de palabras y expresiones que probablemente ya sabes.

- analizar
- asustar
- cotidiano(a)
- de veras
- dejar en paz
- en seguida
- hay que + inf.
- horroroso(a)
- sentir + inf.
- representar
- la sombra
- ya verás

Estas palabras o expresiones pueden ayudarte también.

- aun la idea de *just the thought of*
- confiar en *to trust*
- escalofríos *goosebumps*
- hasta hoy *still to this day*
- maduro(a) *mature*
- parece mentira *it's hard to believe*
- la pesadilla *nightmare*

- el (la) doctor(a)
- las inyecciones
- los animales
- los truenos o las tempestades

Quizás las siguientes preguntas te ayuden a recordar cómo te sentías: ¿Dónde o cuándo tenías miedo? ¿Tenías miedo con frecuencia o sólo raras veces? ¿Qué hacías en esas situaciones? ¿Quién te ayudaba?

Un debate Luisa tiene un gran conflicto: no quiere dejar a su hija, pero a la vez sus actividades políticas son muy importantes para ella. Mucha gente hoy día enfrenta conflictos parecidos. Piensa en el problema del cuento; luego desarrolla tus ideas sobre la situación que se explica a continuación.

> Unos empleados de una compañía grande quieren que su compañía establezca un centro para cuidar a los hijos de los empleados durante los días laborales. Dicen que es la única manera que pueden trabajar y ver a sus hijos a la vez. Los representantes de la compañía afirman que no tienen ni los recursos ni la responsabilidad de proveer tal beneficio. ¿Qué opinas tú? ¿Debe la compañía complacer a los empleados?

Presenta tus ideas claramente porque otros estudiantes quizás no estén de acuerdo contigo. Pero, como siempre, no dejes de escuchar las opiniones de otros. Lo importante no es convencerles de que acepten tus ideas, sino llegar a un acuerdo justo. Debes citar ejemplos concretos para apoyar tus ideas o conclusiones. Escoge tu lado del debate y prepárate para una discusión animada y emocionante.

Para escribir

La continuación del cuento No estamos seguros de lo que le pasa a Luisa al final del cuento. El (La) lector(a) puede interpretarlo a su gusto; sólo sabemos que la niña la espera. Ahora tienes la oportunidad de crear la conclusión que te parezca más apropiada. Escribe un párrafo con tu propia explicación.

El mundo de los niños La narradora de este cuento es la niña, y el cuento está narrado en primera persona. A través de su perspectiva, vemos las preocupaciones, temores y gustos de una niña. Escribe un ensayo dando *tu* perspectiva del mundo, con tus observaciones y detalles del mundo de los jóvenes. Algunos posibles temas para explorar son:

- tus preocupaciones
- tus gustos
- lo que los adultos no comprenden acerca de tu mundo
- lo que no comprendes acerca del mundo de los adultos
- tus sueños
- lo que te importa

El fin Las últimas palabras del cuento son, "...aunque ya haya pasado más de una semana, lo sé porque ya sé medir el tiempo, y porque mis trajes blanco y azul ya no me sirven." ¿Qué significan estas palabras? En tu opinión, ¿cuánto tiempo ha pasado? Escribe un párrafo defendiendo tu interpretación.

El conflicto Muchos padres hoy en día tienen que dejar a sus hijos con otras personas mientras trabajan. Algunos niños se quedan con familiares, otros con vecinos y otros en centros pre-escolares. Haz el papel de un(a) legislador(a) y diseña un plan para el cuidado de todos los niños, ya sean ricos o pobres. Querrás pensar en los siguientes aspectos del tema mientras desarrollas tus ideas.

- la necesidad actual
- la necesidad para el futuro
- lo que dirán los críticos
- los gastos
- las alternativas
- los beneficios
- las consecuencias de adoptar tal programa

SOFTWARE

Phrases: Asserting & insisting; Expressing hopes & aspirations; Hypothesizing; Persuading; Writing a conclusion

Vocabulary: Dreams & aspirations; Family members; Upbringing

Grammar: Prepositions: *a personal*; Pronouns: direct/indirect; Verbs: future; Verbs: if-clauses *si*; Verbs: subjunctive with *como si*

Otra dimensión 

Los dibujos a continuación representan un cuento. En tus propias palabras, describe en detalle lo que sucede. Recuerda que debes usar tu imaginación y añadir cualquier información que creas necesaria.

Comprensión auditiva

Ahora vas a escuchar una selección sobre la situación de los niños en muchas partes del mundo. La selección y las preguntas no están impresas en tu libro, sólo las posibles respuestas a cada pregunta. Escucha la selección y responde a las preguntas escogiendo la respuesta correcta entre las opciones impresas en tu libro.

Número 1

a. Mueren a causa de la violencia.
b. Son adictos a las drogas.
c. No tienen hogar.
d. Están enfermos.

Número 2

a. Que los gobiernos no presten atención a los estudios.
b. Que el problema pueda ser resuelto con poco dinero.
c. Que los niños no quieran atención médica.
d. Que no haya suficientes vacunas para los niños.

Número 3

a. la reducción del costo de las medicinas
b. el aumento en el número de escuelas
c. la determinación de mejorar la situación
d. la construcción de más hospitales y clínicas

CAPÍTULO

12

La CIM: Paladín de los derechos humanos de la mujer

Linda J. Poole

Antes de leer

A. Para discutir en clase

Mira el dibujo y describe la escena. Para la discusión con el resto de la clase, haz una lista de palabras clave o de frases que te ayuden a expresar tus ideas. Puedes hablar acerca de los estereotipos, los papeles tradicionales del hombre y de la mujer, la violencia contra la mujer y las maneras de representar a los sexos.

B. Nuestra experiencia ¿Dónde has experimentado o visto discriminación contra la mujer? Piensa en un incidente en el cual has podido presenciar la discriminación. Cuéntale tu experiencia a un(a) compañero(a) de clase y describe cómo te sentiste durante la experiencia. Los temas a continuación te dan posibles puntos de partida.

- referencias ("Ella es sólo una muchacha.")
- trabajos ("El jefe no puede ser una mujer.")
- quehaceres ("El pasar la aspiradora es trabajo de mujeres.")
- responsabilidades ("¿Quién lleva los pantalones en la familia?")
- esperanzas ("Una mujer no puede hacer eso.")

C. Lucha continua Esta breve selección nos presenta el tema de los derechos de la mujer. Mientras lees, decide si la presentación, en tu opinión, pone énfasis en los temas más importantes tocante a los derechos de la mujer.

Derechos de la mujer

Haciendo historia, en la primera mitad del siglo las mujeres latinoamericanas, especialmente las del sector medio y minoritariamente alto, se organizaron para la obtención del sufragio,° la educación y el trabajo. Posteriormente, canalizaron sus demandas a través de organizaciones femeninas en torno a temas de derechos humanos y reivindicaciones° en el plano de su situación como mujeres.

Son precisamente estas organizaciones las que están generando en la región nuevas demandas con relación al mejoramiento de las condiciones de vida, la protección frente a la violencia familiar, el apoyo en infraestructura para las mujeres trabajadoras, cambios globales en legislación y la concientización° de la mujer como sujeto histórico poseedor de imagen e identidad propias.

suffrage

claims

consciousness raising

La selección anterior presenta varios temas, todos importantes y vitales en la lucha por la protección e igualdad de la mujer. De estos temas escoge el que te parece más importante. Con un grupo de tres o cuatro estudiantes, explica y justifica tu selección. Si se te hace difícil escoger sólo uno, explica por qué tienes que escoger más de uno. Como siempre, escucha con atención las opiniones de los otros estudiantes en el grupo.

- el mejoramiento de las condiciones de vida de la mujer
- la protección frente a la violencia familiar
- el apoyo en infraestructura para las mujeres trabajadoras
- cambios globales en legislación
- la concientización de la mujer como sujeto histórico poseedor de imagen e identidad propias

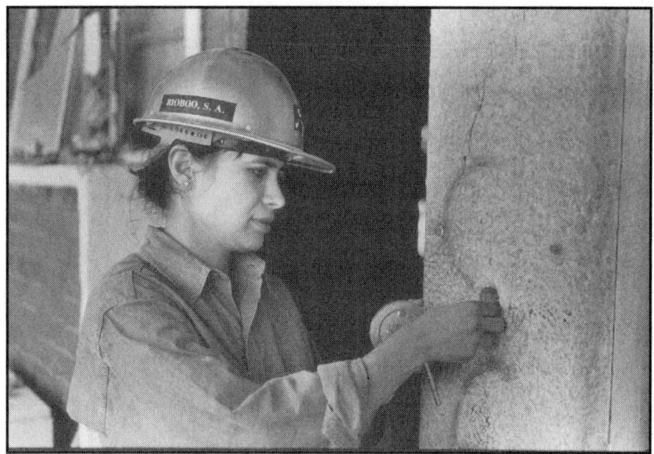

D. Una selección Lee la siguiente selección del ensayo "CIM: Paladín *(defender)* de los derechos de la mujer". En estos primeros párrafos se presenta el tema central, la violencia contra la mujer. También se habla de lo que hacen las mujeres para combatirla. Cuando leas, piensa en las siguientes preguntas:

- ¿Dónde se ve la violencia contra la mujer?
- ¿Quiénes organizan el movimiento que se describe en la selección?
- ¿Cuándo comenzó la violencia contra la mujer?
- ¿Por qué existe este problema?

Muchos activistas han calificado la violencia contra la mujer como una de las violaciones más flagrantes de los derechos humanos. Hoy vemos a las mujeres y a las organizaciones no gubernamentales unirse en todo el mundo en un movimiento revolucionario decidido a reparar ese antiguo mal, y en toda la región se alza° el emblema de la rosa como símbolo de esa lucha.

se… *is raised*

Si bien las raíces del fenómeno de la violencia se pierden en el pasado, este movimiento tiene orígenes muy recientes. Los esfuerzos concertados por levantar la cortina de silencio que ocultaba este hecho se iniciaron en los años ochenta, cuando las mujeres de todo el mundo comenzaron a decir "basta" y a traer el debate a primer plano.

La violencia basada en el género permea todos los sectores de la sociedad y no reconoce límites geográficos, económicos o de edad. Se produce esencialmente como consecuencia de la desigual relación que existe entre el hombre y la mujer, que deriva de patrones° de comportamiento moldeados por tradiciones históricas y perpetuado por una respuesta inadecuada de las leyes.

standards, measures

E. Posibles ejemplos La selección anterior menciona la desigual relación que existe entre los hombres y las mujeres. Indica si crees que existe la igualdad o la desigualdad en los siguientes campos, y da ejemplos concretos.

la relación entre el hombre y la mujer:	igual	desigual	ejemplos
en la escuela			
en el trabajo			
en la literatura			
en el cine			
en los deportes			
en la casa			
en el gobierno			

Al leer

Mientras lees, presta atención especial a estos puntos:

- la incidencia de la violencia
- el propósito de la CIM
- las cifras que apoyan el tema

Lectura

La CIM: Paladín de los derechos humanos de la mujer

Linda J. Poole

Muchos activistas han calificado° la violencia contra la mujer como una de las violaciones más flagrantes de los derechos humanos. Hoy vemos a las mujeres y a las organizaciones no gubernamentales unirse en todo el mundo en un movimiento revolucionario decidido a reparar ese antiguo mal, y en toda la región se alza el emblema de la rosa como símbolo de esa lucha.

?

Si bien las raíces del fenómeno de la violencia se pierden en el pasado, este movimiento tiene orígenes muy recientes. Los esfuerzos concertados por levantar la cortina de silencio que ocultaba° este hecho se iniciaron en los años ochenta, cuando las mujeres de todo el mundo comenzaron a decir "basta" y a traer el debate a primer plano.

?

La violencia basada en el género permea todos los sectores de la sociedad y no reconoce límites geográficos, económicos o de edad. Se produce esencialmente como consecuencia de la desigual relación que existe entre el hombre y la mujer, que deriva de patrones de comportamiento moldeados por tradiciones históricas y perpetuado por una respuesta inadecuada de las leyes.

A pesar de las numerosas diferencias propias de los dos regímenes jurídicos que existen en las Américas, la violencia infligida a la mujer y las posibilidades hasta hace muy poco inadecuadas de rectificarla dentro de la ley, constituyen un aspecto en el que se encuentran similitudes entre ambos. En el antiguo derecho inglés, un hombre podía castigar el comportamiento de su esposa con una vara,° siempre que no fuera más gruesa° que su pulgar.° El derecho a reprender° —y golpear— deriva de un anacrónico concepto de propiedad. En una época, el derecho consuetudinario° inglés también indemnizaba° al padre de la víctima, en vez de proporcionar reparación a ella misma.

stick, rod

thick / *thumb* / *rebuke*

derecho... *common law* / *indemnified, compensated*

Hasta no hace mucho tiempo, algunos códigos° latinoamericanos reconocían que un hombre podía legítimamente defender su honor matando a la esposa adúltera o supuestamente adúltera. Esto también tiene profundas raíces en el concepto del derecho de propiedad.

códigos: codes of law

Las estadísticas relacionadas con el nivel y la incidencia de la violencia contra la mujer en la región son verdaderamente alarmantes. En 1986, el FBI informaba que cada tres minutos y medio ocurría una violación y que las violaciones constituían el delito° violento de más rápido crecimiento en los Estados Unidos. Numerosas encuestas universitarias de la región informan que la mayoría de las estudiantes manifiestan haber sido objeto de algún tipo de acosamiento° sexual durante su permanencia en la universidad. En Canadá, se estima que una de cada cuatro mujeres será objeto de un asalto sexual en algún momento de su vida. En Costa Rica, las estadísticas de la Corte Suprema de Justicia muestran un constante incremento de los casos de violencia, fenómeno que se repite en la mayoría de los países de la región en los que existen estadísticas. Según la Oficina de Igualdad de Oportunidades en el Empleo, de los Estados Unidos, los cargos° por acosamiento sexual efectuados por mujeres en virtud de la ley federal que prohibe la discriminación en el empleo por razón del sexo constituyeron el tercer tipo más frecuente de cargo por discriminación sexual en 1988. En la Argentina, el Congreso está considerando actualmente una ley que penaliza el acosamiento sexual en el trabajo.

delito: ?
acosamiento: harassment
cargos: charges, accusations

Estas cifras° verdaderamente alarmantes subrayan la gravedad de la situación. La mayoría de los analistas concuerda° en que los actos de violencia y agresión no denunciados constituyen una constante en toda la región. Algunas de las razones para ellos son el desconocimiento de los recursos legales disponibles,° el deseo de mantener la privacidad, el temor al despedido,° la falta de fe en las instituciones, la desconfianza en los abogados y la policía, la dependencia económica, la falta de una educación apropiada, el deseo de no transgredir° el papel tradicional asignado a la mujer por la sociedad o el temor a las consecuencias. Una mujer manifestó° que la cruel alternativa era ser golpeada o ser pobre. La escasez° de información sobre estos casos tiene el efecto de validar la presunción de que su ocurrencia es excepcional y no generalizada, lo que a su vez puede afectar la formulación de leyes correctivas.

cifras: ?
concuerda: ?
disponibles: available
despedido: dismissal, firing
transgredir: break, violate
manifestó: stated
escasez: ?

La Comisión Interamericana de Mujeres es un organismo especializado de la Organización de los Estados Americanos, integrado por° los Estados miembros, cada uno de los cuales está representado por una Delegada Principal. Fue creada en 1928 y tiene el honor de ser el primer órgano intergubernamental creado en el mundo para tratar temas relacionados con la mujer. Como parte del mandato general de promover la superación de la mujer, su papel en la lucha contra la violencia abarca° tres aspectos: respalda° proyectos innovadores generados en la región con el objeto de formular metodologías para

integrado... ?
abarca: comprises, includes / respalda: backs

combatir la violencia basada en el género; actúa como centro de intercambio de informaciones acerca de las diferentes actividades que se llevan a cabo° en la región, y respalda la reforma legislativa. En esta última línea de acción estratégica, la CIM ha propuesto un proyecto de convención interamericana sobre la mujer y la violencia, que actualmente se halla a consideración de los gobiernos de los países miembros. Su propósito es incluir a la violación contra la mujer en el ámbito° de los derechos humanos, reconocer que la violencia basada en el género, ya sea perpetrada por funcionarios públicos o por particulares,° es igualmente condenable,° y que el Estado tiene la responsabilidad de erradicarla y reparar sus consecuencias a través de una amplia gama° de medidas.

se... *?*
field, area
? / condemnable, reprehensible
gamut, range

En toda la región, las representantes de la CIM se hallan a la vanguardia° en la iniciación de cambios legislativos destinados a reforzar las leyes que se ocupan de la violencia en todos sus aspectos.

vanguard (front, leading position)

En Chile, la CIM otorgó° una donación puente° a una institución gubernamental (el Servicio Nacional de la Mujer—SERNAM) que permitió la creación en 1991 de una oficina de servicios de asesoramiento° que asiste a las víctimas y a los perpetradores de la violencia. El proyecto continúa en la actualidad con el respaldo financiero de las Naciones Unidas.

granted, awarded / ?
advice (professional)

En el Brasil se marcó un hito° en 1985 con la creación de la primera Estación de Policía de la Mujer, en la que trabajan mujeres especialmente capacitadas para tratar casos de violencia contra la mujer. En la actualidad existen alrededor de 74 estaciones de este tipo en todo el país. Este innovador enfoque ha sido imitado en otros países de la región, como Uruguay y Perú.

se... *established a landmark*

La información, utilizada con eficacia, puede constituir una poderosa herramienta para inducir el cambio. Todos los países de la región cuentan con organizaciones que publican boletines y hojas informativas sobre casos de violencia contra la mujer. Se exhorta a los periódicos a que mejoren la forma de informar acerca de estos casos, y a las instituciones públicas y privadas a que recopilen° estadísticas y amplíen° su base de datos. En el Paraguay, la organización 25 de Noviembre, bautizada por el Día Internacional para Combatir la Violencia contra la Mujer, creó un centro dedicado a incrementar la conciencia de las mujeres acerca de la violencia basada en el género, con el objeto de combatirla y proveer asistencia jurídica y psicológica a las víctimas. En todos los Estados miembros de la OEA existen instituciones similares. Como consecuencia de una campaña iniciada por un grupo de padres indignados porque sus hijas fueron víctimas de la violencia en el campus universitario, en 32 estados de los Estados Unidos está considerándose la sanción de leyes estatales sobre seguridad en los recintos° universitarios, que exigen que se provea información sobre el compromiso° de las escuelas en favor de la

compile
broaden, expand
campus
obligation

seguridad, la prevención del crimen, la aplicación de las leyes y otros aspectos similares.

Dos excelentes fuentes de información son MUJER/FEMPRESS, publicada en español, que abarca toda la región de las Américas (Casilla 16-637, Santiago 9, Chile), y el boletín publicado por International Women's Rights Action Watch (IWRAW), que circula en todo el mundo e informa sobre los adelantos y los problemas que enfrentan las mujeres, incluso el tema de la violencia (IWRAW/WPPD, Humphrey Institute of Public Affairs, University of Minnesota, 301 19th Avenue South, Minneapolis, Minnesota 55455, Estados Unidos de América).

Habiendo descubierto que pueden hacer causa común y aprovechar su propia fuerza, no debe sorprender que las mujeres estén uniéndose a través de las fronteras. Como parte de este esfuerzo, está denunciándose a la violencia basada en el género como una violación de los derechos humanos de las mujeres. En la medida en que° los gobiernos no establezcan mecanismos para corregirla, se considera que el Estado es responsable. Ésta es quizá la base misma de los derechos humanos: derechos que el propio Estado tiene la responsabilidad de proteger. En este sentido, el tema afecta a las esferas privada y pública. Los abogados están procurando° introducir cambios defendiendo casos que desafían° los confines de la ley. Otras instituciones estudian los resultados de los casos y comparten información acerca de los más destacados, lo que a su vez genera otros casos y en última instancia contribuye a la modificación de la legislación.

En... *to the degree that*
?
challenge

La Dra. Sandra Dean-Patterson, de las Bahamas, dijo una vez que no pueden haber soluciones personales a la violencia contra la mujer; que aceptar una carga especial de autoprotección es reforzar° el concepto de que las mujeres deben vivir y moverse con temor y que nunca podrán esperar alcanzar la libertad, la independencia y la seguridad en sí mismas.

reinforce, strengthen

Éste es entonces el desafío: ésta es la revolución. Las mujeres de la región han aceptado el reto° y no cejarán° en su esfuerzo. Este vigoroso movimiento que ha desafiado los puntos de vista tradicionales acerca de lo que constituye una violación de los derechos humanos, ha hallado eco en los gobiernos de la región, que están dispuestos a crear respuestas institucionales a las demandas, modificar la legislación y considerar seriamente la posibilidad de celebrar un tratado° destinado a erradicar la violencia basada en el género. La CIM se enorgullece de ser una parte vital de este proceso.

challenge / back up, desist
treaty, pact

Comprensión

A. Comprensión general En tus propias palabras, responde a las siguientes preguntas basándote en la lectura.

1. ¿Cómo o dónde se ve la desigual relación que existe entre el hombre y la mujer?
2. ¿Cuáles son algunos patrones de comportamiento moldeados por tradiciones históricas?
3. Da un ejemplo de una respuesta inadecuada de las leyes en cuanto a la violencia contra la mujer.
4. ¿Cómo se comparan los ejemplos que diste en el ejercicio E (**Posibles ejemplos**) con los que presenta la autora en la selección? Comparte tus ideas con otros estudiantes en la clase y escucha sus ideas.

B. De la misma familia Las palabras de la lista a continuación son formas que provienen de palabras que probablemente ya conoces. Da una palabra de la misma familia.

gubernamentales [4]	crecimiento [36]
basta [11]	gravedad [51]
comportamiento [16]	despedido [56]
propiedad [25]	informar [104]
verdaderamente [33]	seguridad [116]
alarmantes [33]	se enorgullece [155]

C. En contexto Escoge la palabra o frase que quiera decir lo mismo que las siguientes palabras o frases en el contexto de la selección.

1. **calificado** [1]
   a. llamado b. calculado c. fabricado d. anulado
2. **ocultaba** [9]
   a. presentaba b. veía c. cubría d. alababa
3. **delito** [35]
   a. placer b. crimen c. asesino d. crecimiento
4. **cifras** [51]
   a. números b. leyes c. policías d. opiniones

5. **concuerda** [52]
a. cuenta b. odia c. protesta d. está de acuerdo con

6. **escasez** [61]
a. necesidad b. insuficiencia c. importancia d. evidencia

7. **integrado por** [65–66]
a. apoyado b. formado c. creado d. ayudado

8. **se llevan a cabo** [75]
a. se hacen b. se describen c. se llaman d. se desaparecen

9. **particulares** [82]
a. distintos b. políticos c. privados d. varios

10. **procurando** [137]
a. tratando de b. pensando c. comenzando a d. quejándose de

D. El acosamiento sexual En el artículo la autora dice, "Numerosas encuestas universitarias de la región informan que la mayoría de las estudiantes manifiestan haber sido objeto de algún tipo de acosamiento sexual durante su permanencia en la universidad." Hoy día se oye hablar mucho acerca de este tema, ya sea en la universidad o en el trabajo. Muchas escuelas secundarias también tienen reglas para proteger a estudiantes, profesores y empleados. ¿Crees que son necesarias tales reglas? En tu opinión, ¿es el acosamiento sexual un problema en la sociedad de hoy? En grupos de cuatro o cinco estudiantes, da ejemplos concretos para apoyar tu opinión. Comparte tu opinión con los estudiantes del grupo y escucha las suyas.

E. Al punto Contesta a las siguientes preguntas, escogiendo la mejor respuesta o terminación según la lectura.

1. Antes de los años ochenta, se puede decir que, en lo que se refiere a la violencia contra la mujer, las mujeres

    a. no pensaban mucho en ella.
    b. no sabían que existía.
    c. no hablaban abiertamente acerca de ella.
    d. no la reconocían.

2. Según la autora, ¿cómo ha tratado la ley a la mujer?

    a. No la ha protegido.
    b. La ha perdonado.
    c. Le ha creado muchos problemas.
    d. Le ha traído beneficios económicos.

3. ¿Qué quiere decir la palabra *anacrónico* en la frase, "El derecho a reprender —y golpear— deriva de un anacrónico concepto de propiedad"? [líneas 24–25]

   a. malo y no bien entendido
   b. ilegal y no disputado
   c. antiguo y no apropiado para el presente
   d. nuevo y aceptado por el gobierno

4. Según las estadísticas, la violación contra la mujer

   a. no es universal.
   b. no se repite.
   c. se deriva de la ley.
   d. sigue creciendo.

5. ¿Qué explicación *no* se da entre las razones por las que una mujer mantiene una violación en secreto?

   a. No quiere perder su trabajo.
   b. No tiene suficiente dinero.
   c. No confía en las autoridades.
   d. Cree que es parcialmente responsable.

6. ¿Cuál de estos aspectos *no* forma parte del mandato general de la Comisión Interamericana de Mujeres, en su esfuerzo por ayudar a la mujer?

   a. Recoger los datos acerca de las actividades en favor de la mujer.
   b. Encontrar maneras de combatir la violencia contra la mujer.
   c. Cambiar la ley para proteger a la mujer.
   d. Crear nuevas leyes para castigar a los perpetradores de la violencia.

7. Completa esta analogía: la CIM: la mujer :: la OEA: ____.

   a. los gobiernos sudamericanos
   b. los recursos legales americanos
   c. las naciones interamericanas
   d. las organizaciones internacionales

8. Si la Comisión Interamericana de Mujeres tiene éxito, la violencia contra la mujer será vista como una violencia contra

   a. los funcionarios del gobierno.
   b. los derechos humanos.
   c. los hombres solteros.
   d. los países miembros de la CIM.

9. La Dra. Sandra Dean-Patterson propone que la solución al problema de la violencia basada en el género

a. ha de ser la responsabilidad del Estado.
b. no es la responsabilidad del individuo.
c. no será encontrada en la CIM.
d. será difícil de encontrar.

F. Ahora te toca Imagínate que eres la autora del artículo y alguien acaba de atacar tus ideas sobre la discriminación contra la mujer. Para responderle, haz una lista de cinco preguntas que podrías hacerle a la persona que no está de acuerdo contigo. Podrías comenzar con ésta: Si no nos organizamos, ¿quiénes nos ayudarán o defenderán cuando lo necesitemos? Comparte tus respuestas con los otros estudiantes y escojan las mejores preguntas que harán que la persona cambie de opinión.

G. ¿Qué podemos hacer? Si crees que la discriminación contra la mujer es un problema, ¿qué podemos hacer para mejorar la situación? Escribe un párrafo explicando lo que todos podemos hacer para mejorar la situación.

Un paso más

Un dilema Muchas familias hoy en día se enfrentan con el dilema de cómo balancear satisfactoriamente el trabajo y la familia. Si la mujer y el hombre trabajan, es la mujer la que debe dejar de trabajar fuera de su casa. ¿Estás de acuerdo con esta declaración? Explica tu respuesta teniendo en cuenta la felicidad de la pareja, los niños, la situación económica, etc.

Para conversar 

Algunas palabras y expresiones que te ayudarán a expresar tus ideas se encuentran a la derecha.

El tribunal

(Courtroom) Para los que siempre han querido participar en un tribunal, ésta es su oportunidad. Imagínense que un (una) juez está escuchando testimonio en un caso en el que se alega discriminación en el empleo. Una mujer demanda *(sues)* a su jefe porque ella recibe un sueldo más bajo que el de un hombre que hace el mismo trabajo. Con un grupo de compañeros de clase, hagan los papeles del (de la) juez, los abogados, la demandante *(plaintiff)*, el acusado y los testigos. Cada persona tiene que presentar su declaración, responder preguntas y, al final, el resto de la clase tiene que decidir quién gana.

Un debate

Muchas muchachas se quejan de que sus padres son más estrictos con ellas que con sus hermanos. A veces los padres permiten que sus hijos varones vuelvan a casa más tarde y que vayan a lugares adonde no dejarían ir a sus hijas. En grupos de cuatro estudiantes, discutan la validez de esta regla: "Es bueno que los padres tengan normas distintas para las muchachas y los muchachos." Dos miembros de cada equipo tendrán que argumentar en pro del tema, mientras que los otros dos tendrán que argumentar en contra de él.

¿Qué mensaje lleva el nombre?

Probablemente sabes que las tradiciones hispanas y norteamericanas en cuanto al uso de los apellidos son diferentes. En el mundo hispano la gente normalmente usa los dos apellidos, el paterno y el materno. Al casarse, muchas mujeres toman el apellido de su esposo. Por ejemplo: Gloria Sepúlveda de Gómez añade **de** Gómez (el apellido de su esposo).

En Norteamérica se usa un solo apellido, el paterno. Y al casarse, la mujer usualmente cambia su apellido por el de su esposo. Sin embargo, en las últimas décadas muchas mujeres han optado por mantener su propio apellido, o por usar los dos, el de ella seguido del de su esposo. Entre estas costumbres, ¿cuál te parece mejor? ¿Por qué?

Vocabulario útil

Aquí tienes una lista de palabras y expresiones que probablemente ya sabes.

- anticuado(a)
- la constitución
- la costumbre
- desigual
- discriminar
- el hogar
- la infracción
- la justicia
- justo(a)
- la ley
- la libertad
- los tiempos han cambiado
- me horroriza
- me ofende
- el sueldo
- testarudo(a)

Estas palabras o expresiones pueden ayudarte también.

- el apellido de soltera *maiden name*
- el código *body of laws*
- como era de esperarse *true to form*
- érase una vez *once upon a time*
- me choca *it shocks me*
- necio(a) *mindless*
- poner las cosas en su lugar *to set the record straight*
- la supervivencia *survival*

Phrases:
Agreeing & disagreeing; Comparing & contrasting; Disapproving; Expressing an opinion

Vocabulary:
Body; Media: television & radio; Media: newsprint; Nationality; Upbringing; Working conditions

Grammar:
Verbs: conditional; Verbs: future; Verbs: if-clauses *si*; Verbs: future; Verbs: subjunctive with *como si*

Para escribir

Un párrafo En tus propias palabras, escribe un párrafo breve acerca del siguiente tema: ¿tendrán las mujeres más igualdad, más seguridad y más aceptación durante tu vida? Es decir, ¿crees que cambiará la actitud de la sociedad hacia la mujer? Para que tu respuesta sea breve, responde directamente: sí o no, y luego explica por qué piensas que será así.

Un código nuevo Imagínate que eres legislador(a) y piensas proponer leyes que cambien la desigualdad que existe entre los sexos en el trabajo. Escribe por lo menos diez propuestas y describe los cambios que ocurrirían a consecuencia de este nuevo código. Entre los cambios debes incluir los efectos que tus propuestas tendrían en los hombres.

Una carta al editor Prácticamente todos los días leemos noticias sobre algún acto de violencia contra una mujer. Al igual que con cualquier otro reportaje, la perspectiva de la persona que escribe influye en el enfoque del artículo. Imagina que acabas de leer un artículo acerca de la violación de una mujer, y que el tono del artículo sugiere que la mujer fue parcialmente responsable. Escribe una carta al editor, explicándole tu reacción.

La discriminación La discriminación como resultado del sexo, nacionalidad, color o creencia religiosa de una persona siempre tiene efectos negativos. En tu opinión, ¿cuál es la raíz de la discriminación? Piensa en un evento o en una situación que refleje algún tipo de discriminación y describe las posibles razones por tal comportamiento. La descripción no debe ser una defensa del acto de discriminación, sino una explicación de por qué puede ocurrir. ¿Existen soluciones al problema? ¿Cuáles son? ¿Qué debemos hacer? Escribe un ensayo bien organizado en el que desarrolles este tema.

Otra dimensión

Los dibujos a continuación representan un cuento. En tus propias palabras, describe en detalle lo que sucede. Recuerda que debes usar tu imaginación y añadir cualquier información que creas necesaria.

Comprensión auditiva 

La selección que vas a escuchar trata de un nuevo fenómeno en las universidades estadounidenses, específicamente en las universidades que son exclusivamente para mujeres. La selección y las preguntas no están impresas en tu libro, sólo las posibles respuestas a cada pregunta. Escucha la selección y responde a las preguntas escogiendo la respuesta correcta entre las opciones impresas en tu libro.

Número 1

a. Que allí aumenta el número de acosos sexuales.
b. Que allí ellas no reciben la atención adecuada.
c. Que le pagan menos al profesorado femenino.
d. Que obligan a las mujeres a pagar una matrícula más costosa.

Número 2

a. El estudio de la desigualdad académica.
b. La preparación para el mercado del trabajo.
c. La formación de los hombres.
d. Las oportunidades para las mujeres.

Número 3

a. Más mujeres que presentan leyes que benefician al sexo femenino.
b. Un esfuerzo mayor por parte del gobierno en atraer a las mujeres.
c. Menos apoyo a las leyes presentadas por los hombres.
d. Una distribución más equitativa de los fondos para las universidades.

Número 4

a. No reciben suficientes fondos.
b. El gobierno quiere que den entrada a los hombres.
c. Demasiadas personas piden matrícula.
d. El número de víctimas de acoso sexual ha aumentado.

CAPÍTULO 13

Dos caras

Sabine R. Ulibarrí

Antes de leer

A. Para discutir en clase

Mira los dibujos y los titulares y piensa en el contraste que presentan. Para la discusión con el resto de la clase, haz una lista de palabras clave o de frases que te ayuden a expresar tus ideas. En la presentación incluye las respuestas a las preguntas que aparecen a continuación.

Aguaceros refrescan los campos, garantizando buena cosecha

Lluvias contínuas causan inundaciones, dejando muchos muertos y millones en daño

1. ¿Qué tiempo hace en el primer dibujo?
2. ¿Qué beneficio produce el tiempo en esta escena?
3. Describe lo que pasa en el segundo dibujo.
4. ¿Qué está destruido?
5. ¿Qué contraste muestran los dos dibujos?

B. Nuestra experiencia Diariamente encontramos ejemplos del bien y del mal. En tu opinión, y a base de tu experiencia, ¿cuáles son algunos de los aspectos positivos y negativos asociados con los siguientes temas?

1. la medicina
2. la universidad
3. los deportes
4. la libertad
5. el dinero
6. las computadoras

C. La moraleja El cuento "Dos caras" tiene una moraleja, o enseñanza moral. Para familiarizarte con las moralejas, crea una para cada una de estas fábulas.

1. Raúl es un muchacho de dieciséis años, y en el colegio le han asignado leer ocho libros durante el verano. Le darán un examen para comprobar su comprensión de los libros cuando vuelva en septiembre. Raúl es listo y siempre ha sacado muy buenas notas, sobre todo en literatura. Comienza a leer a mediados de agosto, pero no puede encontrar tres de los libros, ni en la biblioteca, ni en ninguna librería. Para colmo, su abuelo se ha puesto muy enfermo, y Raúl tiene la responsabilidad de cuidarlo. Llega el primer día de clases y Raúl sólo ha leído cuatro de los ocho libros asignados.
2. Ana se robó cien dólares de la bolsa de su amiga Adriana. Al principio Adriana no se dio cuenta del robo, pero una semana después necesitaba el dinero para comprar medicinas para su hijo y llamó a Ana para pedirle dinero. Ana no sabía qué hacer y decidió ofrecerle a Adriana cien dólares. Insistió en que Adriana no se los devolviera.
3. Rocky era un perro que no comía comida para perros. Sólo le gustaban los alimentos para personas. Siempre estaba con los humanos y nunca con otros perros. Cuando los perros dieron una gran fiesta para celebrar el día de los perros, no lo invitaron.
4. Tres futbolistas españoles asistieron a su primer partido de béisbol en los Estados Unidos. No comprendieron nada y no les gustó el paso lento del deporte. Volvieron a España y les dijeron a sus amigos que los americanos eran aburridos y perezosos.

D. La idea general Las frases a continuación son del cuento "Dos caras". El cuento presenta las diferencias entre dos personas, Beltrán y Ambrosio. Trata de combinar las frases de los dos grupos para que reflejen el contraste entre los personajes.

____ 1. Uno se queda;

____ 2. Necesidad por un lado;

____ 3. Beltrán protegía y defendía a Ambrosio;

____ 4. [Ambrosio] hablando el más del tiempo;

____ 5. La voz de Ambrosio resonaba y retumbaba;

____ 6. Uno fue [a la universidad] con una beca ganada y merecida;

____ 7. Uno feliz;

a. el silencio de Beltrán se oía y se escuchaba por encima del alarde.

b. Ambrosio siempre pendiente.

c. el otro triste, como siempre.

d. el otro fue con la plata y la influencia de sus padres.

e. generosidad por el otro.

f. [Beltrán] callado y aguantando para siempre.

g. el otro se fue.

Al leer

Al igual que la mayoría de las fábulas, el cuento a continuación, "Dos caras," es bastante sencillo estilísticamente, y tiene una moraleja. Algunos lectores dirán que el tema del cuento es el triunfo del bien sobre el mal. Y aunque tengan razón, la moraleja es más compleja, o tiene un nivel más profundo. Mientras lees, fíjate en los siguientes puntos:

- los cambios en los dos protagonistas, Beltrán y Ambrosio
- el plan de acción de Beltrán
- los ejemplos que demuestran el bien en la moraleja

El autor

Sabine R. Ulibarrí nació en 1919 en Nuevo México. Pasó su juventud en ese mismo estado en el suroeste de los Estados Unidos. Allí, lejos de las ciudades grandes, aprendió a apreciar la belleza de la naturaleza que lo rodeaba. Vivió también en las ciudades grandes, tales como Albuquerque y Los Ángeles, mientras estudiaba o enseñaba. Ha escrito una gran variedad de cuentos y poemas. Para Ulibarrí, el papel de la literatura escrita por hispanos en los Estados Unidos es de una importancia inmensurable.

Lectura

Dos caras

Sabine R. Ulibarrí

Voy a contarles la abigarrada° historia de dos amigos, casi hermanos. Uno bueno. El otro malo. Uno se queda. El otro se fue. Eran inseparables. Eran como hermanos. Uno, rico, el otro pobre. Una amistad entrañable.° Necesidad por un lado. Generosidad por el otro. Beltrán era genial. Ambrosio, no lo era. Beltrán protegía y defendía a Ambrosio en el campo de deportes, en la esfera académica, en el ruedo° de joven hombría.° Ambrosio siempre pendiente.° Cada vez que Ambrosio resultaba herido, maltrecho° y molido,° Beltrán lo recogía, lo levantaba y lo animaba.

- *complex*
- *profound (affectionate)*
- *arena* / ? / ?
- *battered* / *tired, worn out*

Los dos tuvieron un éxito fantasmagórico con las mujeres. Por diferentes razones, claro. Salían de fiesta en el coche convertible de Ambrosio. Él adelante con su chica y conduciendo, hablando él más del tiempo. Beltrán atrás con la suya, callado y aguantando para siempre. A la luz de la luna, o en un elegante restaurante, la voz de Ambrosio resonaba y retumbaba.° El silencio de Beltrán se oía y se escuchaba por encima del alarde° y el escándalo que Ambrosio se fabricaba.° Demasiado es demasiado.°

- *resounded*
- *show, ostentation* / se… ?
- Demasiado… *Enough is enough.*

Los dos fueron a Harvard. Uno fue con una beca° ganada y merecida. El otro fue con la plata y la influencia de sus padres. En Harvard ocurrió lo mismo. Como siempre, Beltrán tuvo que sostener a su amigo, mantenerlo respetable, a pesar de sí mismo. La pasaron bien en esas tierras verdes de piedra y de frío. Siempre amigos, siempre hermanos.

- ?

Un día se graduaron. Los padres de Ambrosio asistieron a la ceremonia. Los de Beltrán, no. Las cosas eran evidentes. No habían cambiado. Uno feliz. El otro triste, como siempre. El último año Ambrosio se casó con una bella doncella° de Boston, Maribel

- *maiden*

Wentworth. Quién sabe por qué. Quizás le hacía falta. Beltrán no se casó.

Los dos volvieron a Albuquerque. Ambrosio como presidente del banco de su padre. Beltrán como su vice-presidente. Beltrán casado ahora, con la dueña° de sus amores que lo había esperado todos estos años.

El banco creció y enriqueció bajo la sabia° mano del vice-presidente. Ambrosio recibía los honores y los buenos sabores° de los triunfos económicos del banco. Beltrán se quedaba detrás de bastidores.° Como antes. Como siempre.

Empiezan a surgir° problemas. Un hombre pone al otro en sombra. No siempre se sabe cuál es cuál. La gente que sabe de esas cosas, sabe que es Beltrán el genio detrás del éxito. Ambrosio también lo sabe. A veces cuando está solo, y aun a veces, cuando recibe los aplausos de los demás, allí dentro hay una voz que le dice, "Si no fuera por Beltrán, tú no valdrías nada". Esto le muerde,° le carcome.° Le molesta y no le deja en paz. Una vocecita, nacida en su interior, le ha venido diciendo siempre algo que no quiso nunca escuchar y que ahora no quiere oír: "Eres caca, y nada más".

Esto no es todo. Desde los días de Boston la mujer de Ambrosio había sentido y mostrado una cierta predilección, una cierta atracción por Beltrán. Lo buscaba en las fiestas. Cuando hablaba con él se le veía animadísima. Siempre le echaba en cara a su marido el nombre de Beltrán.

Todo esto, la seguridad de su propia incapacidad, los celos y la envidia produjeron en Ambrosio un violento tormento y un feroz rencor.° Su creciente decadencia y su siempre presente dependencia trajeron consigo un incipiente alcoholismo. Tomaba demasiado, casi no comía ni dormía. Su mejor amigo, casi hermano, su brazo derecho, se le había convertido en su fantasía en su peor enemigo. Decidió matarlo.

Beltrán notó la tirantez° que surgió entre ellos, el mal humor de Ambrosio, pero no le dio mucha importancia. Lo atribuyó todo al licor o a la enfermedad que parecía que tenía.

Una preciosa tarde de otoño Ambrosio convidó° a Beltrán a ir a dar un paseo. Se fueron a la cresta° de los Sandías. Los bosques se habían vestido de sus ropajes más finos y coloridos. Había en el aire un algo de voluptuosidad, una cierta languidez, que invitaba al sueño o al ensueño.°

Se bajaron del coche y se situaron en la misma orilla de la cresta. De allí se divisaba el gran valle del Río Grande con sus lejanos horizontes morados.

Inesperadamente, Ambrosio le da un empujón a Beltrán. Beltrán se va rodando por el lado empinado° del risco,° su cuerpo botando° grotescamente de roca en roca, para descansar, flojo° y suelto,° a unos cien metros más abajo. Ambrosio se quedó largo rato contemplando el cuerpo inerte de su antiguo amigo.

owner
wise
?
detrás... *behind the scenes*
?
eats away at / gnaws at
rancor, hatred
strained condition
?
summit
fantasy
steep / cliff / bouncing
slack, loose / free

Luego, deliberadamente, se subió en el coche. Manejó despacio, adrede°, hasta llegar a un teléfono. Llamó a una ambulancia. Estaba seguro que Beltrán estaba muerto. Le contó a la policía que acudió° cómo su querido amigo se había resbalado,° y cómo él no había podido salvarlo. Mientras tanto, los ayudantes recogieron el cuerpo sangriento, lacerado y lacio° de Beltrán, milagrosamente vivo.

En el hospital le hallaron múltiples huesos rotos, contusiones, lacras° de todo tipo. Pronto lo pusieron en la mesa de operaciones y le dieron transfusiones de sangre y suero.° Las operaciones duraron horas. Salió de allí vendado° de pies a cabeza como una momia.

Gracias a la magia de la ciencia y la tecnología, Beltrán vivió, aunque los primeros días de su vida estuvo pendiente de un hilo. Su esposa y sus hijos le acompañaban de noche y día, pendientes ellos también de un imposible.

Su fuerte salud, su voluntad de vivir y su valentía moral fueron sacando al enfermo poco a poco del lado de la muerte al lado de la vida. Su recuperación fue increíble. El mismo personal médico se quedó impresionado con el milagro. Se le cerraron las heridas. Se le compusieron los huesos. Quedó como antes.

Con una excepción. Cuando le quitaron las vendas, la esposa y los hijos gritaron simultáneamente sin querer. Es que vieron una cara distorsionada, llena de cicatrices° y lacras en todo sentido feas y monstruosas.

Beltrán no perdió el equilibrio. Insistió que le hicieran cirugía cosmética inmediatamente. Un buen cirujano lo hizo. Después de los días indicados, le quitaron las vendas. Esta vez Beltrán estaba perfecto, tan guapo como antes.

Pero no igual que antes. Su aspecto era totalmente distinto. Beltrán hizo que le pusieran las vendas otra vez. Les rogó a los médicos que lo vieron que no dijeran nada.

Le encargó a su mujer que hiciera las maletas, que hiciera reservaciones por avión para todos y que cerrara la casa. El día siguiente Beltrán salió del hospital, con la cabeza completamente vendada, y se subió en un avión con su familia. Nadie lo volvió a ver.

Durante su larga estancia en el hospital, Beltrán formuló un plan de acción que no divulgó a nadie. Lo puso en operación al primer día. Se fue a Nueva York. Por correo clausuró° sus relaciones con el banco y vendió la casa.

En Nueva York se cambió el nombre a Fabián Abencerraje. Con el pequeño capital que había acumulado, su talento para los negocios y su don de gente° amasó° una fortuna dentro de cinco años; su plan de acción estaba en plena función.

Allá en casa el banco de Ambrosio iba cuesta abajo° desde que Beltrán se fue. Ambrosio sabía, sin poder impedirlo, que un cierto Fabián Abencerraje había venido comprando acciones° en el banco y que ahora era el accionista mayoritario. Ese misterioso comprador no había intervenido ni en lo más mínimo en los asuntos del banco.

purposely
went to the aid of
slipped
limp, lifeless
cuts
plasma
bandaged
?
closed
don... *charm* / *?*
cuesta... *?*
stocks

A los cinco años volvió Fabián. Nadie lo conoció. Volvió viudo.° Tenía 45 años. Encuentra a Ambrosio víctima de un alcoholismo desenfrenado,° gordo y enfermo.

widowed
unbridled

En el banco demanda una reunión de la mesa directiva para el siguiente día. En esa junta hace las siguientes declaraciones: que él ha adquirido control del banco, que él asumiría la presidencia, que Ambrosio ocuparía el puesto de tercer vice-presidente. Presentó un plan de construcción para el banco que había traído consigo. Al parecer el banco iba a sufrir una serie de operaciones como si tuviera todos los huesos rotos y múltiples heridas. Iba a recibir también cirugía cosmética para cambiarle su aspecto por completo, e iba a cambiar de nombre. Iba a dejar de ser lo que era antes.

Ambrosio salió de la reunión destruido. Ese banco había sido su vida y su orgullo, como lo había sido de su padre y de su abuelo. Era lo único que le quedaba de su antigua arrogancia. Pensar en perder el banco era pensar en perderlo todo.

Fabián buscó a Maribel. Le reveló su identidad. Ella se quedó atónita° mirándolo. Reconoció su voz. De pronto el volcán dormido, lleno de emociones suprimidas° y de recuerdos apagados, se encendió y reventó° en una erupción de rosas. Sin saber cómo, se encontraron los dos abrazados, besándose apasionadamente.

?
?
exploded

Fabián, que siempre había desviado° las tentativas amorosas de Maribel por honesta lealtad, ahora se dedicó a enamorarla y ganarla. Lo hizo abierta, hasta ostentosamente. Quería que Ambrosio lo supiera, lo viera. No encontró dificultades en ambos lados. Su propio abogado le consiguió el divorcio. Pronto se supo que se casarían.

turned aside

Esperó el momento oportuno. Un día encontró a Ambrosio más o menos sobrio, más o menos racional, y le dijo lo que sigue:

—Soy Beltrán, el fiel amigo que quisiste matar. He vuelto a cobrarte lo que me debes. Ya te quité lo que más quieres: tu egoísmo, tu amor propio, tu dignidad, el banco y Maribel. Lo único que queda es quitarte la vida. También te la voy a quitar a su tiempo y a mi manera. Por ahora me satisfago viéndote revolcar° en la bazofia° que es tu vida.

wallow, roll around in / garbage

Ambrosio no dijo una sola palabra, ni antes ni después. Esa noche se destapó° los sesos° con la 45 que había heredado de su padre junto con el banco.

se... *? / brains*

Cuando Beltrán supo lo ocurrido, se quedó largas horas pensativo en su sillón ejecutivo. Por su mente flotaban pensamientos como los siguientes. Ustedes, los lectores, sabrán interpretarlos:

"Todo lo bello y lo bueno de Nuevo México es eterno. Todo lo malo y feo es pasajero. ¿Quién borrará de nuestros ojos y recuerdos las altas sierras, los altos cielos y amplios desiertos? ¿Quién va a apagar la lúcida luz de nuestro sol y nuestra luna en nuestras verdes o nevadas alturas? ¿Quién va a desdorar° el día o a desplatear° la noche? ¿Quién se va a llevar el aroma y la sombra del pino,° el color y el olor del sabino?° Los crepúsculos° que encienden el mundo. El chile verde que pica y quema. El chicharrón° que huele a gloria. La tortilla caliente. Los

? / ?
pine tree
evergreen shrub / twilight
pork rind

humildes frijoles. La carne adobada.° No, no, no. Eso no nos lo quita nadie. Eso es lo bueno. Eso es lo que se queda. Las tormentas, las sequías° y los fríos vienen y se van. Eso es lo malo."

"La cortesía, la elegancia y la cultura son cosas heredadas. Transmitidas por la sangre, nutridas por la naturaleza y la crianza. Mucho de lo español y otro tanto de lo indio. Las viejas familias han conservado lo bueno y lo malo de ambos. Lo bueno debe quedarse y honrarse. Lo malo debe irse y despreciarse. Los recién llegados se quedan pasmados° con lo bueno y lo noble, se quedan y se ennoblecen, se hacen nuevomexicanos, es decir, los buenos; los malos deben irse."

"Nuestro padre Martínez vive y vibra° en nuestros recuerdos como valiente antecedente. Era atrevido y benévolo. El (nunca nuestro) arzobispo Lama muere en nuestra memoria como bandido. Era racista y malévolo. Uno vivió y sigue viviendo. El otro murió y sigue muriendo. Uno nació para vivir. El otro nació para morir".

marinated — adobada; ? — sequías; *amazed* — pasmados; ? — vibra

Comprensión

A. Comprensión general En tus propias palabras, responde a las siguientes preguntas. Comparte tus ideas con otros en la clase y escucha sus ideas.

1. ¿Por qué se vuelven enemigos Beltrán y Ambrosio?
2. ¿Te sorprende el plan de venganza de Beltrán? Explica.
3. Además de las características opuestas que viste en el ejercicio D de **Antes de leer,** ¿qué otros contrastes recuerdas entre los personajes?

B. En contexto Da una palabra o frase que quiere decir lo mismo que las siguientes palabras o frases.

pendiente [7]	cicatrices [95]	se destapó [155]
se fabricaba [16]	amasó [114]	desdorar [164]
beca [18]	cuesta abajo [116]	desplatear [164]
surgir [38]	atónita [138]	sequías [170]
convidó [61]	suprimidas [139]	vibra [179]

C. De la misma familia Las palabras de la lista a continuación son formas que provienen de palabras que probablemente ya conoces. Da una palabra de la misma familia.

hombría [7]	ayudantes [78]	lúcida [163]
creciente [54]	sangriento [79]	nevadas [163]
ropajes [63]	estancia [108]	pica [167]
empujón [69]	sillón [158]	sequías [170]

D. Palabras con el prefijo des- El prefijo *des-* normalmente da el significado contrario a una palabra. Da todas las formas que puedas de la raíz (la parte que le sigue al prefijo) de la palabra. Esas formas pueden ser verbos, sustantivos, adjetivos, o cualquier otra forma que puedas encontrar.

descansar	desdorar
desenfrenado	desplatear
desviado	despreciarse
destapó	

E. Al punto Contesta a las siguientes preguntas escogiendo la mejor respuesta o terminación según la lectura.

1. La primera impresión que nos da el autor acerca de la relación entre Beltrán y Ambrosio es que
   a. ellos no se entienden.
   b. es difícil mezclar lo bueno con lo malo.
   c. los dos son buenos.
   d. son buenos amigos.
2. La frase “la pasaron bien en esas tierras verdes de piedra y de frío” [líneas 21–22] se refiere a la experiencia de los protagonistas en
   a. la universidad.
   b. el banco.
   c. las montañas.
   d. el hospital.
3. Ambrosio se casó con una mujer
   a. a quien él conoció en Nuevo México.
   b. a quien conocía desde hace años.
   c. que realmente amaba a Beltrán.
   d. que tenía muchos celos de él.

4. La frase "siempre le echaba en cara a su marido el nombre de Beltrán" [líneas 50–51] quiere decir que

   a. Maribel no quería que él supiera nada de su atracción por Beltrán.
   b. Maribel se burlaba de su esposo.
   c. Ambrosio y Maribel estaban celosos de Beltrán.
   d. Beltrán tenía predilección por Maribel.

5. ¿Dónde están localizados los Sandías?

   a. al lado de un río
   b. al lado del mar
   c. cerca de un desierto
   d. cerca de la selva

6. La descripción de la naturaleza en el momento del empujón

   a. sugiere que Ambrosio está borracho.
   b. hace contraste con la acción.
   c. sugiere que a Ambrosio le gusta el otoño.
   d. muestra que los árboles en Nuevo México cambian de color más que los árboles de Nueva Inglaterra.

7. Ambrosio le dijo a la policía que

   a. Beltrán había saltado.
   b. él era culpable.
   c. el coche se había resbalado.
   d. Beltrán se había caído.

8. ¿Por qué sobrevivió Beltrán?

   a. Porque su familia lo encontró muy pronto después del accidente.
   b. Porque las rocas estaban firmes.
   c. Porque los médicos lo operaron y él tenía una voluntad muy fuerte.
   d. Porque Ambrosio no lo había empujado con mucha fuerza.

9. Después de la cirugía plástica, Beltrán

   a. no quería vivir.
   b. se convirtió en un hombre muy orgulloso.
   c. era más guapo que antes.
   d. no podía mirarse en el espejo.

10. Beltrán se dejó la cara vendada para que

a. nadie lo reconociera.
b. nadie viera las cicatrices.
c. Ambrosio no viera su recuperación.
d. su abogado pudiera comprarle más acciones.

11. ¿Qué le sucedió a la esposa de Beltrán (Fabián)?

a. Se fue sin él.
b. Se murió.
c. Se volvió alcohólica.
d. Se casó con otro hombre en Nueva York.

12. Maribel sabía quién era Fabián cuando ella

a. lo besó.
b. le quitó la venda.
c. lo tocó.
d. lo oyó.

13. Al final del cuento, sabemos que Ambrosio

a. se suicidó.
b. perdió su herencia.
c. se ahogó en su alcoholismo.
d. reconoció su error.

14. Según el autor, ¿qué *no* se quedan?

a. los amaneceres
b. los árboles
c. las tempestades
d. las montañas

15. ¿Cuál es la opinión del autor sobre lo bueno?

a. Es difícil de encontrar.
b. Seguirá viviendo para siempre.
c. Se puede ver en todo.
d. Se desprecia.

F. Ahora te toca El autor nos ha dado algunas ideas de lo que considera bueno y malo. Explica lo que “lo bueno” y “lo malo” significan para ti. ¿Dónde encuentras tú lo bueno? ¿Qué es? ¿Dónde se ve? ¿Se huele? ¿Se siente? ¿Dónde encuentras tú lo malo? ¿Qué es? ¿Dónde se ve? ¿Se huele? ¿Se siente?

Un paso más

Otro punto de vista ¿Cómo contarías esta historia si fueras Ambrosio? Escribe un párrafo expresando tus ideas.

Una explicación Si fueras Ambrosio, ¿cómo responderías a las siguientes declaraciones acerca de tu vida?

1. Eres mimado. No has tenido que luchar por nada. No sabes lo que es el trabajo.
2. Eres muy egoísta. Siempre quieres toda la atención.
3. No vas a encontrar ayuda o respuestas en esa botella.
4. Beltrán es más dotado, pero tú tienes tus propias habilidades.
5. Beltrán siempre ha sido tu mejor amigo. Nunca te haría nada malo.

¿Y si fueras Beltrán? ¿Cómo responderías a las siguientes sugerencias?

1. Debes perdonar a Ambrosio. Está enfermo.
2. ¿Por qué no le hablas a Ambrosio?
3. La venganza no resuelve nada.
4. Si sigues con este plan tu familia es la que va a sufrir.
5. Necesitas ayuda psicológica. ¿Por qué no ves a alguien que te pueda ayudar?

Análisis psicológico ¿Cuáles de las siguientes características le atribuirías a Beltrán y cuáles a Ambrosio? Da una explicación para cada característica que le atribuyas a los personajes. Es posible que algunas sean apropiadas para los dos, y que otras no describan a ninguno.

	Beltrán	Ambrosio	los dos	ninguno
valiente				
temeroso				
honrado				
inseguro				
independiente				
loco				

Para conversar

Algunas palabras y expresiones que te ayudarán a expresar tus ideas se encuentran a la derecha.

La investigación del crimen Imagínate que eres el (la) policía que recibió la llamada de Ambrosio sobre el accidente de Beltrán. No crees que la historia de Ambrosio sea verdad y quieres investigarla. Tu colega cree que Ambrosio dice la verdad, que fue un accidente. Con un(a) compañero(a) de clase, hagan los papeles de los (las) policías y expliquen por qué tienen sus respectivas opiniones. Si escuchas una opinión o teoría que te parezca falsa, explica por qué no estás de acuerdo con ella.

Tratando de ayudar En grupos de tres, hagan Uds. los papeles de Beltrán, Ambrosio y un(a) intermediario(a) *(intermediary)* que quiere ayudarlos a reconciliarse. Imagínense que Ambrosio y Beltrán se dicen la siguientes frases. ¿Qué les diría el intermediario? ¿Qué le responderían Ambrosio y Beltrán?

- ¡Qué fanfarrón eres…! (Beltrán a Ambrosio)
- Y tú, Sr. Perfecto, tú nunca te equivocas… (Ambrosio a Beltrán)
- No sabes nada acerca de este banco… (Beltrán a Ambrosio)
- Sin mi ayuda, tú no tendrías un puesto en este banco… (Ambrosio a Beltrán)
- ¡Basta con tu ayuda! (Ambrosio a Beltrán)

Lo bueno y lo malo Con un(a) compañero(a) de clase, habla sobre lo bueno y lo malo de los siguientes temas. Si la primera persona dice lo bueno, la segunda persona debe responder con lo malo, y vice versa. Ejemplo: **las vacaciones** Lo bueno—Nos ofrecen una oportunidad de descansar y escaparnos de las presiones cotidianas. Lo malo— Las vacaciones muchas veces son caras y cuando volvemos al trabajo hay más trabajo que nunca.

1. el trabajo
2. el calor
3. el frío
4. el amor
5. la comida
6. la lluvia
7. el cansancio
8. el temor

Vocabulario útil

Aquí tienes una lista de palabras que probablemente ya sabes.

el agrado
el altruismo
la bondad
corromper
la corrupción
la crueldad
el daño
el defecto
el delito
despreciable
la imperfección
la inmoralidad
la maldad
la moralidad
perdonar
el vicio
la virtud

Estas palabras y expresiones pueden ayudarte también.

la alegación *allegation*
confiar en *to trust, confide in*
deponer/declarar *to give evidence*
mal intencionado(a) *evil-minded*
sospechoso(a)/receloso(a) *suspicious*
vigilar *to keep an eye on*

Phrases:
Comparing & distinguishing; Describing people; Talking about daily routines; Linking ideas

Vocabulary:
Body; Languages; Nationality; Personality

Grammar:
Prepositions: *a personal*; Verbs: preterit & imperfect; Verbs: present; Verbs: use of *llegar a ser, hacerse*

Para escribir

Los componentes de una cultura Ulibarrí acaba "Dos caras" con una moraleja, y dentro de esa moraleja describe lo bueno de la cultura nuevomexicana. Piensa en lo que tú consideras símbolos de la cultura norteamericana y escribe una lista describiéndolos con un adjetivo (las **altas** sierras) o con una frase descriptiva (el chicharrón **que huele a gloria**).

La descripción de una cultura Ahora emplea la lista del ejercicio anterior y escribe una descripción de tu cultura. Explica en dos o tres párrafos la razón por la que consideras esos símbolos importantes en la cultura norteamericana.

Un retrato "Dos caras" nos pinta un retrato de dos hombres. Los llegamos a conocer por medio de la descripción clara y concisa que nos ofrece Ulibarrí. Piensa en una persona a la cual te gustaría describir. El siguiente esquema te ofrece una posible manera de organizar tus ideas para que el lector de tu "retrato" llegue a conocer a la persona descrita.

I. su personalidad:
   - ¿cómo es?
   - ¿ha sido así siempre?

II. sus gustos:
   - lo que lo (la) motiva
   - sus pasatiempos

III. sus metas:
   - ¿qué quiere alcanzar?
   - ¿cómo lo alcanza?

IV. sus debilidades (defectos):
   - ¿las reconoce esta persona?
   - ¿intenta mejorarlas?

V. sucesos importantes en su vida

Otra dimensión

Mira esta serie de dibujos y describe lo que pasa. Luego, responde a las preguntas.

1. ¿Qué quiere decir "dos caras"?
2. ¿Crees que todo el mundo tenga dos caras?
3. ¿Es bueno que una persona tenga dos caras? Explica.

Comprensión auditiva 

Selección número 1

Vas a escuchar una selección sobre la autoestima en los niños. La selección y las preguntas no están impresas en tu libro, sólo las posibles respuestas a cada pregunta. Escucha la selección y responde a las preguntas escogiendo la respuesta correcta entre las opciones impresas en tu libro.

Número 1

a. antes de los nueve años
b. después de la escuela secundaria
c. durante la transición entre la escuela primaria y la secundaria
d. mucho antes de empezar la escuela primaria

Número 2

a. los padres
b. los parientes
c. las amigas
d. los maestros

Número 3

a. Permitirles que jueguen a menudo.
b. Permitirles que fracasen de vez en cuando.
c. Felicitarlos cuando tienen éxito.
d. Enseñarles la importancia de la competencia.

Selección número 2

Escucha la siguiente selección sobre un artículo en el cual se discute la relación entre algunos miembros de una familia.

Número 1

a. los problemas del matrimonio
b. las revistas para la familia moderna
c. la relación entre dos hermanas
d. las diferencias entre los miembros de la familia

Número 2

a. Lo mucho que había cambiado.
b. La unión que tenía con ella.
c. La enfermedad de su madre.
d. Los problemas que existían entre ellas.

Número 3

a. De que es mejor distanciarse de la familia.
b. De que tiene mucho en común con su hermana.
c. De que a veces es mejor compartir los secretos.
d. De que la amistad ayuda con la salud mental.

CAPÍTULO

Antes de leer

A. Para discutir en clase

Mira los dibujos y trata de reconstruir lo que pasa. Para la discusión con el resto de la clase, haz una lista de palabras clave o de frases que te ayuden a expresar tus ideas. En la presentación incluye las respuestas a las preguntas que aparecen a continuación.

Jaque mate en dos jugadas

W. I. Eisen

1. ¿A qué juegan los señores? ¿Cuál es tu opinión sobre este juego?
2. ¿Qué tiene que ver el título del cuento con el juego? ¿Qué es "jaque mate"?
3. ¿Qué sucede en el segundo dibujo? Descríbelo en todo detalle.

B. La relación entre familia A causa de las presiones que tiene la familia hoy en día, muchas veces se tratan de solucionar muchos problemas por medio de la violencia. ¿Cómo podemos lograr que los problemas entre los miembros de una familia se resuelvan antes de que lleguen a ser muy serios?

C. Un evidente crimen Una de las técnicas que puede ayudarnos a comprender una lectura es nuestro conocimiento de cognados. Lee la siguiente lista de palabras que aparecen en el cuento a continuación sobre un evidente crimen. Escoge las que son cognados.

agente de policía	jefe	puntería
asesino	lágrimas	revólver
chillar	mayordomo	salvaje
condenado	mueca	sangre
envenenar	odiar	tiro
gruñir	pólvora	veneno
huellas	puerta entornada	

Otra técnica que todos usamos cuando leemos es tratar de adivinar el significado de ciertas palabras por el contexto en que se encuentran. Lee el cuento rápidamente sin buscar el significado de las palabras subrayadas para que tengas una idea de la acción.

Cuando llegué a casa la puerta entornada me preocupó mucho. Sabía que Adolfo, el fiel mayordomo, siempre la cerraba. Cuando entré, Adolfo estaba sentado en el sofá, sus ojos llenos de lágrimas; inmediatamente pude ver que su zozobra° no le permitía hablar. Después de unos minutos me contó lo que había sucedido. La cocinera, Carola, era una mujer que lo odiaba y que había tratado de asesinarlo. Pero... ¿cómo puedes decir que te trató de asesinar? Primero, me dijo Adolfo, había tratado de envenenarlo porque el veneno no dejaba huellas; además, Carola era una persona a quien no le gustaba ver sangre. La segunda vez Adolfo la había visto con un revólver, y esa tarde había oído tiros y animales chillando° que corrían como salvajes por el patio. Ninguno de los animales murió. Según Adolfo, ella no tenía muy buena puntería. Adolfo había salido al patio y la pudo pillar°. El olor de la pólvora que salía del revólver la delataba. Con una mueca° de dolor en su cara, Adolfo repetía que estaba condenado a morir en manos de aquella mujer. "Cuando me ve, empieza a hacer sonidos, gruñe° como si me odiara" —decía. Esta vez, Adolfo no pudo más y llamó a la policía. Un agente de policía vino con su jefe para investigar la acusación. Carola, la cocinera, declaró que ella no lo quería matar. No era veneno lo

anxiety

shrieking

to catch

grimace

grumble

que había echado en el vaso. Era polvo° para hacer limonada. Había usado el revólver para matar un pollo para hacerle una cena especial a Adolfo. Verdaderamente estaba locamente enamorada de él. Y... ¿esos sonidos que hacía cuando pasaba por el lado de Adolfo? Esos sonidos, mi amigo, son los sonidos de una mujer enamorada que quiere atraer a un hombre.

powder

Vuelve a leer el cuento y trata de adivinar el significado de las palabras que están subrayadas. Ahora contesta estas preguntas basándote en lo que acabas de leer, y en tus conocimientos sobre el tema.

1. ¿Cuáles son algunas palabras típicas de un cuento o novela policíaca?
2. ¿Cómo se comporta *(behaves)* una persona antes y después de haber cometido un crimen? Haz una lista de las reacciones o del comportamiento típico de esa persona.

D. Unas citas Las siguientes citas han sido tomadas del cuento que vas a leer. Léelas y contesta a las preguntas explicando tu reacción o lo que piensas que el autor está tratando de comunicar en cada una de ellas.

1. Cuando el narrador, Claudio Álvarez, describe la casa donde vive con su hermano y su tío, dice:

   "Era un lugar seco, sin amor. Únicamente el sonido metálico de las monedas".

   ¿Qué tipo de casa era? ¿Qué nos quiere comunicar el narrador cuando dice que en la casa solamente se oía "el sonido metálico de las monedas"?

2. Hablando del tío, Claudio dice:

   "Y si de pequeño nos tiranizó, cuando crecimos se hizo cada vez más intolerable".

   ¿Qué tipo de vida piensas que llevaban los sobrinos? ¿Cómo cambió la vida de los sobrinos cuando crecieron?

Al leer

Vas a leer un cuento sobre la vida de un tío y sus dos sobrinos, y cómo llegan a solucionar los problemas entre ellos. Mientras lees:

- haz una lista de las palabras que se usan para describir al tío
- presta atención a las partes donde se habla de los efectos del veneno; estas partes aparecen entre comillas (" ")
- trata de averiguar de qué manera asesinan al personaje que muere

El autor

Isaac Aisemberg nació en Argentina en 1919. La mayoría de los lectores lo conocen como W.I. Eisen, el seudónimo que usaba en sus cuentos. Aisemberg estudió Derecho, escribió para varios periódicos argentinos y por un tiempo se dedicó a escribir guiones para la televisión y la radio. Sus cuentos policíacos han contribuido enormemente a la popularidad y al éxito de este tipo de relato. Aquí incluímos uno de los mejores cuentos que ha escrito. Desde las primeras líneas hasta el sorprendente final, el lector puede apreciar la maestría de este autor que es, sin duda alguna, uno de los mejores de este género.

Lectura

Jaque mate en dos jugadas

W. I. Eisen

Yo lo envenené. En dos horas quedaría liberado. Dejé a mi tío Néstor a las veintidós.° Lo hice con alegría. Me ardían las mejillas.° Me quemaban los labios. Luego me serené y eché a caminar tranquilamente por la avenida en dirección al puerto.

a... ?
cheeks

Me sentía contento. Liberado. Hasta Guillermo saldría socio° beneficiario en el asunto. ¡Pobre Guillermo! ¡Tan tímido, tan inocente! Era evidente que yo debía pensar y obrar por ambos. Siempre sucedió así. Desde el día en que nuestro tío nos llevó a su casa. Nos encontramos perdidos en el palacio. Era un lugar seco, sin amor. Únicamente el sonido metálico de las monedas.

partner

—Tenéis que acostumbraros al ahorro, a no malgastar. ¡Al fin y al cabo,° algún día será vuestro! —decía. Y nos acostumbramos a esperarlo.

¡Al... *Finally!*

Pero ese famoso y deseado día no llegaba, a pesar de que tío sufría del corazón. Y si de pequeños nos tiranizó, cuando crecimos se hizo cada vez más intolerable.

Guillermo se enamoró un buen día. A nuestro tío no le gustó la muchacha. No era lo que ambicionaba para su sobrino.

—Le falta cuna...,° le falta roce...,° ¡puaf! Es una ordinaria..., sentenció.

Le... *She lacks lineage* / *class*

Inútil fue que Guillermo se dedicara a encontrarle méritos. El viejo era testarudo° y arbitrario.

stubborn

Conmigo tenía otra clase de problemas. Era un carácter contra otro. Se empeñó° en doctorarme en bioquímica. ¿Resultado? Un perito°

Se... *He persisted* / *expert*

en póquer y en carreras de caballos. Mi tío para esos vicios no me daba ni un centavo. Tenía que emplear todo mi ingenio para quitarle un peso.

Uno de los recursos era aguantarle sus interminables partidas de ajedrez; entonces yo cedía° con aire de hombre magnánimo, pero él, en cambio, cuando estaba en posición favorable alargaba° el final, anotando° las jugadas con displicencia,° sabiendo de mi prisa por salir para el club. Gozaba con mi infortunio saboreando° su coñac.

used to yield / ? / *annotating* / con... *with displeasure* / *enjoying the taste of*

Un día me dijo con tono condescendiente:

—Observo que te aplicas en el ajedrez. Eso me demuestra dos cosas: que eres inteligente y un perfecto holgazán.° Sin embargo, tu dedicación tendrá su premio. Soy justo. Pero eso sí, a falta de diplomas, de hoy en adelante tendré de ti bonitas anotaciones de las partidas. Sí, muchacho, vamos a guardar° cada uno los apuntes de los juegos en libretas para compararlas. ¿Qué te parece?

lazy / ?

Aquello podría resultar un par de cientos de pesos, y acepté. Desde entonces, todas las noches, la estadística. Estaba tan arraigada° la manía en él, que en mi ausencia comentaba las partidas° con Julio, el mayordomo.

fixed, rooted / *games*

Ahora todo había concluido. Cuando uno se encuentra en un callejón° sin salida, el cerebro trabaja, busca, rebusca. Y encuentra. Siempre hay salida para todo. No siempre es buena. Pero es salida.

?

Llegaba a la Costanera. Era una noche húmeda. En el cielo nublado, alguna chispa° eléctrica. El calorcillo mojaba las manos, resecaba la boca.

spark

En la esquina, un policía me hizo saltar el corazón.

El veneno, ¿cómo se llamaba? Aconitina. Varias gotitas en el coñac mientras conversábamos. Mi tío esa noche estaba encantador. Me perdonó la partida.

—Haré un solitario° —dijo—. Despacharé° a los sirvientes... ¡Hum! Quiero estar tranquilo. Después leeré un buen libro. Algo que los jóvenes no entienden... Puedes irte.

Haré... *I will play a game of solitaire* / ?

—Gracias, tío. Hoy realmente es... sábado.

—Comprendo.

¡Demonios! El hombre comprendía. La clarividencia° del condenado.°

clear-sightedness / ?

El veneno producía un efecto lento, a la hora, o más según el sujeto. Hasta seis u ocho horas. Justamente durante el sueño. El resultado: la apariencia de un pacífico ataque cardíaco, sin huellas° comprometedoras. Lo que yo necesitaba. ¿Y quién sospecharía? El doctor Vega no tendría inconveniente en suscribir el certificado de defunción. ¿Y si me descubrían? ¡Imposible!

traces

Pero, ¿y Guillermo? Sí. Guillermo era un problema. Lo hallé en el *hall* después de preparar la "encomienda"° para el infierno. Descendía la escalera, preocupado.

package to be mailed

—¿Qué te pasa? —le pregunté jovial, y le hubiera agregado de buena gana: "¡Si supieras, hombre!"

—¡Estoy harto!° —me replicó.

¡Estoy... *I am fed up!*

—¡Vamos! —Le palmoteé° la espalda—. Siempre estás dispuesto a la tragedia...

—Es que el viejo me enloquece.° Últimamente, desde que volviste de la Facultad y le llevas la corriente° en el ajedrez, se la toma conmigo.° Y Matilde...

—¿Qué sucede con Matilde?

—Matilde me lanzó un ultimátum: o ella, o tío.

—Opta por ella. Es fácil elegir. Es lo que yo haría...

—¿Y lo otro?

Me miró desesperado. Con brillo° demoniaco en las pupilas; pero el pobre tonto jamás buscaría el medio de resolver su problema.

—Yo lo haría —siguió entre dientes—; pero, ¿con qué viviríamos? Ya sabes cómo es el viejo... Duro, implacable. ¡Me cortaría los víveres!°

—Tal vez las cosas se arreglen de otra manera...— insinué bromeando—. ¡Quién te dice...!

—¡Bah!... —sus labios se curvaron con una mueca amarga—.° No hay escapatoria. Pero yo hablaré con el viejo tirano. ¿Dónde está ahora?

Me asusté. Si el veneno resultaba rápido... Al notar los primeros síntomas podría ser auxiliado y...

—Está en la biblioteca —exclamé—, pero déjalo en paz. Acaba de jugar la partida de ajedrez, y despachó a la servidumbre. ¡El lobo° quiere estar solo en la madriguera!° Consuélate en un cine o en un bar.

Se encogió de hombros.°

—El lobo en la madriguera... —repitió. Pensó unos segundos y agregó, aliviado: —Lo veré en otro momento. Después de todo...

—Después de todo, no te animarías,° ¿verdad?— gruñí salvajemente.

Me clavó la mirada.° Sus ojos brillaron con una chispa siniestra, pero fue un relámpago.

Miré el reloj: las once y diez de la noche.

Ya comenzaría a producir efecto. Primero un leve° malestar,° nada más. Después un dolorcillo agudo, pero nunca demasiado alarmante. Mi tío refunfuñaba° una maldición para la cocinera. El pescado indigesto. ¡Qué poca cosa es todo!° Debía de estar leyendo los diarios de la noche, los últimos. Y después, el libro, como gran epílogo. Sentía frío.

Las baldosas se estiraban en rombos.° El río era una mancha sucia cerca del paredón.° A lo lejos luces verdes, rojas, blancas. Los automóviles se deslizaban chapoteando° en el asfalto.

Decidí regresar, por temor a llamar la atención. Nuevamente por la avenida hacía Leandro N. Alem. Por allí a Plaza de Mayo. El reloj me volvió a la realidad. Las once y treinta y seis. Si el veneno era eficaz, ya estaría todo listo. Ya sería dueño de millones. Ya sería libre... Ya sería... *ya sería asesino.*

Por primera vez pensé en la palabra misma. Yo, ¡asesino! Las rodillas me flaquearon.° Un rubor° me azotó° el cuello, me subió a las mejillas, me quemó las orejas, martilló° mis sienes.° Las manos traspiraban. El frasquito de aconitina en el bolsillo llegó a pesarme una

clapped
?
llevas... *you have been going along with him* / se... *he picks on me*
Con... *glare*
¡Me... *He would cut out the food!*
bitter
wolf
den
Se... *He shrugged his shoulders.*
would not dare to do it
Me... *He glared at me.*
light / ?
grumbled
¡Qué... *How easy it all is!*
Las... *The pavement stretched in rhomboids.* / ?
splashing
Las... *My knees gave out.* / *blush* / *lashed* / *hammered* / *temples*

tonelada. Busqué en los bolsillos rabiosamente hasta dar con él. Era un insignificante cuentagotas y contenía la muerte; lo arrojé° lejos.

lo… *I threw it*

Avenida de Mayo. Choqué con varios transeúntes.° Pensarían en un borracho. Pero en lugar de alcohol, sangre.

passers-by

Yo, asesino. Esto sería un secreto entre mi tío Néstor y mi conciencia. Recordé la descripción del efecto del veneno: "en la lengua, sensación de hormigueo° y embotamiento,° que se inicia en el punto de contacto para extenderse a toda la lengua, a la cara y a todo el cuerpo."

tingling / *dullness*

Entré en un bar. Un tocadiscos atronaba° con un viejo *rag-time.* "En el esófago y en el estómago, sensación de ardor intenso." Millones. Billetes de mil, de quinientos, de cien. Póquer. Carreras. Viajes… "sensación de angustia, de muerte próxima, enfriamiento profundo generalizado, trastornos° sensoriales, debilidad muscular, contracciones, impotencia de los músculos."

deafened

disturbances

Habría quedado solo. En el palacio. Con sus escaleras de mármol. Frente al tablero de ajedrez. Allí el rey, y la dama, y la torre negra. Jaque mate.

El mozo se aproximó. Debió sorprender mi mueca de extravío,° mis músculos en tensión, listos para saltar.

madness

—¿Señor?

—Un coñac…

—Un coñac… —repitió el mozo—. Bien, señor —y se alejó.°

se… *?*

Por la vidriera la caravana que pasa, la misma de siempre. El tic-tac del reloj cubría todos los rumores. Hasta los de mi corazón. La una. Bebí el coñac de un trago.

"Como fenómeno circulatorio, hay alteración del pulso e hipotensión que se dirivan de la acción sobre el órgano central, llegando, en su estado más avanzado, al síncope cardíaco…" Eso es. El síncope cardíaco. La válvula de escape.

A las dos y treinta de la mañana regresé a casa. Al principio no lo advertí.° Hasta que me cerró el paso.° Era un agente de policía. Me asusté.

no… *I didn't notice him* / me… *he stopped me*

—¿El señor Claudio Álvarez?

—Sí, señor… —respondí humildemente.

—Pase usted… —indicó, franqueándome la entrada.°

franqueándome… *making way for me*

—¿Qué hace usted aquí? —me animé a murmurar.

—Dentro tendrá la explicación —fue la respuesta.

En el *hall,* cerca de la escalera, varios individuos de uniforme se habían adueñado° del palacio. ¿Guillermo? Guillermo no estaba presente.

?

Julio, el mayordomo, amarillo, espectral trató de hablarme. Uno de los uniformados, canoso,° adusto,° el jefe del grupo por lo visto, le selló los labios° con un gesto. Avanzó hacia mí, y me inspeccionó como a un cobayo.°

grey-haired / *austere* / selló… *silenced*

guinea-pig

—Usted es el mayor de los sobrinos, ¿verdad?

—Sí, señor… —murmuré.

—Lamento decírselo, señor. Su tío ha muerto... asesinado —anunció mi interlocutor. La voz era calma, grave—. Yo soy el inspector Villegas, y estoy a cargo de la investigación. ¿Quiere acompañarme a la otra sala?

crushed, overcome / ¡Es... *It is inconceivable!* / *hollow*

—Dios mío —articulé anonadado°— ¡Es inaudito!°

Las palabras sonaron a huecas,° a hipócritas. *(¡Ese dichoso veneno dejaba huellas! ¿Pero cómo..., cómo?)*

—¿Puedo... puedo verlo? —pregunté.

—Por el momento, no. Además, quiero que me conteste algunas preguntas.

Como... *As you wish* / *terrified*

—Como usted disponga...° —accedí azorado.°

assistants
rudeness

Lo seguí a la biblioteca vecina. Tras él se deslizaron suavemente dos acólitos.° El inspector Villegas me indicó un sillón y se sentó en otro. Encendió frugalmente un cigarrillo y con evidente grosería° no me ofreció ninguno.

—Usted es el sobrino... Claudio. —Pareció que repetía una lección aprendida de memoria.

—Sí, señor.

—Pues bien: explíquenos qué hizo esta noche.

long list of things

Yo también repetí una letanía.°

—Cenamos los tres, juntos como siempre. Guillermo se retiró a su habitación. Quedamos mi tío y yo charlando un rato; pasamos a la biblioteca. Después jugamos nuestra habitual partida de ajedrez; me despedí de mi tío y salí. En el vestíbulo me encontré con Guillermo que descendía por las escaleras rumbo a la calle. Cambiamos unas palabras y me fui.

—Y ahora regresa...

—Sí...

—¿Y los criados?

?
?

—Mi tío deseaba quedarse solo. Los despachó° después de cenar. A veces le acometían éstas y otras manías.°

—Lo que usted dice concuerda en gran parte con la declaración del mayordomo. Cuando éste regresó, hizo un recorrido por el edificio. Notó la puerta de la biblioteca entornada y luz adentro. Entró. Allí halló a su tío frente a un tablero de ajedrez, muerto. La partida interrumpida... De manera que jugaron la partidita, ¿eh?

fuse (of firework)

¡Los... *The usual games of solitaire my uncle played!*

Algo dentro de mí comenzó a saltar violentamente. Una sensación de zozobra, de angustia, me recorría con la velocidad de un pebete.° En cualquier momento estallaría la pólvora. *¡Los consabidos solitarios de mi tío!°*

—Sí, señor... —admití.

No podía desdecirme. Eso también se lo había dicho a Guillermo. Y probablemente Guillermo al inspector Villegas. Porque mi hermano debía de estar en alguna parte. El sistema de la policía aislarnos, dejarnos solos, inertes, indefensos, para pillarnos.

—Tengo entendido que ustedes llevaban un registro de las jugadas. Para establecer los detalles en su orden, ¿quiere mostrarme su libretita de apuntes, señor Álvarez?

Me hundía en el cieno.°

—¿Apuntes?

—Sí, hombre —el policía era implacable—, deseo verla, como es de imaginar. Debo verificarlo todo, amigo; lo dicho y lo hecho por usted. *Si jugaron como siempre...*

Comencé a tartamudear.°

—Es que... —Y después, de un tirón:°— ¡Claro que jugamos como siempre!

Las lágrimas comenzaron a quemarme los ojos. Miedo. Un miedo espantoso. Como debió sentirlo tío Nestor cuando aquella "sensación de angustia... de muerte próxima... enfriamiento profundo, generalizado..." Algo me taladraba° el cráneo. Me empujaban. El silencio era absoluto, pétreo.° Los otros también estaban callados. Dos ojos, seis ojos, ocho ojos, mil ojos. ¡Oh, qué angustia!

Me tenían... me tenían... Jugaban con mi desesperación... Se divertían con mi culpa...

De pronto, el inspector gruñó:

—¿Y?

Una sola letra ¡pero tanto!

—¿Y? —repitió—. Usted fue el último que lo vio con vida. Y, además, muerto. El señor Álvarez no hizo anotación alguna esta vez, señor mío.

No sé por qué me puse de pie. Tenso. Elevé mis brazos, los estiré. Me estrujé° las manos, clavándome las uñas, y al final chillé con voz que no era la mía:

—¡Basta! Si lo saben, ¿para qué lo preguntan? ¡Yo lo maté! ¡Yo lo maté! ¿Y qué hay?° ¡Lo odiaba con toda mi alma! ¡Estaba cansado de su despotismo! ¡Lo maté! ¡Lo maté!

El inspector no lo tomó tan a la tremenda.°

—¡Cielos! —dijo—. Se produjo más pronto de lo que yo esperaba. Ya que se le soltó la lengua, ¿dónde está el revólver?

El inspector Villegas no se inmutó.° Insistió imperturbable.°

—¡Vamos, no se haga el tonto ahora! ¡El revólver! ¿O ha olvidado que lo liquidó de un tiro? ¡Un tiro en la mitad de la frente, compañero! ¡Qué puntería!°

mud

to stammer, stutter

de... *all at once*

was drilling

hard, rocky

Me... *squeezed*

¿Y... *so what?*

a... *was not surprised*

no... *didn't wince, lose his calm* / *unperturbed*

¡Qué... *What aim!*

Comprensión

A. Comprensión general En tus propias palabras, responde a las siguientes preguntas. Comparte tus ideas con otros estudiantes en la clase y escucha sus opiniones.

1. Haz una lista de las razones que tenían Claudio y Guillermo para matar al tío. Luego decide, ¿quién tenía más razones para cometer el crimen? Según el cuento, ¿quién o quiénes lo cometieron? Explica.
2. ¿Con qué propósito describe el autor los efectos del veneno? ¿Qué ambiente crean en la mente de Claudio los pensamientos sobre los efectos del veneno?
3. Explica detalladamente cómo murió el tío.

B. En contexto Da una palabra o frase que quiera decir lo mismo que las siguientes palabras o frases.

a las veintidós [2]	paredón [108]
alargaba [30]	se alejó [141]
callejón [44]	adueñado [158]
condenado [59]	despachó [195]
enloquece [74]	manías [196]
malestar [102]	

C. De la misma familia Las palabras de la lista a continuación son formas que provienen de palabras que probablemente ya conoces. Da una palabra de la misma familia.

envenenar [1]	clavar [99]
liberado [1]	alarmante [103]
enamoró [17]	flaquear [116]
saborear [32]	puntería [248]

D. Prefijos Un prefijo es una letra o sílaba que se escribe delante de una palabra para modificar o alterar su significado.

1. En español el prefijo *des-* se usa para expresar lo opuesto de la palabra a la cual está unida. ¿Puedes adivinar el significado de las siguientes palabras?

   desdecirme descansar descuidar

2. ¿Puedes adivinar el significado de las siguientes palabras? ¿Cuál es la regla *(rule)* para el uso del prefijo *in-* o *im-*? ¿Cuál es la forma positiva de estas palabras?

intolerable	insignificante	inútil
interminable	infortunio	inconveniente
imposible	implacable	imperturbable
impotencia		

3. El prefijo *re-* se usa para expresar la idea de repetición. ¿Puedes adivinar el significado de las siguientes palabras?

rebuscar resecar

4. ¿Puedes adivinar el significado del prefijo *mal-* en las siguientes palabras?

malestar malgastar

E. Al punto Contesta a las siguientes preguntas escogiendo la mejor respuesta o terminación según la lectura.

1. Al principio del cuento, cuando Claudio dice "En dos horas quedaría liberado", [línea 1], quiere decir que en dos horas
   a. Guillermo se habría casado.
   b. su tío estaría muerto.
   c. él, Claudio, saldría en un viaje muy largo.
   d. ganaría mucho en las carreras de caballo.
2. Claudio piensa que en comparación con Guillermo, él es más
   a. feliz.
   b. sensible.
   c. inteligente.
   d. tolerante.
3. Al tío Néstor no le gustaba la novia de Guillermo porque ella *no*
   a. era adecuada para su sobrino.
   b. tenía suficiente paciencia.
   c. era muy amable con él.
   d. tenía mucha ambición.
4. ¿Qué tenía que hacer Claudio para quitarle dinero al tío?
   a. Ayudarlo a cocinar.
   b. Estudiar regularmente.
   c. Usar su creatividad.
   d. Ganar los partidos de ajedrez.

5. ¿Qué decidió hacer el tío Néstor cada vez que jugaban una partida de ajedrez?

a. Dejar salir a Claudio a los bares por la noche.
b. Regalarle un par de cientos de pesos.
c. Celebrar con una buena copa de coñac.
d. Hacer apuntes de las partidas en una libreta.

6. ¿Qué decidió hacer el tío la noche que ocurrió el asesinato?

a. Hablar con Guillermo.
b. Jugar solo.
c. Dar un paseo.
d. Reunirse con los sirvientes.

7. ¿Por qué escogió Claudio el veneno como arma para matar a su tío?

a. Porque fue lo único que pudo encontrar y estaba desesperado.
b. Porque el doctor había aceptado colaborar con su explicación.
c. Porque parecería como un ataque cardíaco y no dejaría huellas.
d. Porque así le podría echar la culpa a Guillermo.

8. Cuando Matilde le da a Guillermo un ultimátum para escoger entre ella o el tío, ¿por qué tiene miedo Guillermo optar por Matilde?

a. Porque no tendría qué comer.
b. Porque quería mucho al tío.
c. Porque le debía su vida al tío.
d. Porque Claudio no se lo permitiría.

9. ¿Por qué no quiere Claudio que Guillermo hable con el tío la noche del crimen?

a. Porque no quiere que ponga al tío de mal humor.
b. Porque si el veneno ha hecho efecto Guillermo puede ayudarlo.
c. Porque él tiene un asunto muy importante que discutir con el tío.
d. Porque los sirvientes están con el tío y pueden oír la conversación.

10. ¿Qué sensación le produjo a Claudio el pensar que "ya sería asesino" [línea 114]?

a. Se sintió poderoso.
b. Se puso muy enfadado.
c. Se sintió más libre.
d. Se puso nervioso.

11. ¿Con quién se encontró Claudio cuando regresó a su casa?

a. con la policía
b. con Guillermo
c. con el mayordomo muerto
d. con el tío que jugaba ajedrez solo

12. Cuando Claudio le cuenta al inspector lo que sucedió, le miente al decir que esa noche

a. había jugado ajedrez con su tío.
b. no había estado en casa.
c. había hablado con Guillermo.
d. había hablado con su tío por un largo rato.

13. ¿Qué le pide el inspector a Claudio?

a. el tablero de ajedrez
b. una copa de coñac
c. la libretita
d. el cuentagotas

14. ¿Qué significa "Dos ojos, seis ojos, ocho ojos, mil ojos" [línea 227]?

a. Que había mucha gente en las escaleras del palacio.
b. Que todo el mundo sabía lo que él había hecho.
c. Que habían muerto muchas personas.
d. Que llegaban más y más policías.

15. ¿Cómo comprobó el inspector que Claudio mentía cuando dijo que había jugado con su tío esa noche?

a. No encontró la libretita.
b. Guillermo le había dicho la verdad.
c. No había anotaciones de la partida.
d. El mayordomo había hablado con él antes.

16. ¿Qué significa el título del cuento?

a. Que el tío fue asesinado por dos personas.
b. Que el ajedrez le causó la muerte al tío.
c. Que los dos sobrinos habían jugado con el tío.
d. Que era la segunda vez que trataban de asesinar al tío.

F. Ahora te toca Usando la información a continuación, escribe preguntas para comprobar si tus compañeros de clase han comprendido el cuento o para clarificar algo que no hayas comprendido tú.

1. los personajes
2. las razones del crimen
3. los acontecimientos/eventos de la noche del crimen: lo que hizo Claudio, lo que hizo Guillermo
4. la confesión por parte de Claudio
5. el final del cuento

G. Reflexiones Contesta una de las siguientes preguntas en un párrafo corto.

- ¿Qué razones tenía cada sobrino para matar al tío? Incluye tu opinión sobre cuál de ellos tenía más motivos.
- ¿Por qué se menciona en el título el jaque mate? ¿Qué crees que significa "en dos jugadas" en referencia a lo que sucede al final del cuento?
- ¿Por qué no le contó Claudio a Guillermo los planes que tenía? ¿Piensas que si Claudio hubiera discutido su plan con Guillermo, éste lo habría ayudado?
- ¿Qué errores cometió Claudio?

Un paso más

Dilemas Ahora te toca analizar la situación y el crimen que se cometió en el cuento. ¿Qué harías en los siguientes casos?

1. Guillermo te pide consejos sobre el ultimátum de Matilde. En tu opinión, ¿a quién debería escoger Guillermo? ¿Al tío o a Matilde? ¿Por qué?
2. En el cuento Claudio dice: "Cuando uno se encuentra en un callejón sin salida, el cerebro trabaja, busca, rebusca. Y encuentra. Siempre hay salida para todo. No siempre es buena. Pero es salida" [líneas 43–45]. Haz una lista de todas las posibilidades que tenían Claudio y Guillermo para resolver su dilema sin tener que asesinar a su tío. ¿Qué harías si tuvieras un tío como el tío Néstor? ¿Qué harías en el lugar de Guillermo y de Claudio?

Para conversar 

Algunas palabras y expresiones que te ayudarán a expresar tus ideas se encuentran a la derecha.

El ultimátum Imagínate que eres Guillermo y que vas a hablar con tu novia Matilde sobre el ultimátum que ella te ha dado. Con un(a) compañero(a) de clase, prepara algunos de los puntos que tendrías que discutir en esta conversación. Luego, preséntenle la conversación al resto de la clase.

Reportaje sobre un crimen Eres un reportero para el periódico de la ciudad o del pueblo donde se ha cometido este crimen. Escribe una lista de preguntas que le harías a cada una de las personas involucradas *(involved)* en esta situación. Tus compañeros de clase van a hacer el papel de los personajes.

El juicio Organiza el juicio de Claudio y Guillermo con tus compañeros de clase. Escoge a las personas que van a hacer los siguientes papeles:

- el agente de policía/inspector
- el juez
- los acusados: Guillermo y Claudio
- los abogados
- los testigos
- el mayordomo (opcional)
- la persona con quien Claudio tropieza en la calle (opcional)
- Matilde
- el resto de la clase será el jurado

Para que sea un buen juicio todos los personajes tienen que estar bien preparados. Recuerda que no se puede cometer ningún error. Cada estudiante tiene que preparar las preguntas y las declaraciones con mucho cuidado.

Vocabulario útil

Repasa las palabras en el ejercicio C, *Un evidente crimen*, en la página 210. Estas palabras te ayudarán a expresar tus ideas.

Estas palabras o expresiones pueden ayudarte también.

del mismo modo *in the same way*
desgraciadamente *unfortunately*
en cuanto a *with regard to*
en gran parte *mainly*
en todo caso *anyway*
es preciso pensar/examinar/hacer notar *it is necessary to think/to examine/to notice*
por lo tanto *therefore*
por otro lado *on the other hand*
resultar en *results in*
se puede deducir que *one can deduce that*
tener algo en común con *to have something in common with*

Un debate Imagina que después del juicio, Guillermo y Claudio han recibido la pena de muerte. Todos los estudiantes van a participar en un debate sobre la pena de muerte. Cada estudiante debe preparar su opinión a favor de la pena de muerte y otro en contra. El resto de la clase debe preparar preguntas o declaraciones para defender su punto de vista. Toma apuntes sobre la discusión que tenga lugar en la clase. Estos apuntes te ayudarán con la composición que vas a escribir al final del capítulo.

Una conversación interesante Imagina que el tío no ha muerto, sólo está herido. Ahora está en el hospital recuperándose y Guillermo y Claudio vienen a visitarlo. Con dos estudiantes de clase, dramatiza la conversación entre el tío, Guillermo y Claudio.

"Estos jóvenes de hoy..." En el cuento el tío Néstor expresa su opinión sobre los jóvenes cuando dice "Después leeré un buen libro. Algo que los jóvenes no entienden..." [líneas 54–55]. ¿Estás de acuerdo con el tío? ¿Es ésta la opinión que tienen los adultos de los jóvenes de hoy? Explícale a la clase tu reacción a tal declaración.

Para escribir

Un resumen Piensa en un amigo o amiga a quien quisieras convencer para que leyera el cuento. Escribe un párrafo para explicarle lo que sucede sin decirle el final. Ten presente las siguientes ideas:

- los personajes
- la vida que llevaban los sobrinos
- el crimen

Opinión En el cuento que has leído hay varios temas importantes que son aplicables a nuestra sociedad de hoy. Escoge uno de los siguientes temas y escribe un editorial para el periódico de tu escuela en el que expreses tu punto de vista.

- Los problemas que afectan a la familia de hoy.
- El control de las armas de fuego.
- La violencia como solución de muchos problemas.

SOFTWARE
ATAJO

Phrases:
Asserting & insisting; Expressing an opinion; Persuading; Hypothesizing; Making transitions; Weighing alternatives; Weighing the evidence

Vocabulary:
Countries; People; Personality; Religions; Upbringing

Grammar:
Verbs: subjunctive with *que*; Verbs: *haber*; Personal pronouns: how to use *se*; Verbs: if-clauses *si*; Verbs: subjunctive with *como si*

Recuerda que un editorial:

- presenta una opinión definitiva
- trata de persuadir al lector
- apoya la opinión expresada con ejemplos específicos

Composición "La pena de muerte: la mejor solución para las personas que matan a otro ser humano." En algunos estados de los Estados Unidos se condena a las personas que cometen este tipo de crimen a la pena de muerte. En esta composición tienes que escoger un punto de vista en contra o a favor de la pena de muerte. Sigue el siguiente esquema para expresar tus opiniones. Usa los apuntes que tomaste en clase durante el debate de *Para conversar* (página 224) y sigue estas instrucciones:

1. Escoge tu opinión en contra o a favor de la pena de muerte.
2. Haz una lista de tres razones por las cuales tienes esa opinión.
3. Escribe una lista de las razones éticas o morales que tenemos que considerar.
4. Piensa en lo que esta posición demuestra sobre la sociedad en que vives.

Una vez que hayas terminado de tomar apuntes sobre las ideas anteriores, úsalos como guía. Cada punto de la lista anterior debe ser un párrafo de la composición. Las expresiones en la página 223 te ayudarán con el ensayo.

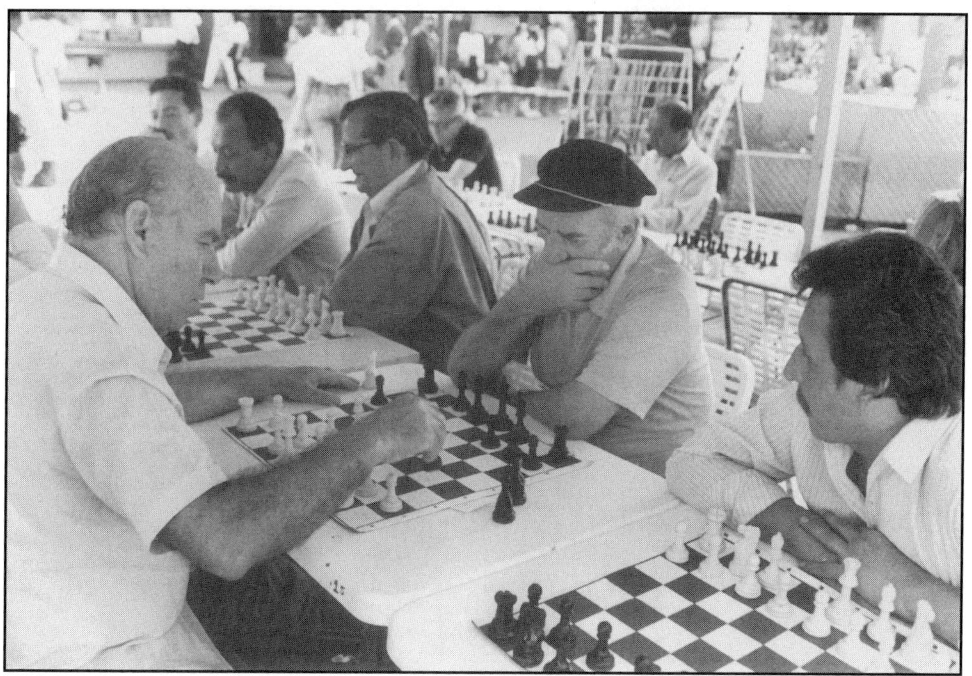

Otra dimensión 

Los dibujos a continuación representan un cuento. En tus propias palabras, describe en detalle lo que sucede. Recuerda que debes usar tu imaginación y añadir cualquier información que creas necesaria.

Comprensión auditiva

Ahora vas a escuchar un diálogo entre Pablo y Marta acerca de una película que acaban de ver. La selección y las preguntas no están impresas en tu libro, sólo las posibles respuestas a cada pregunta. Escucha el diálogo y responde a las preguntas escogiendo la respuesta correcta entre las opciones impresas en tu libro.

Número 1

a. con Marta
b. con unos amigos
c. con su familia
d. con un director

Número 2

a. de un tiro
b. del veneno
c. de una caída de un caballo
d. de haber bebido demasiado

Número 3

a. El ruido que hacían los animales.
b. El sonido de un revólver.
c. La discusión entre el mayordomo y el inspector.
d. Los gritos de los sobrinos que corrían.

Número 4

a. Porque se fue antes de que terminara la película.
b. Porque Pablo le hablaba.
c. Porque no podía ver desde su butaca.
d. Porque se quedó dormida.

Número 5

a. Preguntarle a otra persona.
b. Ver la película de nuevo.
c. Hablar con el director.
d. Leer el libro.

CAPÍTULO

La venda

Miguel de Unamuno

Antes de leer

A. Para discutir en clase

Mira el dibujo y describe lo que pasa. Para la discusión con el resto de la clase, haz una lista de palabras clave o de frases que te ayuden a expresar tus ideas. En la presentación incluye las respuestas a las preguntas que aparecen a continuación.

1. ¿Dónde tiene lugar la escena?
2. ¿Qué hacen los hombres?
3. ¿Qué le dan los señores a la mujer? ¿Para qué le servirá lo que le dan?
4. ¿Por qué crees que la muchacha lleva una venda sobre los ojos?
5. ¿Piensas que la muchacha está loca? ¿Por qué?

B. Nuestra experiencia Contesta a estas preguntas basándote en tu experiencia.

1. ¿Cómo trata nuestra sociedad a las personas que tienen ciertos impedimentos físicos? ¿Ha cambiado esta situación en los últimos años? ¿Cómo ha cambiado?
2. ¿Qué piensas cuando ves a una persona ciega? ¿Cómo reaccionas?
3. Se dice que las personas ciegas desarrollan otros sentidos (el tacto, el oído, el olfato, etc.) para compensar la falta de visión. ¿Estás de acuerdo con esa idea? Explica.
4. Hoy día hay operaciones que ayudan a muchas personas a recobrar la vista. Si una persona que ha estado ciega por un tiempo recupera la vista, ¿cómo piensas que reaccionará al salir de ese mundo de tinieblas (*darkness*)? ¿Piensas que esta persona tendría algún problema? Explica.

C. La fe Para muchos seres humanos la fe es muy importante. La fe no tiene que ser necesariamente religiosa. Muchos tenemos fe en nuestros amigos, en nuestros padres, en nuestros profesores y hasta en el sistema político.

1. ¿Tienes tú fe? ¿En qué o en quién tienes fe? ¿Qué representa la fe para ti?
2. A veces en tiempos difíciles perdemos la fe porque no podemos resolver nuestros problemas o no podemos comprender por qué suceden ciertas cosas. ¿Te has encontrado en situaciones en las que has perdido la fe? ¿En qué o en quién perdiste tú la fe? ¿Perdiste la fe en tus amigos? ¿En tus ideales? Explica. ¿La recuperaste? ¿Cómo?

D. Una obra de teatro En una obra de teatro es muy importante prestar atención a las acotaciones *(stage directions)*. ¿Por qué piensas que son importantes las acotaciones? Lee las siguientes acotaciones y explícales a tus compañeros de clase cómo tú les explicarías a los actores que hicieran en cada una si tú fueras el director.

(Reparando° en María.)
(Se acerca María como despavorida° y quien no sabe dónde anda. Las manos extendidas, palpando° el aire.)
(Mira en derredor.)
(Le devuelve el bastón. María saca un pañuelo y se venda con él los ojos.)
(A Don Juan, aparte.)
(Tomando el bastón.)

Noticing
frightened, terrified
feeling

(Toca con el bastón en los muros° de las casas y parte.) — walls

(El padre sufre un ahogo.°) — suffocation; pain

(Se adelanta María, deja el bastón y sin desvendarse se arrodilla° al pie de su padre a quien acaricia.°) — kneels; caresses

(Marta se acerca, y las dos hermanas se abrazan y besan.)

(Se queda como despavorida mirándole. Se frota° los ojos, los cierra, etc. El padre lo mismo.) — Se... *rubs*

E. Una selección El drama que vas a leer tiene como tema principal la fe. Lee la selección a continuación y contesta a las preguntas que se encuentran al final.

En una calle de una vieja ciudad provinciana.

Don Pedro: ¡Pues lo dicho, no, nada de ilusiones! Al pueblo debemos darle siempre la verdad, toda la verdad, la pura verdad, y sea luego lo que fuere.° — sea... *be that as it may*

Don Juan: ¿Y si la verdad le mata y la ilusión le vivifica?

Don Pedro: Aun así.° El que a manos de la verdad muere, bien muerto está, créemelo. — Aun... *Even so*

Don Juan: Pero es que hay que vivir...

Don Pedro: ¡Para conocer la verdad y servirla! La verdad es vida.

Don Juan: Digamos más bien: la vida es verdad.

Don Pedro: Mira, Juan, que estás jugando con las palabras...

Don Juan: Y con los sentimientos tú, Pedro.

Don Pedro: ¿Para qué se nos dio la razón, dime?

Don Juan: Tal vez para luchar contra ella y así merecer° la vida... — *deserve*

Don Pedro: ¡Qué enormidad! No, sino más bien para luchar en la vida y así merecer la verdad.

Don Juan: ¡Qué atrocidad! Tal vez nos sucede con la verdad lo que, según las Sagradas Letras, nos sucede con Dios, y es que quien le ve se muere...

Don Pedro: ¡Qué hermosa muerte! ¡Morir de haber visto la verdad! ¿Puede apetecerse° otra cosa? — Puede... *Can one long for*

Don Juan: ¡La fe, la fe es la que nos da vida; por la fe vivimos, la fe nos da el sentido de la vida, nos da a Dios!

Don Pedro: Se vive por la razón,° amigo Juan; la razón nos revela el secreto del mundo, la razón nos hace obrar°... — *reasoning*; *work, build, put into practice*

1. Escribe una frase que resuma el tema principal de la selección.
2. Lee la selección de nuevo y decide quién diría las siguientes frases: Don Pedro (DP) o Don Juan (DJ).
   ____ a. Debemos vivir de ilusiones.
   ____ b. La verdad da la vida.
   ____ c. La verdad destruye al hombre.
   ____ d. Las personas deben saber siempre la verdad.
   ____ e. Si mueres sabiendo la verdad, mueres bien.
   ____ f. Tenemos que luchar en contra de la razón.
   ____ g. Una persona que ve a Dios, muere.
   ____ h. La razón es lo que nos da vida.
3. En resumen, ¿cuál es la diferencia filosófica entre Don Pedro y Don Juan?

Al leer

Mientras lees trata de tener presente los siguientes puntos:

- la manera en que se comporta María
- la relación entre el padre y Marta y la razón por la cual esta relación es como es
- la relación entre la conversación que tiene lugar al principio y al final de la obra

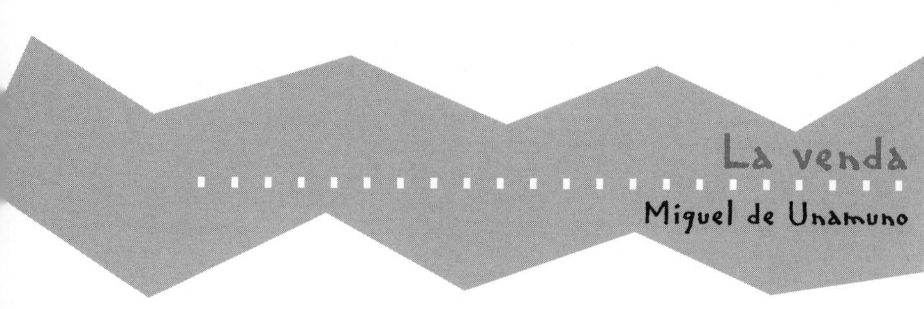

El autor

Miguel de Unamuno nació en Bilbao, España, en 1864 y murió en 1936. Perteneció al grupo de escritores conocidos como la "Generación del 98", una generación de escritores que trató de renovar ideológicamente el espíritu español. Fue profesor de griego y rector de la Universidad de Salamanca. Entre los géneros en que se destacó están el ensayo, el cuento, la novela, el drama y la poesía. En sus obras podemos apreciar su angustia por tres preocupaciones esenciales: el ser histórico de España, la contradicción entre la fe y la razón y el secreto de la personalidad humana. Para Unamuno la fe que nace de la duda es la verdadera fe. En sus propias palabras "una fe que no duda es una fe muerta". A través de todas sus obras podemos apreciar la agonía constante de un sentimiento religioso angustiado. En "La venda" desde las primeras líneas podemos ver cómo a través de los personajes, Unamuno nos presenta el dilema de los que "pueden ver" y de los que necesitan vivir a oscuras: el dilema de la fe y de la razón. Otra obra que te ayudará a conocer mejor a Unamuno es "San Manuel Bueno, mártir", pues en ella presenta también este dilema, que es el verdadero drama de su vida.

Drama en un acto y dos cuadros

Personajes

Don Pedro	El padre
Don Juan	Marta
María	José
Señora Eugenia	Criada

CUADRO PRIMERO

En una calle de una vieja ciudad provinciana.

Don Pedro: ¡Pues lo dicho, no, nada de ilusiones! Al pueblo debemos darle siempre la verdad, toda la verdad, la pura verdad, y sea luego lo que fuere.

Don Juan: ¿Y si la verdad le mata y la ilusión le vivifica?

Don Pedro: Aun así. El que a manos de la verdad muere, bien muerto está, créemelo.

Don Juan: Pero es que hay que vivir…

Don Pedro: ¡Para conocer la verdad y servirla! La verdad es vida.

Don Juan: Digamos más bien: la vida es verdad.

Don Pedro: Mira, Juan, que estás jugando con las palabras…

Don Juan: Y con los sentimientos tú, Pedro.

Don Pedro: ¿Para qué se nos dio la razón, dime?

Don Juan: Tal vez para luchar contra ella y así merecer la vida…

Don Pedro: ¡Qué enormidad! No, sino más bien para luchar en la vida y así merecer la verdad.

Don Juan: ¡Qué atrocidad! Tal vez nos sucede con la verdad lo que, según las Sagradas Letras, nos sucede con Dios, y es que quien le ve se muere...

Don Pedro: ¡Qué hermosa muerte! ¡Morir de haber visto la verdad! ¿Puede apetecerse otra cosa?

Don Juan: ¡La fe, la fe es la que nos da vida; por la fe vivimos, la fe nos da el sentido de la vida, nos da a Dios!

Don Pedro: Se vive por la razón, amigo Juan; la razón nos revela el secreto del mundo, la razón nos hace obrar...

Don Juan: *(Reparando en María)* ¿Qué le pasará a esa mujer? *(Se acerca María como despavorida y quien no sabe dónde anda. Las manos extendidas, palpando el aire.)*

María: ¡Un bastón, por favor! Lo olvidé en casa.

Don Juan: ¿Un bastón? ¡Ahí va! *(Se lo da. María lo coge.)*

María: ¿Dónde estoy? *(Mira en derredor.)* ¿Cuál es el camino? Estoy perdida. ¿Qué es esto? ¿Cuál es el camino? Tome, tome; espere. *(Le devuelve el bastón. María saca un pañuelo y se venda con él los ojos.)*

Don Pedro: Pero, ¿qué está usted haciendo, mujer de Dios?

María: Es para mejor ver el camino.

to cover

Don Pedro: ¿Para mejor ver el camino taparse° los ojos? ¡Pues no lo comprendo!

María: ¡Usted no, pero yo sí!

Don Pedro: *(A Don Juan, aparte)* Parece loca.

Acaso... *Wouldn't it be worse?*

María: ¿Loca? ¡No, no! Acaso no fuera peor.° ¡Oh, qué desgracia, Dios mío, qué desgracia! ¡Pobre padre! ¡Pobre padre! Vaya, adiós y dispénsenme.

Don Pedro: *(A Don Juan)* Lo dicho, loca.

Don Juan: *(Deteniéndola.)* Pero, ¿qué le pasa, buena mujer?

María: *(Vendada ya.)* Déme ahora el bastón, y dispénsenme.

Don Juan: Pero antes explíquese...

María: *(Tomando el bastón)* Dejémonos de explicaciones, que se muere mi padre. Adiós. Dispénsenme. *(Lo toma.)* Mi pobre padre se está muriendo y quiero verle; quiero verle antes que se muera. ¡Pobre padre! ¡Pobre padre! *(Toca con el bastón en los muros de las casas y parte.)*

Don Pedro: *(Adelantándose)* Hay que detenerla; se va a matar. ¿Dónde irá así?

Don Juan: *(Deteniéndole)* Esperemos a ver. Mira qué segura va, con qué paso tan firme.° ¡Extraña locura!...

con... *what a steady step*

Don Pedro: Pero si es que está loca...

Don Juan: Aunque así sea. ¿Piensas con detenerla, curarla? ¡Déjala!

Don Pedro: *(A la señora Eugenia, que pasa.)* Loca, ¿no es verdad?

Señora Eugenia: ¿Loca? No, ciega.

Don Pedro: ¿Ciega?

Señora Eugenia: Ciega, sí. Recorre así, con su bastón, la ciudad toda y jamás se pierde. Conoce sus callejas° y rincones° todos. Se casó hará cosa de un año,° y casí todos los días va a ver a su padre, que vive en un barrio de las afueras. Pero, ¿es que ustedes no son de la ciudad?

? / nooks

hará... *probably a year ago*

Don Juan: No, señora; somos forasteros.°

?

Señora Eugenia: Bien se conoce.

Don Juan: Pero diga, buena mujer, si es ciega, ¿para qué se venda así los ojos?

Señora Eugenia: *(Encogiéndose de hombros)*° Pues si he de decirles a ustedes la verdad, no lo sé. Es la primera vez que le veo hacerlo. Acaso la luz le ofenda...°

Encogiéndose... *Shrugging her shoulders*

harm

Don Juan: ¿Si no ve, cómo va a dañarle° la luz?

to hurt, harm her

Don Pedro: Puede la luz dañar a los ciegos...

Don Juan: ¡Más nos daña a los que vemos!

(La criada, saliendo de la casa y dirigiéndose a la señora Eugenia.)

Criada: ¿Ha visto a mi señorita, señora Eugenia?

Señora Eugenia: Sí; por allá abajo va. Debe de estar ya en la calle del Crucero.

Criada: ¡Qué compromiso,° Dios mío, qué compromiso!

predicament

Don Pedro: *(A la criada.)* Pero dime, muchacha: ¿tu señora está ciega?

Criada: No, señor; lo estaba.

Don Pedro: ¿Cómo que lo estaba?

Criada: Sí; ahora ve ya.

Señora Eugenia: ¿Qué ve?... ¿Cómo..., cómo es eso? ¿Qué es eso de que ve ahora? Cuenta, cuenta.

Criada: Sí, ve.

Don Juan: A ver, a ver eso.

Criada: Mi señorita era ciega, ciega de nacimiento, cuando se casó con mi amo, hará cosa de un año; pero hace cosa de un mes vino un médico que dijo podía dársele la vista, y le operó y le hizo ver. Y ahora ve.

Señora Eugenia: Pues nada de eso sabía yo...

Criada: Y está aprendiendo a ver y conocer las cosas. Las toca cerrando los ojos y después los abre y vuelve a tocarlas y las mira. Le mandó el médico que no saliera a la calle hasta conocer bien la casa y lo de la casa, y que no saliera sola, claro está. Y ahora ha venido no sé quién a decirle que su padre está muy malo, muy malo, muriéndose, y se empeñaba° en ir, a verle. Quería que le acompañase yo, y es natural, me he negado a ello. He querido impedírselo,° pero se me ha escapado. ¡Vaya un compromiso!

se... *she persisted*

to prevent her from doing it

Don Juan: *(A Don Pedro)* Mira, mira lo de la venda; ahora me lo explico. Se encontró en un mundo que no conocía de vista. Para ir a su padre no sabía otro camino que el de las tinieblas. ¡Qué razón tenía al decir que se vendaba los ojos para mejor ver su camino! Y ahora volvamos a lo de la ilusión y la verdad pura, a lo de la razón y la fe. *(Se van.)*

Don Pedro: *(Al irse)* A pesar de° todo, Juan, a pesar de todo... *(No se les oye.)*

A... *In spite of*

Señora Eugenia: Qué cosas tan raras dicen estos señores, y dime: ¿y qué va a pasar?

Criada: ¡Yo qué sé! A mí me dejó encargado° el amo, cuando salió a ver al abuelo —me parece que de ésta se muere— que no se le dijese a ella nada, y no sé por quién lo ha sabido...

me... *he instructed me*

Señora Eugenia: ¿Conque° dices que ve ya?

Now then

Criada: Sí; ya ve.

Señora Eugenia: ¡Quién lo diría, mujer, quién lo diría, después que una la ha conocido así toda la vida, cieguecita la pobre! ¡Bendito sea Dios! Lo que somos, mujer, lo que somos. Nadie puede decir "de esta agua no beberé". Pero dime: ¿así que cobró° vista, qué fue lo primero que hizo?

recovered

Criada: Lo primero, luego que se le pasó el primer mareo,° pedir un espejo.°

dizziness
mirror

Señora Eugenia: Es natural...

Criada: Y estando mirándose en el espejo como una boba,° sintió rebullir° al niño, y tirando el espejo se volvió a él, a verlo, a tocarlo...

fool / *begin to move*

Señora Eugenia: Sí; me han dicho que tiene ya un hijo...

Criada: Y hermosísimo... ¡Qué rico! Fue apenas° se repuso del parto° cuando le dieron vista. Y hay que verla con el niño. ¡Qué cosa hizo cuando le vio primero! Se quedó mirándole mucho, mucho, mucho tiempo y se echó a llorar. "¿Es esto mi hijo?" decía. "¿Esto?" Y cuando le da a mamar° le toca y cierra los ojos para tocarle, y luego los abre y le mira y le besa y le mira a los ojos para ver si le ve, y le dice: "¿Me ves, ángel? ¿Me ves, cielo?" Y así...

as soon as / *childbirth* / *draw milk*

Señora Eugenia: ¡Pobrecilla! Bien merece la vista. Sí, bien la merece, cuando hay por ahí tantas pendengonas° que nada se perdería aunque ellas no viesen ni las viese nadie. Tan buena, tan guapa... ¡Bendito sea Dios!

busybodies

Criada: Sí, como buena, no puede ser mejor...

Señora Eugenia: ¡Dios se la conserve! ¿Y no ha visto aún a su padre?

Criada: ¿Al abuelo? ¡Ella no! Al que lo ha llevado a que lo vea es al niño. Y cuando volvió le llenó de besos, y le decía: "¡Tú, tú le has visto, y yo no! ¡Yo no he visto nunca a mi padre!"

Señora Eugenia: ¡Qué cosas pasan en el mundo!... ¿Qué le vamos a hacer, hija?... Dejarlo.

Criada: Sí, así es. Pero ahora, ¿qué hago yo?

Señora Eugenia: Pues dejarlo.

Criada: Es verdad.

Señora Eugenia: ¡Qué mundo, hija, qué mundo!

CUADRO SEGUNDO

Interior de casa de familia clase media.

El padre: Esto se acaba. Siento que la vida se me va por momentos. He vivido bastante y poca guerra os daré ya.

Marta: ¿Quién habla de dar guerras,° padre? No diga esas cosas; cualquiera creería...

dar... *?*

El padre: Ahora estoy bien; pero cuando menos lo espere volverá el ahogo° y en una de éstas...

?

Marta: Dios aprieta,° pero no ahoga, padre.

constrains

El padre: ¡Así dicen!... Pero ésos son dichos,° hija. Los hombres se pasan la vida inventando dichos. Pero muero tranquilo,

?

protected, prayers, thorn

porque os veo a vosotras, a mis hijas, amparadas° ya en la vida. Y Dios ha oído mis ruegos° y me ha concedido que mi María, cuya ceguera fue la constante espina° de mi corazón, cobre la vista antes de yo morirme. Ahora puedo morir en paz.

broth

Marta: *(Llevándole una taza de caldo.°)* Vamos, padre, tome, que hoy está muy débil; tome.

El padre: No se cura con caldos mi debilidad, Marta. Es incurable. Pero trae, te daré gusto. *(Toma el caldo.)* Todo esto es inútil ya.

Marta: ¿Inútil? No tal. Esas son aprensiones, padre, nada más que aprensiones. No es sino debilidad. El médico dice que se ha iniciado una franca mejoría.

mercy, pity

El padre: Sí, es la frase consagrada. ¿El médico? El médico y tú, Marta, no hacéis sino tratar de engañarme. Sí, sí, ya sé que es con buena intención, por piedad°, hija, por piedad; pero ochenta años resisten a todo engaño.

Marta: ¿Ochenta? ¡Bah! ¡Hay quien vive ciento!

El padre: Sí, y quien se muere de veinte.

Marta: ¿Quién habla de morirse, padre?

El padre: Yo, hija; yo hablo de morirme.

Marta: Hay que ser razonable...

El padre: Sí, te entiendo, Marta. Y dime: tu marido, ¿dónde anda tu marido?

Marta: Hoy le tocan trabajos de campo. Salió muy de mañana.

El padre: ¿Y volverá hoy?

Marta: ¿Hoy? ¡Lo dudo! Tiene mucho que hacer, tarea para unos días.

El padre: ¿Y si no vuelvo a verle?

Marta: ¿Pues no ha de volver a verle, padre?

El padre: ¿Y si no vuelvo a verle? Digo...

Marta: ¿Qué le vamos a hacer?... Está ganándose nuestro pan.

El padre: Y no puedes decir el pan de nuestros hijos, Marta.

?

Marta: ¿Es un reproche,° padre?

El padre: ¿Un reproche? No..., no..., no...

accuse, rejoice

Marta: Sí; con frecuencia habla de un modo que parece como si me inculpara° nuestra falta de hijos... Y acaso debería regocijarse° por ello...

El padre: ¿Regocijarme? ¿Por qué, por qué, Marta?...

Marta: Porque así puedo yo atenderle mejor.

El padre: Vamos sí, que yo, tu padre, hago para ti las veces° de hijo... Claro. Estoy en la segunda infancia..., cada vez más niño...; pronto voy a desnacer...

hago... *I play the role*

Marta: *(Dándole un beso.)* Vamos, padre, déjese de° esas cosas...

déjese... *let go; give up*

El padre: Sí, mis cosas, las que me dieron fama de raro... Tú siempre tan razonable, tan juiciosa, Marta. No creas que me molestan tus reprimendas...

Marta: ¿Reprimendas, yo? ¿Y a usted, padre?

El padre: Sí, Marta, sí; aunque con respeto, me tratas como a un chiquillo antojadizo.° Es natural... *(Aparte)*° Lo mismo hice con mi padre yo. Mira: que Dios os dé ventura, y si ha de seros para bien, que os dé también hijos. Siento morirme sin haber conocido un nieto que me venga de ti.

chiquillo... *capricious child* / *Aside*

Marta: Ahí está el de mi hermana María.

El padre: ¡Hijo mío! ¡Qué encanto de chiquillo! ¡Qué flor de carne! ¡Tiene los ojos mismos de su madre..., los mismos! Pero el niño ve, ¿no es verdad, Marta? El niño ve...

Marta: Sí, ve...; parece que ve...

El padre: Parece...

Marta: Es tan pequeñito, aún...

El padre: ¡Y ve ella, ve ya ella, ve mi María! ¡Gracias, Dios mío, gracias! Ve mi María... Cuando yo ya había perdido toda esperanza... No debe desesperarse nunca, nunca...

Marta: Y progresa de día en día. Maravillas° hace hoy la ciencia...

?

El padre: ¡Milagro° eterno es la obra de Dios!

?

Marta: Ella está deseando venir a verle, pero...

El padre: Pues yo quiero que venga, que venga en seguida, en seguida, que la vea yo, que me vea ella, y que le vea como me ve. Quiero tener antes de morirme el consuelo de que mi hija ciega me vea por primera, tal vez por última vez...

Marta: Pero, padre, eso no puede ser ahora. Ya la verá usted y le verá ella cuando se ponga mejor...°

?

El padre: ¿Quién? ¿Yo? ¿Cuándo me ponga yo mejor?

Marta: Sí, y cuando ella pueda salir de casa.

El padre: ¿Es que no puede salir ahora?

Marta: No, todavía no; se lo ha prohibido el médico.

El padre: El médico.... el médico..., siempre el médico... Pues yo quiero que venga. Ya que he visto, aunque sólo sea un momento, a su hijo, a mi nietecillo, quiero antes de morir ver que ella me ve con sus hermosos ojos...

(Entra José.)

El padre: Hola, José, ¿tu mujer?

José: María, padre, no puede venir. Ya se la traeré cuando pasen unos días.

El padre: Es que cuando pasen unos días habré yo ya pasado.

? **Marta:** No le hagas caso; ahora le ha entrado la manía° de que tiene que morirse.

El padre: Manía?

José: *(Tomándole el pulso.)* Hoy está mejor el pulso, parece.

Marta: *(A José, aparte.)* Así; hay que engañarle.

José: Sí, que se muera sin saberlo.

Marta: Lo cual no es morir.

El padre: ¿Y el niño, José?

José: Bien, muy bien, viviendo.

El padre: ¡Pobrecillo! Y ella loca de contenta con eso de ver a su hijo...

Imagine **José:** Figúrese,° padre.

El padre: Tenéis que traérmelo otra vez, pero pronto, muy pronto. Quiero volver a verle. Como que me rejuvenece. Si le viese aquí, en mis brazos, tal vez todavía resistiese para algún tiempo más.

José: Pero no puede separársele mucho tiempo de su madre.

El padre: Pues que me le traiga ella.

José: ¿Ella?

El padre: Ella, sí; que venga con el niño. Quiero verla con el niño y con vista y que me vean los dos...

José: Pero es que ella...

(El padre sufre un ahogo.)

José: *(A Marta.)* ¿Cómo va?

Marta: Mal, muy mal. Cosas del corazón...

José: Sí, muere por lo que ha vivido: muere de haber vivido.

Marta: Está, como ves, a ratos tal cual.° Estos ahogos se le pasan pronto, y luego está tranquilo, sosegado,° habla bien, discurre° bien… El médico dice que cuando menos lo pensemos se nos quedará muerto, y que sobre todo hay que evitarle las emociones fuertes. Por eso creo que no debe venir tu mujer; sería matarle…

a… *occasionally so*
peaceful, calm
thinks, reasons

José: ¡Claro está!

El padre: Pues, sí, yo quiero que venga.

(Entra María vendada.)

José: Pero mujer, ¿qué es esto?

Marta: *(Intentando detenerla)* ¿Te has vuelto loca, hermana?

María: Déjame, Marta.

Marta: Pero, ¿a qué vienes?

María: ¿A qué? ¿Y me lo preguntas, tú, tú, Marta? A ver al padre antes que se muera…

Marta: ¿Morirse?

María: Sí, sé que se está muriendo. No trates de engañarme.

Marta: ¿Engañarte yo?

María: Sí, tú. No temo a la verdad.

Marta: Pero no es por ti, es por él, por nuestro padre. Esto puede precipitarle su fin…

María: Ya que ha de morir, que muera conmigo.

Marta: Pero… ¿qué es eso? *(Señalando° la venda.)* ¡Quítatela!

pointing to

María: No, no, no me la quito; dejadme. Yo sé lo que me hago.

Marta: *(Aparte)* ¡Siempre lo mismo!

El padre: *(Observando la presencia de María.)* ¿Qué es eso? ¿Quién anda ahí? ¿Con quién hablas? ¿Es María? ¡Sí, es María! ¡María! ¡María! ¡Gracias a Dios que has venido!

(Se adelanta María, deja el bastón y sin desvendarse se arrodilla al pie de su padre a quien acaricia.)

María: Padre, padre: ya me tienes aquí, contigo.

El padre: ¡Gracias a Dios, hija! Por fin tengo el consuelo de verte antes de morirme. Porque yo me muero…

María: No, todavía no, que estoy yo aquí.

El padre: Sí, me muero.

María: No; tú no puedes morirte, padre.

El padre: Todo nacido muere...

María: ¡No, tú no! Tú...

El padre: ¿Qué? ¿Qué no nací? No me viste tú nacer, de cierto, hija. Pero nací... y muero...

María: ¡Pues yo no quiero que te mueras, padre!

? *?*

Marta: No digáis bobadas.° *(A José.)* No se debe hablar de la muerte, y menos a moribundos.°

conspiracy

José: Sí, con el silencio de la conjura.°

?

El padre: *(A María.)* Acércate, hija, que no te veo bien; quiero que me veas antes de yo morirme, quiero tener el consuelo° de morir después de haber visto que tus hermosos ojos me vieron. Pero, ¿qué es eso? ¿Qué es eso que tienes, ahí, María?

María: Ha sido para ver el camino.

El padre: ¿Para ver el camino?

María: Sí; no lo conocía.

Recalling it to mind

El padre: *(Recapacitando.°)* Es verdad; pero ahora que has llegado a mí, quítatelo. Quítate eso. Quiero verte los ojos; quiero que me veas; quiero que me conozcas...

sowed · *darkness*

María: ¿Conocerte? Te conozco bien, muy bien, padre. Éste es mi padre, éste, éste y no otro. Éste es el que sembró° de besos mis ojos ciegos, besos que al fin, gracias a Dios han florecido; el que me enseñó a ver lo invisible y me llenó de Dios el alma. *(Le besa en los ojos.)* Tú viste por mí, padre y mejor que yo. Tus ojos fueron míos. *(Besándole en la mano.)* Esta mano, esta santa mano, me guió por los caminos de tinieblas° de mi vida. *(Besándole en la boca.)* De esta boca partieron a mi corazón las palabras que enseñan lo que en la vida no vemos. Te conozco, padre, te conozco; te veo, te veo muy bien, te veo con el corazón. *(Le abraza)* ¡Éste, éste es mi padre y no otro! Éste, éste, éste...

José: ¡María!

María: *(Volviéndose.)* ¿Qué?

Marta: Sí, con esas cosas le estás haciendo daño. Así se le excita...

María: ¡Bueno, dejadnos! ¿No nos dejaréis aprovechar la vida que nos resta? ¿No nos dejaréis vivir?

José: Es que eso...

María: Sí, esto es vivir, eso. *(Volviéndose a su padre.)* Esto es vivir padre, esto es vivir.

El padre: Sí, esto es vivir: tienes razón, hija mía.

Marta: *(Llevando una medicina.)* Vamos, padre, es la hora; a tomar esto. Es la medicina...

El padre: ¿Medicina? ¿Para qué?

Marta: Para sanarse.° — *to be cured*

El padre: Mi medicina *(Señalando a María.)* es ésta. María, hija mía, hija de mis entrañas,...° — hija... *my dear daughter*

Marta: Sí, ¿y la otra?

El padre: Tú viste siempre, Marta. No seas envidiosa.° — *?*

Marta: *(Aparte)* Sí, ella ha explotado su desgracia.° — *?*

El padre: ¿Qué rezongas° ahí tú, la juiciosa?° — *grumble / judicious, wise, prudent*

María: No la reprendas,° padre. Marta es muy buena. Sin ella, ¿qué hubiéramos hecho nosotros? ¿Vivir de besos? Ven hermana, ven. *(Marta se acerca, y las dos hermanas se abrazan y besan.)* Tú, Marta, naciste con vista; has gozado siempre de la luz. Pero déjame a mí, que no tuve otro consuelo que las caricias de mi padre. — No... *?*

Marta: Sí, sí, es verdad.

María: ¿Lo ves, Marta, lo ves? Si tú tienes que comprenderlo... *(La acaricia.)*

Marta: Sí, sí; pero...

María: Deja los peros, hermana. Tú eres la de los peros... ¿Y qué tal? ¿Cómo va padre?

Marta: Acabando...

María: Pero...

Marta: No hay pero que valga. Se le va la vida por momentos...

María: Pero con la alegría de mi curación, con la de ver al nieto. Yo creo...

Marta: Tú siempre tan crédula y confiada María. Pero no, se muere y acaso sea mejor.° Porque esto no es vida. Sufre y nos hace sufrir a todos. Sea lo que haya de ser, pero que no sufra... — acaso... *perhaps it's better*

María: Tú siempre tan razonable, Marta.

Marta: Vaya, hermana, conformémonos con lo inevitable. *(Abrázanse.)* Pero quítate eso por Dios. *(Intenta quitárselo.)*

María: No, no, déjamela... Conformémonos, hermana.

quarrels **Marta:** *(A José.)* Así acaban siempre estas trifulcas° entre nosotras.

José: Para volver a empezar.

Marta: ¡Es claro! Es nuestra manera de querernos...

El padre: *(Llamando.)* María, ven. ¡Y quítate esa venda, quítatela! ¿Por qué te la has puesto? ¿Es que la luz te daña?

María: Ya te he dicho que fue para ver el camino al venir a verte.

El padre: Quítatela; quiero que me veas a mí, que no soy el camino.

María: Es que te veo. Mi padre es éste y no otro. *(El padre intenta quitársela y ella le retiene las manos.)* No, no; así, así.

El padre: Por lo menos que te vea los ojos, esos hermosos ojos que nadaban en tinieblas, esos ojos en los que tantas veces me vi mientras tú no me veías con ellos. Cuántas veces me quedé ? extasiado° contemplándotelos, mirándome dolorosamente en ellos y diciendo "¿Para qué tan hermosos si no ven?"

María: Para que tú, padre, te vieras en ellos; para ser tu espejo, un espejo vivo.

El padre: ¡Hija mía! ¡Hija mía! Más de una vez mirando así yo tus ? ojos sin vista, cayeron a ellos desde los míos lágrimas° de dolorosa resignación...

María: Y yo las lloré luego, tus lágrimas, padre.

El padre: Por esas lágrimas, hija, por esas lágrimas, mírame ahora con tus ojos; quiero que me veas...

María: *(Arrodillada al pie de su padre.)* Pero si te veo, padre, si te veo...

Criada: *(Desde dentro, llamando.)* ¡Señorito!

José: *(Yendo a su encuentro.)* ¿Qué hay?

Criada: *(Entra llevando al niño.)* Suponiendo que no volverían y como empezó a llorar, lo he traído; pero ahora está dormido...

José: Mejor; déjalo; llévalo.

María: *(Reparando.)* ¡Ah! ¡Es el niño! Tráelo, tráelo José.

El padre: ¿El niño? ¡Sí, traédmelo!

Marta: ¡Pero, por Dios!...

(La criada trae al niño; lo toma María, lo besa y se lo pone delante al abuelo.)

lap **María:** Aquí lo tienes, padre. *(Se lo pone en el regazo.°)*

El padre: ¡Hijo mío! Mira cómo sonríe en sueños. Dicen que es que está conversando con los ángeles... ¿Y ve María, ve?

María: Ve sí, padre, ve.

El padre: Y tiene tus ojos, tus mismos ojos... A ver, a ver, que los abra...

María: No, padre, no; déjale que duerma. No se debe despertar a los niños cuando duermen. Ahora está en el cielo. Está mejor dormido.

El padre: Pero tú ábrelos..., quítate eso..., mírame...; quiero que me veas y que te veas aquí, ahora, quiero ver que me ves..., quítate eso. Tú me ves acaso, pero yo no veo que me ves, y quiero ver que me ves; quítate eso...

Marta: ¡Bueno, basta de estas cosas! ¡Ha de ser el último! ¡Hay que dar ese consuelo al padre! *(Quitándole la venda.)* ¡Ahí tienes a nuestro padre, hermana!

María: ¡Padre! *(Se queda como despavorida mirándole. Se frota los ojos, los cierra, etc. El padre lo mismo.)*

José: *(A Marta)* Me parece demasiado fuerte la emoción. Temo que su corazón no la resista.

Marta: Fue una locura esta venida° de tu mujer... *?*

José: Estuviste algo brutal...

Marta: ¡Hay que ser así con ella!

(El padre coge la mano de Marta y se deja caer en el sillón, exánime.° Marta le besa en la frente y se enjuga° los ojos. Al poco rato, María le toca la otra mano, la siente fría.) *lifeless / se... dries*

María: ¡Oh, fría, fría!... Ha muerto... ¡Padre! ¡Padre! No me oye... ni me ve... ¡Padre! ¡Hijo, voy, no llores!... ¡Padre!... ¡La venda, la venda otra vez! ¡No quiero volver a ver!

Comprensión

A. Comprensión general En tus propias palabras, responde a las siguientes preguntas. Comparte tus ideas con otros estudiantes en la clase y escucha sus ideas.

1. ¿Cuál es el propósito de la conversación entre Don Pedro y Don Juan al principio de la obra? ¿Qué relación tiene esta conversación con el final del cuento?
2. ¿Por qué hay fricción entre el padre y Marta?
3. ¿Qué podrías decir sobre la filosofía de Unamuno en esta obra?

B. De la misma familia Las palabras de la lista a continuación son formas que provienen de palabras que probablemente ya conoces. Da una palabra de la misma familia.

sentimientos [11]
camino [30]
callejas [62]
nacimiento [90]
ahogo [161]
debilidad [171]
rejuvenece [260]
brazos [261]
arrodilla [302]
confiada [375]
crédula [375]

C. En contexto Da una palabra o frase que quiera decir lo mismo que las siguientes palabras o frases.

forasteros [66]
cuando se ponga mejor [233]
le ha entrado la manía [247]
bobadas [314]
moribundos [315]
envidiosa [355]
desgracia [356]
extasiado [394]
lágrimas [399]
venida [435]

D. Al punto Contesta a las siguientes preguntas escogiendo la mejor respuesta o terminación según la lectura.

Cuadro primero

1. En comparación con Don Pedro, Don Juan representa al hombre de
   a. cultura.
   b. honestidad.
   c. fe.
   d. acción.

2. Según Don Juan, si una persona ve a Dios, esta persona

a. vive dudando.
b. es inmortal.
c. se muere.
d. vive feliz.

3. ¿Por qué piensa Don Pedro que María parece loca?

a. Porque se tapa los ojos para ver el camino.
b. Porque anda gritando por las calles.
c. Porque lo trata de golpear con un bastón.
d. Porque habla sola por las calles.

4. ¿Para qué sale la criada de la casa?

a. Para hablar con los forasteros.
b. Para buscar a María.
c. Para pelear con la Señora Eugenia.
d. Para encontrarse con José.

5. Según la criada, María puede ver ahora porque

a. no era ciega de nacimiento.
b. la fe la hizo ver de nuevo.
c. se quitó la venda que siempre llevaba.
d. un médico la operó.

6. ¿Qué sugerencia le da el médico a María?

a. Que no salga de la casa por un tiempo.
b. Que no toque los objetos dentro de la casa.
c. Que no deje que su padre la vea.
d. Que no mire la luz.

7. María necesitaba la venda porque

a. la luz le dañaba los ojos.
b. no conocía el camino sin ella.
c. no quería ver a su padre muriéndose.
d. la gente se burlaba de ella.

8. Según la criada, cuando María recobra la vista

a. no quiere tocar a su hijo.
b. parece no creer que el hijo pueda ver.
c. teme que no pueda criar al hijo.
d. le venda los ojos al hijo.

Cuadro segundo

9. El padre puede morir en paz ahora porque
   a. Marta se ha casado.
   b. ha recobrado su fe.
   c. María ya puede ver.
   d. sus hijas viven juntas ahora.
10. Según el padre, Marta y el médico tratan de
    a. no prestarle atención.
    b. separarlo de María.
    c. robarle su dinero.
    d. esconderle la verdad.
11. Al decirle el padre a Marta "Y no puedes decir el pan de nuestros hijos, Marta" [línea 194], Marta cree que el padre la culpa por
    a. no cuidarlo.
    b. hacer trabajar demasiado a su esposo.
    c. no haberle dado nietos.
    d. no llevarse bien con su hermana María.
12. ¿Qué consuelo quiere tener el padre antes de morirse?
    a. Ver a María y que ella lo vea.
    b. Que él pueda trabajar por el pan de la familia.
    c. Que todos vivan en la misma casa.
    d. Que María tenga otro hijo.
13. ¿Qué efecto tiene en el padre ver al hijo de María?
    a. Lo enfada mucho.
    b. Le da celos.
    c. Le hace perder la esperanza.
    d. Lo hace sentir más joven.
14. Según lo que le dice María al padre [líneas 327–338], el padre
    a. nunca la trató bien.
    b. siempre quiso más a Marta.
    c. veía y hacía todo por ella.
    d. le reprochaba que no viera.
15. Por la manera en que se hablan Marta y el padre [líneas 348–357],
    a. Marta parece tener celos de María.
    b. Marta parece odiar a su padre.
    c. el padre no quiere a María.
    d. el padre quiere que Marta se vaya de la casa.

16. Según Marta [líneas 375–377], si su padre se muriera

a. él no sufriría más.
b. él no le traería problemas a María.
c. ella se haría muy rica.
d. José sufriría mucho.

17. Al decir "Mi padre es éste y no otro" [líneas 389–390], María quiere decir que

a. su padre es el que ella conocía cuando no veía.
b. no le importa haber sido adoptada.
c. no quiere vivir con su padrastro.
d. su padre no debe cambiar su manera de ser.

18. Una vez que María se quita la venda y ve a su padre, éste

a. se muere.
b. se echa a correr.
c. se pone la venda.
d. se enfada con ella.

E. Ahora te toca Escribe cinco preguntas sobre la lectura para hacérselas a tus compañeros. Puedes usar los siguientes puntos como guía.

- el argumento presentado en la obra
- los personajes principales y las relaciones entre ellos
- la universalidad de la obra
- los personajes secundarios
- el final, ¿hay resolución del conflicto o no?

Un paso más

Análisis Contesta a las siguientes preguntas, dando tu opinión y tomando en consideración la lectura.

1. Haz una lista de las partes donde podemos ver cómo el padre mima a María.
2. Si tú fueras Marta, ¿le hubieras quitado la venda a María? ¿Por qué?
3. ¿Cuál piensas tú que será la reacción de la familia después de la muerte del padre?
4. Si tuvieras la oportunidad de cambiar el final de la obra, ¿cómo lo cambiarías?

Vocabulario útil

Aquí tienes una lista de palabras y expresiones que probablemente ya sabes.

- el abuelo/la abuela
- ayudar
- criar
- cruel
- cuidar
- echarse a llorar
- engañar
- hacer daño
- el nieto/la nieta
- ofender
- la paciencia
- pelear
- la salud
- sanarse

Estas expresiones pueden ayudarte también.

- aprovecharse de *to take advantage of*
- darle lo mismo *to be all the same, make no difference to someone*
- estar harto de *to be fed up with*
- hacerse cargo de *to take charge of*
- llevarse bien (mal) *to get along well (badly)*
- por otro lado *on the other hand*
- tener vergüenza de *to be ashamed of*

Para conversar 

Algunas palabras y expresiones que te ayudarán a expresar tus ideas se encuentran a la izquierda.

Un consejo Uno(a) de tus amigos(as) tiene un problema y está perdiendo la fe. ¿Qué le dirías para confortarlo(a)? Describe el problema y luego di lo que le sugerirías. Tus compañeros(as) de clase expresarán su opinión sobre tus sugerencias.

¿Qué piensa José? José es un personaje que no habla mucho. Imagina que eres José y explica tus sentimientos y la manera en que ves la situación. Otro estudiante te va a hacer preguntas sobre lo que dices.

¿Qué sientes? Durante la conversación entre el padre y Marta, el siguiente intercambio tiene lugar [líneas 355–356]:

El padre: Tú viste siempre, Marta. No seas envidiosa.

Marta: *(Aparte)* Sí, ella ha explotado su desgracia.

Imagina que eres Marta y que te sientes un poco marginada. Explica tus sentimientos sobre este intercambio.

¿Qué opinas? Marta dice "…Pero no, se muere y acaso sea mejor. Porque esto no es vida. Sufre y nos hace sufrir a todos. Sea lo que haya de ser, pero que no sufra…" [líneas 375–377] ¿Qué piensas tú de esta actitud? ¿Estás de acuerdo? Discute tus ideas con otros compañeros(as) de clase que estén de acuerdo contigo y preséntenle sus ideas al resto de la clase.

Explicación ¿Piensas que hay personas que explotan su desgracia, como dice Marta? Explica tu respuesta con ejemplos específicos. Luego comparte tu opinión con el resto de la clase y haz preguntas acerca de las otras opiniones presentadas.

Comparación Imagina una conversación entre Marta y María sobre la manera en que las trata el padre. Con un(a) compañero(a) prepara un diálogo y preséntenlo a los otros estudiantes.

Los dichos En la obra dos de los personajes usan dichos *(sayings)* para expresar sus pensamientos. Lee los siguientes dichos y explica con ejemplos de tu experiencia personal el significado de cada uno.

1. "Dios aprieta, pero no ahoga."
2. "Nunca puede decirse de esta agua no beberé."

Escucha a los otros estudiantes y házles preguntas sobre su presentación.

Para escribir

SOFTWARE

Phrases: Expressing an opinion; Talking about the past

Vocabulary: Body: face; Dreams & aspirations; Languages; Nationality; Religions

Grammar: Possessive adjectives: *su(s)*; Prepositions: *para*; Verbs: present; Verbs: if-clauses *si*; Verbs: subjunctive with *como si*

Paciencia A las personas que tienen problemas físicos les gusta que los traten como personas normales. ¿Estás de acuerdo? ¿Debemos tener paciencia y comprensión? Escribe un párrafo corto expresando tu opinión.

Conflicto Unamuno fue un hombre que durante toda su vida vivió en un constante conflicto entre la razón y la fe. ¿Cómo podemos ver esto en "La venda"? Explica tu respuesta en un párrafo corto.

Una reseña Eres un crítico de teatro y vas a ver la obra "La venda". Escribe una reseña sobre el contenido, dando sugerencias al público sobre si debe o no debe ir a verla.

Una obra de teatro Escoge un dicho que conozcas y escribe una pequeña obra de teatro con otros dos compañeros para demostrar su significado. Recuerda que en los ejercicios de conversación tuviste la oportunidad de discutir dos dichos. Usa ésos o los siguientes dichos:

Dime con quién andas y te diré quién eres.
(Birds of a feather flock together.)

A buen hambre no hay pan duro.
(Anything tastes good when you are hungry.)

De tal palo, tal astilla.
(A chip off the old block.)

Más vale pájaro en mano que ciento volando.
(A bird in the hand is worth two in the bush.)

Una vez que todos los estudiantes hayan escrito su "pequeña obra", escojan la mejor y preséntensela a la clase.

Otra dimensión 

Los dibujos a continuación representan un cuento. En tus propias palabras, describe en detalle lo que sucede. Recuerda que debes usar tu imaginación y añadir cualquier información que creas necesaria.

Comprensión auditiva

La selección que vas a escuchar trata de un interesante festival de teatro. La selección y las preguntas no están impresas en tu libro, sólo las posibles respuestas a cada pregunta. Escucha la selección y responde a las preguntas escogiendo la respuesta correcta entre las opciones impresas en tu libro.

Número 1

a. en una novela
b. en un poema
c. en un ensayo político
d. en una tragedia griega

Número 2

a. a causa de un desastre natural
b. a causa de no haber estado terminada
c. a causa de la convención demócrata
d. a causa de los problemas políticos

Número 3

a. en el golpe militar
b. en los carnavales
c. en la nueva democracia
d. en música religiosa

Número 4

a. en una iglesia
b. en un parque
c. en un teatro
d. en un estadio

Número 5

a. una semana
b. más de un mes
c. unos doce días
d. dos días

CAPÍTULO 16

La viuda de Montiel

Gabriel García Márquez

Antes de leer

A. Para discutir en clase

Mira el dibujo y trata de reconstruir lo que pasa. Para la discusión con el resto de la clase, haz una lista de palabras clave o de frases que te ayuden a expresar tus ideas. En la presentación incluye las respuestas a las preguntas que aparecen a continuación.

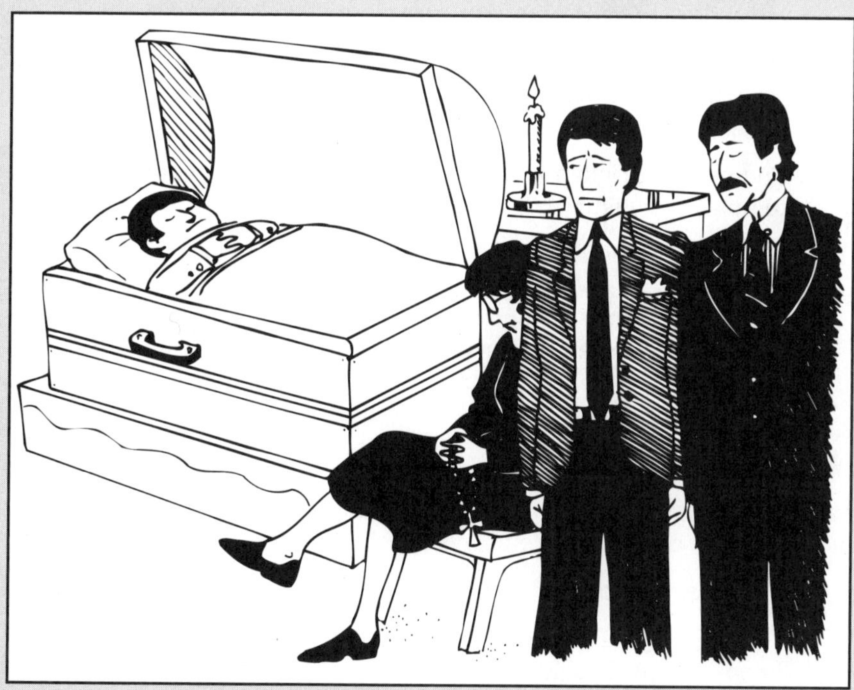

1. ¿Qué hace la mujer en el dibujo? Descríbela detalladamente.
2. ¿En qué piensas al observar este dibujo? Trata de imaginar quiénes son las personas en el dibujo y describe lo que piensas que están sintiendo.
3. Teniendo presente el título del cuento y el dibujo, ¿de qué piensas tú que trata el cuento?

B. Nuestra experiencia Las siguientes preguntas te ayudarán a pensar en tu experiencia con respecto al tema del cuento.

1. Mucha gente trata de enriquecerse de la manera más rápida, sin tomar en consideración si le hacen daño a otra persona con sus acciones. En otras palabras, no les importa cómo llegan a hacerse millonarios. ¿Conoces a alguna persona que haya hecho esto? Esta persona puede ser una persona famosa o un ciudadano de la comunidad donde vives. Explica en detalle lo que sabes sobre esta persona. Aquí tienes algunos ejemplos de las acciones que pueden haber hecho.
   - traficar drogas
   - engañar al gobierno con respecto a sus impuestos
   - engañar a colegas y parientes
   - robar las ideas de otras personas, tales como músicos, escritores, científicos, hombres o mujeres de negocio, etc.
2. ¿Piensas tú que las personas que se hacen ricas a costa de (*at the expense of*) otros deben ser castigadas (*punished*)? ¿Qué tipo de castigo merecen estas personas?
3. En nuestra sociedad se pone mucho énfasis en el dinero. ¿Cuál es tu opinión al respecto?
4. Todos hemos pasado por circunstancias que se pueden clasificar como irónicas. Por ejemplo, te pasas toda la noche estudiando para un examen y cuando llegas a la escuela el próximo día tu profesor está ausente. Piensa en tus experiencias y trata de recordar dos o tres incidentes irónicos que te han ocurrido. Luego compártelos con los otros estudiantes de la clase.

C. Situaciones irónicas Lee las situaciones a continuación, toma en cuenta la información que se da y trata de crear una situación irónica en que se pudieran encontrar estas personas.

1. Tu profesor(a) de español se acaba de ganar la lotería.
2. Tu mejor amiga se ha ganado una beca a una universidad muy buena por sus habilidades atléticas.
3. El club de español de tu escuela decide hacer un viaje por España el próximo verano.
4. Han abierto uno de tus restaurantes favoritos en la esquina de tu casa.
5. Te han invitado a la fiesta que todos piensan será la mejor del año.
6. Al director de tu escuela le acaban de robar su nuevo coche.
7. Ahora inventa tú una situación irónica y compártela con la clase.

D. La violencia Probablemente en tu clase de Estudios Sociales has discutido algunas de las figuras políticas importantes en Latinoamérica. Escoge una de las figuras que hayas estudiado que se considere tirana o que haya sido líder de gobierno militar. Averigua el tipo de persona que era, algo sobre su vida, sus acciones, el tipo de gobierno y la situación del país durante esa época y prepara un breve informe para la clase. Si no has discutido una figura así en tu clase, investiga en la biblioteca. Algunos ejemplos son: Pinochet, Perón, Stroessner, Noriega.

E. Un personaje importante En este cuento uno de los personajes principales es la viuda de Montiel. Ella es una mujer dominada por su esposo, a la cual no le ha dado la oportunidad de ser una verdadera compañera, hasta el punto de que ella no tenía ningún conocimiento de los negocios de su esposo. ¿Qué características piensas que tendrán estos dos personajes? ¿Cómo piensas que es su matrimonio? ¿Qué tipo de vida llevarían? ¿Feliz? ¿Triste? Explica tu respuesta.

F. Una selección Lee el siguiente párrafo del cuento y piensa en la opinión que tenía el pueblo de José Montiel.

> Cuando murió don José Montiel, todo el mundo se sintió vengado,° menos su viuda; pero se necesitaron varias horas para que todo el mundo creyera que en verdad había muerto. Muchos lo seguían poniendo en duda después de ver el cadáver en cámara ardiente,° embutido° con almohadas y sábanas de lino dentro de una caja amarilla y abombada° como un melón. Estaba muy bien afeitado, vestido de blanco y con botas de charol,° y tenía tan buen semblante° que nunca pareció tan vivo como entonces. Era el mismo don Chepe Montiel de los domingos, oyendo misa de ocho, sólo que en lugar de la fusta° tenía un crucifijo entre las manos. Fue preciso que atornillaran° la tapa° del ataúd y que lo emparedaran° en el aparatoso° mausoleo familiar, para que el pueblo entero se convenciera de que no se estaba haciendo el muerto.°

avenged

cámara... *room set up for a wake* / *stuffed* / *bulging*

botas... *patent leather boots* / ?

whip

screw

lid / ? / *pompous*

no... *he wasn't playing dead*

Ahora contesta a las siguientes preguntas basándote en lo que leíste.

1. ¿Cuáles son las partes irónicas que presenta el autor?
2. ¿Qué tipo de persona era José (Chepe) Montiel?

El autor

Entre los escritores latinoamericanos reconocidos a nivel internacional, Gabriel García Márquez ocupa el lugar más sobresaliente. Galardonado con el Premio Nobel de Literatura en 1982, sus novelas y cuentos lo han establecido en el ámbito de los escritores más leídos en todo el mundo. García Márquez nació en Aracataca, Colombia, en 1928. Además de ser escritor de cuentos y novelas, García Márquez estudió Derecho, colaboró en varios periódicos, sirvió de corresponsal de la Agencia de noticias Prensa Latina, fue director de varias revistas y escritor de varios guiones de películas. Su gran obra maestra es *Cien años de soledad* (1967), donde crea un mundo mítico lleno de personajes inolvidables. Entre las otras obras notables encontramos su colección de cuentos *Los funerales de la Mamá Grande* (1962), de donde proviene "La viuda de Montiel", *La increíble y triste historia de la Cándida Eréndira y de su abuela desalmada* (1972) y sus novelas *El coronel no tiene quien le escriba* (1961), *El general en su laberinto* (1989) y *El amor en los tiempos del cólera* (1985).

Al leer

El cuento que vas a leer tiene lugar durante un período muy violento en la historia de Colombia. "La violencia", como se le llamó, fue un periódo de más de diez años donde más de 200.000 personas murieron en un conflicto sangriento entre los liberales y los conservadores. Mientras lees, presta atención a las partes irónicas en el cuento y a los siguientes puntos:

- cómo consiguió José Montiel su fortuna
- el terror en que vivían los ciudadanos del pueblo
- la relación entre Montiel y su esposa
- los hijos de los Montiel y su actitud hacia sus padres

Lectura

La viuda de Montiel

Gabriel García Márquez

Cuando murió don José Montiel, todo el mundo se sintió vengado, menos su viuda; pero se necesitaron varias horas para que todo el mundo creyera que en verdad había muerto. Muchos lo seguían poniendo en duda después de ver el cadáver en cámara ardiente, embutido con almohadas y sábanas de lino dentro de una caja amarilla y abombada como un melón. Estaba muy bien afeitado, vestido de blanco y con botas de charol, y tenía tan buen semblante que nunca pareció tan vivo como entonces. Era el mismo don Chepe Montiel de los domingos, oyendo misa de ocho, sólo que en lugar de la fusta tenía un crucifijo entre las manos. Fue preciso que atornillaran la tapa del ataúd y que lo emparedaran en el aparatoso mausoleo familiar, para que el pueblo entero se convenciera de que no se estaba haciendo el muerto.

Después del entierro, lo único que a todos pareció increíble, menos a su viuda, fue que José Montiel hubiera muerto de muerte natural. Mientras todo el mundo esperaba que lo acribillaran° por la espalda en una emboscada,° su viuda estaba segura de verlo morir de viejo en su cama, confesado y sin agonía, como un santo moderno. Se equivocó apenas en algunos detalles. José Montiel murió en su hamaca, el 2 de agosto de 1951 a las dos de la tarde, a consecuencia de la rabieta° que el médico le había prohibido. Pero su esposa esperaba también que todo el pueblo asistiera al entierro y que la casa fuera pequeña para recibir tantas flores. Sin embargo, sólo asistieron sus copartidarios y las congregaciones religiosas, y no se recibieron más coronas° que las de la administración municipal. Su hijo —desde su puesto consular en Alemania— y sus dos hijas, desde París, mandaron telegramas de tres páginas. Se veía que los habían redactado° de pie, con la tinta multitudinaria de la oficina de correos, y que habían roto muchos formularios° antes de encontrar 20 dólares de palabras. Ninguno prometía regresar. Aquella noche, a los 62 años, mientras lloraba contra la almohada en que recostó° la cabeza el hombre que la había hecho feliz, la viuda de Montiel conoció por primera vez el sabor de un resentimiento. "Me encerraré para siempre —pensaba—. Para mí, es como si me hubieran metido en el mismo cajón de José Montiel. No quiero saber nada más de este mundo."

riddled with bullets
ambush
fit of temper
wreaths
written
?
?

Era sincera, aquella mujer frágil, lacerada° por la superstición, casada a los 20 años por voluntad de sus padres con el único pretendiente° que le permitieron ver a menos de 10 metros de distancia, no había estado nunca en contacto directo con la realidad. Tres días después que sacaron de la casa el cadáver de su marido, comprendió a través de las lágrimas que debía reaccionar, pero no pudo encontrar el rumbo de su nueva vida. Era necesario empezar por el principio.

victim of
suitor

Entre los innumerables secretos que José Montiel se había llevado a la tumba, se fue enredada° la combinación de la caja fuerte.° El alcalde se ocupó del problema. Hizo poner la caja fuerte en el patio, apoyada al paredón, y dos agentes de la policía dispararon° sus fusiles contra la cerradura. Durante toda una mañana, la viuda oyó desde el dormitorio las descargas° cerradas y sucesivas, ordenadas a gritos por el alcalde. "Esto era lo último que faltaba, —pensó—. Cinco años rogando° a Dios que se acaben los tiros, y ahora tengo que agradecer que disparen dentro de mi casa." Aquel día hizo un esfuerzo de concentración, llamando a la muerte, pero nadie le respondió. Empezaba a dormirse cuando una tremenda explosión sacudió los cimientos° de la casa. Habían tenido que dinamitar la caja fuerte.

entangled / caja... *safe*
shot
shots, round of bullets
?
sacudió... *shook the foundation*

La viuda de Montiel lanzó un suspiro. Octubre se eternizaba con sus lluvias pantanosas° y ella se sentía perdida, navegando sin rumbo en la desordenada y fabulosa hacienda de José Montiel. El señor Carmichael, antiguo y diligente servidor de la familia, se había encargado de la administración. Cuando por fin se enfrentó al hecho

swampy

stripped / to cover / mournful / bows / ? / biting / ?

concreto de que su marido había muerto, la viuda de Montiel salió del dormitorio para ocuparse de la casa. La despojó° de todo ornamento, hizo forrar° los muebles en colores luctuosos,° y puso lazos° fúnebres en los retratos° del muerto que colgaban de las paredes. En dos meses del encierro había adquirido la costumbre de morderse° las uñas. Un día —los ojos enrojecidos e hinchados° de tanto llorar— se dio cuenta de que el señor Carmichael entraba a la casa con el paraguas abierto.

—Cierre ese paraguas, señor Carmichael —le dijo—. Después de todas las desgracias que tenemos, sólo nos faltaba que usted entrara a la casa con el paraguas abierto.

hechas... *cut with a razor* / *corns*

El señor Carmichael puso el paraguas en el rincón. Era un negro viejo, de piel lustrosa, vestido de blanco y con pequeñas aberturas hechas a navaja° en los zapatos para aliviar la presión de los callos.°

—Es sólo mientras se seca.

Por primera vez desde que murió su esposo, la viuda abrió la ventana.

to stop raining

—Tantas desgracias, y además este invierno —murmuró, mordiéndose las uñas—. Parece que no va a escampar° nunca.

—No escampará ni hoy ni mañana —dijo el administrador—. Anoche no me dejaron dormir los callos.

Ella confiaba en las predicciones atmosféricas de los callos del señor Carmichael. Contempló la placita desolada, las casas silenciosas cuyas puertas no se abrieron para ver el entierro de José Montiel, y entonces se sintió desesperada con sus uñas, con sus tierras sin límites, y con los infinitos compromisos que heredó de su esposo y que nunca lograría comprender.

sobbed

—El mundo está mal hecho —sollozó.°

perdido... *lost her senses* / ? / *pitying*

Quienes la visitaron por esos días tuvieron motivos para pensar que había perdido el juicio.° Pero nunca fue más lúcida° que entonces. Desde antes que empezara la matanza política ella pasaba las lúgubres mañanas de octubre frente a la ventana de su cuarto, compadeciendo° a los muertos y pensando que si Dios no hubiera descansado el domingo habría tenido tiempo de terminar el mundo.

—Ha debido aprovechar ese día para que no se le quedaran tantas cosas mal hechas —decía—. Al fin y al cabo, le quedaba toda la eternidad para descansar.

La única diferencia, después de la muerte de su esposo, era que entonces tenía un motivo concreto para concebir pensamientos sombríos.

disaster / *reprisals* / se... *turned sour* / cántaros... *piled receptacles* / *honey* / *goat-skin receptacles* / ? / *worms*

Así, mientras la viuda de Montiel se consumía en la desesperación, el señor Carmichael trataba de impedir el naufragio.° Las cosas no marchaban bien. Libre de la amenaza de José Montiel, que monopolizaba el comercio local por el terror, el pueblo tomaba represalias.° En espera de clientes que no llegaron, la leche se cortó° en los cántaros amontonados° en el patio, y se fermentó la miel° en sus cueros,° y el queso engordó° gusanos° en los oscuros armarios del depósito. En su mausoleo adornado con bombillas eléctricas y arcángeles en imitación de mármol, José Montiel pagaba seis años de asesinatos y tropelías.° Nadie en la historia del país se había enriquecido tanto en tan poco tiempo. Cuando llegó al pueblo el primer alcalde de la dictadura, José Montiel era un discreto partidario de todos los regímenes, que se había pasado la mitad de la vida en calzoncillos sentado a la puerta de su piladora de arroz. En un tiempo disfrutó de una cierta reputación de afortunado y buen creyente, porque prometió en voz alta regalar al templo un San José de tamaño natural si se ganaba la lotería, y dos semanas después se ganó seis quintos y cumplió su promesa. La primera vez que se le vio usar zapatos fue cuando llegó el nuevo alcalde, un sargento de la policía, zurdo° y montaraz,° que tenía órdenes expresas de liquidar la oposición. José Montiel empezó por ser su informador confidencial. Aquel comerciante modesto cuyo tranquilo humor de hombre gordo no despertaba la menor inquietud, discriminó a sus adversarios políticos en ricos y pobres. A los pobres los acribilló la policía en la plaza pública. A los ricos les dieron un plazo de 24 horas para abandonar el pueblo. Planificando la masacre, José Montiel se encerraba días enteros con el alcalde en su oficina sofocante, mientras su esposa se compadecía de los muertos. Cuando el alcalde abandonaba la oficina, ella le cerraba el paso a su marido.

—Ese hombre es un criminal —le decía—. Aprovecha tus influencias en el gobierno para que se lleven a esa bestia que no va a dejar un ser humano en el pueblo.

Y José Montiel, tan atareado° en estos días, la apartaba sin mirarla, diciendo: "No seas tan pendeja."° En realidad, su negocio no era la muerte de los pobres, sino la expulsión de los ricos. Después de que el alcalde les perforaba las puertas a tiros y les ponía el plazo para abandonar el pueblo, José Montiel les compraba sus tierras y ganados° por un precio que él mismo se encargaba de fijar.°

—No seas tonto —le decía su mujer—. Te arruinarás ayudándolos para que no se mueran de hambre en otra parte, y ellos no te lo agradecerán nunca.

Y José Montiel, que ya ni siquiera tenía tiempo de sonreír, la apartaba de su camino, diciendo:

—Vete para tu cocina y no me friegues° tanto.

A ese ritmo en menos de un año estaba liquidada la oposición, y José Montiel era el hombre más rico y poderoso del pueblo. Mandó a sus hijas para París, consiguió a su hijo un puesto consular en Alemania y se dedicó a consolidar su imperio. Pero no alcanzó a disfrutar seis años de su desaforada° riqueza.

Después de que se cumplió el primer aniversario de su muerte, la viuda no oyó crujir° la escalera sino bajo el peso de una mala noticia. Alguien llegaba siempre al atardecer. "Otra vez los bandoleros —decían. Ayer cargaron con un lote de 50 novillos."° Inmóvil en el mecedor,° mordiéndose las uñas, la viuda de Montiel sólo se alimentaba de su resentimiento.

abuse
left-handed
unpolished, rough
exceedingly busy
foolish
cattle
se... *was charged with fixing*
annoy
outrageous
creak
young bulls or oxen
rocking chair

—Yo te lo decía, José Montiel —decía, hablando sola—. Éste es un pueblo desagradecido. Aún estás caliente en tu tumba y ya todo el mundo nos volvió la espalda.

Nadie volvió a la casa. El único ser humano que vio en aquellos meses interminables en que no dejó de llover, fue el perseverante señor Carmichael, que nunca entró a la casa con el paraguas cerrado. Las cosas no marchaban mejor. El señor Carmichael había escrito varias cartas al hijo de José Montiel. Le sugería la conveniencia de que viniera a ponerse al frente de los negocios, y hasta se permitió hacer algunas consideraciones personales sobre la salud de la viuda. Siempre recibió respuestas evasivas. Por último, el hijo de José Montiel contestó francamente que no se atrevía a regresar por temor de que le dieran un tiro. Entonces el señor Carmichael subió al dormitorio de la viuda y se vio precisado a confesarle que se estaba quedando en la ruina.

—Mejor —dijo ella—. Estoy hasta la coronilla° de quesos y de moscas. Si usted quiere, llévese lo que le haga falta y déjeme morir tranquila.

Su único contacto con el mundo, a partir de entonces, fueron las cartas que escribía a sus hijas a fines de cada mes. "Este es un pueblo maldito° — les decía—. Quédense allá para siempre y no se preocupen por mí. Yo soy feliz sabiendo que ustedes son felices." Sus hijas se turnaban para contestarle. Sus cartas eran siempre alegres, y se veía que habían sido escritas en lugares tibios° y bien iluminados y que las muchachas se veían repetidas en muchos espejos cuando se detenían a pensar. Tampoco ellas querían volver. "Esto es la civilización —decían—. Allá, en cambio, no es un buen medio para nosotras. Es imposible vivir en un país tan salvaje° donde asesinan a la gente por cuestiones políticas." Leyendo las cartas, la viuda de Montiel se sentía mejor y aprobaba° cada frase con la cabeza.

En cierta ocasión, sus hijas le hablaron de las carnicerías de París. Le decían que mataban unos cerdos° rosados y los colgaban enteros en la puerta adornados con coronas y guirnaldas° de flores. Al final, una letra diferente a la de sus hijas había agregado: "imagínate, que el clavel° más grande y más bonito se lo ponen al cerdo en el culo." Leyendo aquella frase, por primera vez en dos años, la viuda de Montiel sonrió. Subió a su dormitorio sin apagar las luces de la casa, y antes de acostarse volteó el ventilador eléctrico contra la pared. Después extrajo de la gaveta° de la mesa de noche unas tijeras,° un cilindro de esparadrapo° y el rosario, y se vendó la uña del pulgar derecho, irritada por los mordiscos. Luego empezó a rezar, pero al segundo misterio cambió el rosario a la mano izquierda, pues no sentía las cuentas° a través del esparadrapo. Por un momento oyó la trepidación° de los truenos remotos. Luego se quedó dormida con la cabeza doblada en el pecho. La mano con el rosario rodó° por su costado,° y entonces vio a

Estoy... *I am fed up*
damned
warm
?
?
hogs
wreaths
carnation
drawer / scissors
adhesive tape
beads
vibration
rolled / side

la Mamá Grande[1] en el patio con una sábana blanca y un peine en el regazo,° destripando piojos° con los pulgares.° Le preguntó:

—¿Cuándo me voy a morir?

La Mamá Grande levantó la cabeza.

—Cuando te empiece el cansancio del brazo.

lap / destripando... *crushing lice* / *thumbs*

Comprensión

A. Comprensión general En tus propias palabras, responde a las siguientes preguntas. Comparte tus ideas con otros estudiantes en la clase y escucha sus ideas.

1. ¿Cómo llegó a hacerse José Montiel una de las personas más poderosas del pueblo? Explica en detalle.
2. ¿Cómo trataba José Montiel a su esposa? ¿Cómo cambió ella después de su muerte?
3. ¿Qué hicieron los habitantes del pueblo una vez que José Montiel murió? ¿Por qué se comportaron de esta manera?
4. ¿Piensas tú que los hijos hicieron bien en no venir al funeral de su padre? Explica tu respuesta.
5. Haz una lista de por lo menos cinco incidentes irónicos en el cuento.

B. Antónimos Escribe los antónimos de las siguientes palabras. Si tienes problemas puedes buscar estas palabras en el cuento y el contexto te ayudará.

vivo [8]	feliz [32]	enriquecido [109]
de pie [27]	perdido [57]	atardecer [151]

C. Sinónimos Escribe los sinónimos de las siguientes palabras. Si tienes problemas puedes buscar estas palabras en el cuento y el contexto te ayudará.

lanzó [56]	perder el juicio [89]
retrato [64]	no me friegues [143]

[1] La Mamá Grande es un personaje que aparece en varias de las obras de García Márquez. Es el prototipo de la matriarca rica y poderosa. Se le considera una dictadora y muchos de sus negocios, en su constante búsqueda por más riquezas, son sospechosos. Aquí se le presenta a la viuda de Montiel en un sueño y le dice que su muerte es inminente cuando le empiece el cansancio en el brazo.

D. Definiciones Empareja cada palabra de la columna A con la definición apropiada de la columna B. Toma en cuenta el contexto en que aparecen.

A	B
____ 1. enterrar [14]	a. persona que escribe con la mano izquierda
____ 2. equivocarse [18]	b. dejar de llover
____ 3. pretendiente [38]	c. cometer un error
____ 4. cerradura [48]	d. utensilio usado para cortar
____ 5. escampar [79]	e. poner a una persona u objeto bajo tierra
____ 6. zurdo [118]	f. objeto que se usa para evitar que una puerta se abra
____ 7. tijeras [192]	g. persona que espera casarse con otra

E. En contexto Da una palabra o frase que quiera decir lo mismo que las siguientes palabras o frases.

semblante [7]	recostó [31]	engordó [106]
emparedaran [11]	rogando [50]	salvaje [181]
acribillaran [16]	hinchados [66]	aprobaba [183]
formularios [29]	lúcida [89]	

F. Al punto Contesta a las siguientes preguntas escogiendo la mejor respuesta o terminación según la lectura.

1. ¿Cuál fue la reacción de los que vivían en el pueblo al enterarse de que José Montiel había muerto?
   a. Se horrorizaron.
   b. Se pusieron de luto.
   c. No lo podían creer.
   d. No lo aceptaron.

2. ¿Cómo se convenció el pueblo de que había muerto?
   a. Cuando no iba más a la iglesia.
   b. Cuando llegó el doctor y lo examinó.
   c. Cuando vieron que cerraron la caja y lo enterraron.
   d. Cuando sus copartidarios salieron del pueblo huyendo.

3. El pueblo no podía creer que Montiel había muerto de muerte natural porque
   a. era un hombre muy saludable.
   b. era odiado por muchos.
   c. se había enlistado en el ejército.
   d. hacía ejercicio constantemente.
4. ¿Cuál fue la causa verdadera de la muerte de José Montiel?
   a. una úlcera incurable
   b. un desastre natural
   c. un tiro de revólver
   d. un gran enojo
5. ¿Cómo podemos describir el entierro de José Montiel?
   a. poco concurrido
   b. muy doloroso
   c. demasiado elegante
   d. algo sobrenatural
6. La viuda de Montiel sintió mucho resentimiento después de la muerte de su esposo
   a. por la manera en que actuó el pueblo.
   b. porque Carmichael no fue al entierro.
   c. porque las congregaciones religiosas no la ayudaron.
   d. porque sus hijos se habían alegrado de la muerte.
7. Después de la muerte de su esposo la viuda se sintió
   a. alegre.
   b. tranquila.
   c. amenazada.
   d. resentida.
8. Fue difícil abrir la caja fuerte porque
   a. se habían perdido las llaves.
   b. Montiel era el único que sabía la combinación.
   c. el alcalde no se lo permitía a la viuda.
   d. era demasiado vieja.

9. ¿Por qué fue irónica para la viuda la forma en que abrieron la caja fuerte?

   a. Porque no había dinero dentro.
   b. Porque tuvo que darle todo el dinero al gobierno.
   c. Porque tuvieron que dispararle a la caja.
   d. Porque contenía la verdad sobre su esposo.

10. ¿Qué significado tiene que a Carmichael le dolieran los callos?

   a. Que pronto va a morir.
   b. Que va a llover mucho.
   c. Que se está poniendo viejo.
   d. Que sus zapatos son demasiado pequeños.

11. Según la viuda, la causa por la cual el mundo está mal hecho es porque Dios

   a. permitió que su esposo muriera.
   b. no le prestó atención a nadie.
   c. descansó demasiado.
   d. no trató a todos igual.

12. ¿Por qué se estaba arruinando la viuda?

   a. Porque Montiel había dejado muchas deudas.
   b. Porque la gente del pueblo no compraba sus productos.
   c. Porque Carmichael le robaba el dinero.
   d. Porque le tenía que enviar todo el dinero a sus hijos.

13. ¿Cómo obtuvo su riqueza Montiel?

   a. Comprándole las tierras a los ricos por un precio muy bajo.
   b. Trabajando muy duro en las calles del pueblo.
   c. La heredó de los padres de su esposa.
   d. Del trabajo de sus hijos en Alemania.

14. ¿Por qué podemos decir que la viuda es ingenua?

   a. Porque creía que su esposo le era fiel.
   b. Porque creía lo que le decía Carmichael.
   c. Porque no se daba cuenta de que su esposo era un criminal.
   d. Porque no creía en el poder de la iglesia.

15. El hijo de los Montiel no quería regresar a su pueblo porque

a. temía que lo asesinaran.
b. no quería ocuparse de su madre.
c. no quería dejar a sus hermanas.
d. debía mucho dinero al gobierno.

16. ¿Qué le sucede a la viuda al final?

a. Se muda a Alemania.
b. Se va a morir pronto.
c. Le da todo su dinero al pueblo.
d. Va a un convento con la Mamá Grande.

G. Ahora te toca En muchos cuentos el autor deja ciertos puntos sin explicar, a la imaginación del lector. Otras veces no nos da tanta información como nosotros quisiéramos saber. Escribe cinco preguntas que le quisieras hacer al autor con referencia a este cuento. Pueden ser preguntas sobre puntos que no entendiste bien, o simplemente detalles que quieres saber para satisfacer tu curiosidad. Discute tus preguntas con tus compañeros de clase para ver cómo ellos contestarían las preguntas si ellos fueran el autor.

H. Reflexiones Contesta a las siguientes preguntas según la lectura.

1. Explica por qué el autor no le ha dado nombre a la viuda de Montiel.
2. ¿Qué información se revela sobre la juventud de la viuda que tuvo impacto en su vida?
3. Según la viuda, ¿cuál fue el error que cometió Dios cuando hacía el mundo?
4. ¿Cuáles eran los consejos que les daba la viuda a sus hijos?
5. ¿Qué le sucede a la viuda al final del cuento? ¿Cómo lo sabemos?

Un paso más

Tomemos acción Imagina que la gente del pueblo está cansada de la violencia y de los engaños y que decide tomar acción mientras Montiel aún vive. ¿Qué acciones podría tomar la gente para mejorar la situación? Una vez que hayas decidido, ¿cómo piensas que reaccionaría Montiel?

Tu opinión ¿Piensas tú que la situación que nos presenta el autor en el cuento podría ocurrir en un país como los Estados Unidos? ¿Por qué?

La superstición En el cuento aparecen algunos ejemplos de superstición. ¿Sabes cuáles son? ¿Qué significa la superstición para ti? ¿Te consideras una persona supersticiosa? ¿Conoces a alguien que sea supersticioso(a)? Comparte las respuestas con la clase y cuéntale algunos incidentes que pueden considerarse resultados de la superstición.

La civilización Los hijos de Montiel describen lo que para ellos significa la civilización. ¿Estás de acuerdo con los ejemplos que usan ellos? ¿Qué significa para ti la civilización?

Para conversar

Algunas palabras y expresiones que te ayudarán a expresar tus ideas se encuentran a la derecha.

La escena En tus propias palabras, describe el lugar donde tiene lugar el cuento. Trata de incluir todos los detalles que puedas. Luego comparte la descripción con el resto de la clase.

Consejos Imagina que la viuda te cuenta lo que está sucediendo en su vida. ¿Qué consejos le darías? Uno(a) de tus compañeros(as) de clase va a hacer el papel de la viuda y tener la conversación contigo.

Los hijos Imagina que los hijos de Montiel te llaman por teléfono para preguntarte cómo están sus padres. Ten una conversación con ellos explicándoles lo que está sucediendo. ¿Les aconsejarías que regresaran o no? Dos de tus compañeros van a hacer el papel de los hijos de Montiel.

Más personajes Los personajes que encontramos en el cuento "La viuda de Montiel" son: Montiel, la viuda, Carmichael y los hijos. ¿Qué otro(s) personaje(s) te gustaría incorporar al cuento? Escoge al personaje o personajes que añadirías y explícale a la clase el papel que estos personajes tendrían en el cuento y por qué te parece importante añadirlos.

Una entrevista Tienes la oportunidad de entrevistar a los personajes de este cuento. Escribe cinco preguntas que le harías a cada uno de ellos para conocerlos mejor. Luego, en grupos, escojan las mejores preguntas. Cuatro estudiantes harán el papel de los personajes y Uds. los entrevistarán.

Vocabulario útil

Aquí tienes una lista de palabras y expresiones que probablemente ya sabes.

el abuso
la angustia
asesinar
la corrupción
los crímenes
la injusticia
la ironía
la muerte
el poder
la represión
la resignación
la soledad
la tensión
la venganza
la violencia

Estas palabras o expresiones pueden ayudarte también.

corrupto *corrupted*
de ese modo *that way*
echar de menos *to miss*
en otras palabras *in other words*
es decir *that is to say*
hacer daño *to harm, to damage*
mantener que *to maintain that*
perdonar *to forgive*
el pésame *expression of condolence*
quedarse con *to keep, to hold on to*
sin embargo *nevertheless*
tan pronto como *as soon as*

SOFTWARE

Phrases:
Describing people; Expressing an opinion; Weighing the evidence

Vocabulary:
Cultural periods & movements; People; Family members; Countries

Grammar:
Adjective agreement; Negation: *no, nadie nada*; Verbs: if-clauses *si*; Verbs: subjunctive with *como si*

Para escribir

Un resumen Escoge las palabras que consideras importantes para comunicar la acción del cuento. Luego, en un párrafo de unas diez oraciones, escribe un resumen. Recuerda que un resumen se usa para expresar en tus propias palabras las ideas principales que nos trata de comunicar el autor.

Un párrafo Haz una lista de los adjetivos o frases que usarías para describir a la viuda, a Montiel, a Carmichael y a los hijos. Luego escoge a uno de estos personajes y escribe un párrafo describiéndolo(a). Los siguientes adjetivos te pueden ayudar; todos aparecen en la forma masculina y no todos se aplican a estos personajes. Escoge los más apropiados y añade tus propios adjetivos.

ingenuo	fuerte	patético	inteligente
fiel	infeliz	resignado	cruel
calculador	compasivo	intuitivo	comprensivo

Una carta Escríbele una carta a la viuda de Montiel como si fueras uno de sus hijos después de la muerte de José Montiel.

Opinión La viuda de Montiel vivía muy sola. Escribe un párrafo discutiendo el tema de la soledad en el cuento, e incluye tu opinión sobre las razones por las cuales la viuda se encuentra en esa situación.

Composición "El poder corrompe". Se dice que las personas cambian una vez que obtienen cierto poder; a veces pueden convertirse en personas corruptas y sin compasión. Usando ejemplos específicos de personas que conoces o de personas famosas, escribe un ensayo donde presentas tu opinión sobre este tema. Usa el esquema a continuación para organizar tus ideas o prepara tu propio esquema.

Párrafo 1: Tu opinión acerca del tema.

Párrafo 2: Una persona como ejemplo para ilustrar tus ideas.

Párrafo 3: Lo que podemos aprender sobre esta persona.

Párrafo 4: Las posibilidades de que más personas actúen o no como esta persona.

Párrafo 5: ¿Deseas tú tener poder? ¿Qué harías tú en el futuro para alcanzar poder si lo deseas?

Recuerda tener presente la causa y efecto de las acciones de la persona a quien escojas. Trata de llegar a una conclusión sobre sus acciones. ¿Son positvas o despreciables? ¿Sirven de ejemplo para el resto de la sociedad? ¿Por qué? ¿Qué podrías hacer tú si estuvieras en una situación similar? Puedes usar estas preguntas como guía o escribir otras que te ayuden a escribir el ensayo.

Otra dimensión 

Comprensión auditiva 

Ahora vas a escuchar una selección sobre la situación económica de Latinoamérica. La selección y las preguntas no están impresas en tu libro, sólo las posibles respuestas a cada pregunta. Escucha la selección y responde a las preguntas escogiendo la respuesta correcta entre las opciones impresas en tu libro.

Número 1

a. No ha cambiado en los últimos años.
b. Empieza a mejorar.
c. Está peor que nunca.
d. No puede estabilizarse.

Número 2

a. Porque los gobiernos no son estables.
b. Porque los latinoamericanos no quieren gastar dinero.
c. Porque las compañías extranjeras no cooperan.
d. Porque temen que la situación actual no dure.

Número 3

a. las inversiones fuera del país
b. el ahorro de los latinoamericanos
c. los gobiernos de la región
d. el fracaso de tantos bancos de ahorro

Número 4

a. los errores del pasado
b. la reducción del ahorro interno
c. la contribución del gobierno
d. los problemas del desempleo

Antes de leer

A. Para discutir en clase

El siguiente dibujo es el plano de la casa que se describe en "Casa tomada". Te ayudará a comprender el cuento si sabes de antemano dónde quedan los cuartos. Para familiarizarte con el plan, responde a las preguntas que aparecen en la próxima página.

Casa tomada

Julio Cortázar

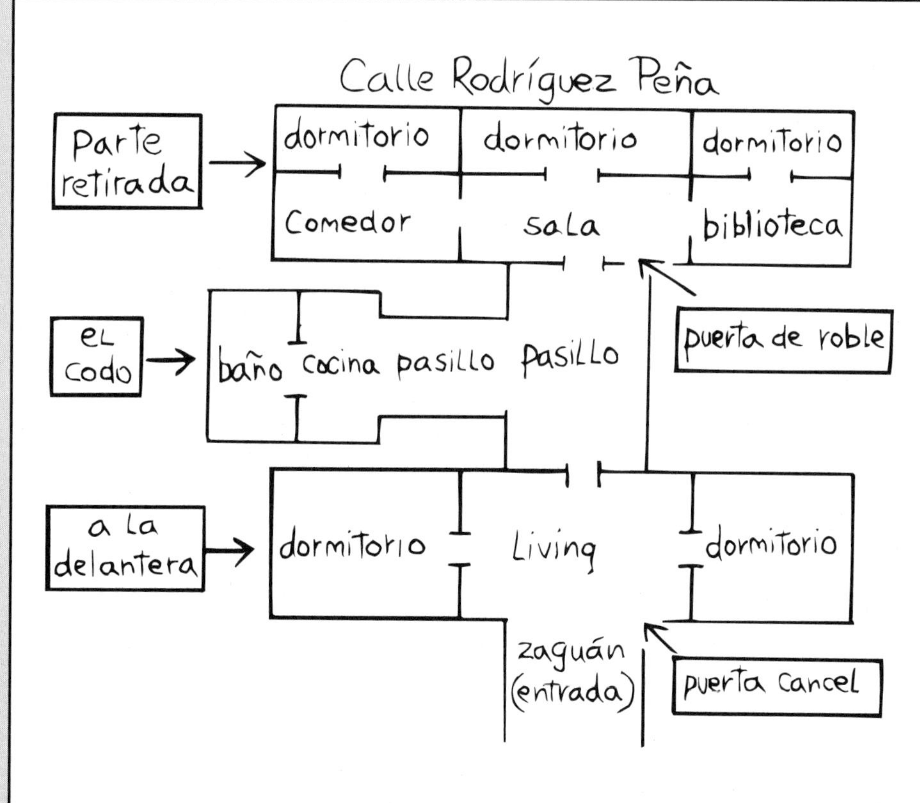

1. ¿Cuáles son las partes principales de la casa?
2. ¿Cuáles cuartos dan a la Calle Rodríguez Peña?
3. ¿Cuántos dormitorios hay? ¿Dónde quedan?
4. ¿Cómo se llega a la biblioteca desde la entrada?
5. ¿Cómo se llega a la cocina desde uno de los dormitorios del ala delantera?

B. Nuestra experiencia Como te habrás dado cuenta por el plano, la casa del cuento es bastante grande. También es antigua. Cuatro generaciones de una familia han vivido en ella. ¿Qué imágenes surgen en tu mente cuando piensas en las casas grandes y antiguas? Contesta estas preguntas basándote en tus ideas sobre este tema.

1. ¿Qué diferencias hay entre las casas antiguas y las modernas?
2. ¿Qué es lo mejor (las ventajas) de las casas antiguas?
3. ¿Y lo peor? Es decir, ¿cuáles son algunas desventajas de ellas?
4. ¿Cuáles prefieres, las modernas o las antiguas? ¿Por qué?
5. Describe una casa antigua que conozcas.
6. Crea tu propia pregunta sobre el tema para que se la hagas a los otros estudiantes.

C. El ruido Cuando leas "Casa tomada" verás que el ruido o los sonidos tienen un papel importante en el cuento. El tema del ruido puede ocasionar una discusión animada, dado que alguna gente considera el ruido una molestia —una forma de contaminación— mientras que otra gente lo encuentra muy consolador —un compañero. Algunas personas necesitan el silencio para trabajar o para estudiar, y otras se rodean con música de fondo a todas horas. ¿Qué opinas tú sobre el ruido? ¿Te molesta o no? ¿Te gusta? Piensa en las formas de ruido dadas a continuación y explica si cada una te molesta o no, y en qué situaciones.

la radio	la televisión
la bocina de un automóvil	las alarmas
los truenos	las sirenas
la conversación	los despertadores
los gritos	el llanto de un bebé
la maquinaria	el ladrar de los perros

D. La idea general Las selecciones en la próxima página son del cuento. Como ya sabrás, hay varios modos de leer, según diferentes objetivos, y aquí sólo tienes que identificar el tema de cada trozo.

____ 1. la diversión

____ 2. la comida

____ 3. el sueño

____ 4. el tejido *(knitting)*

____ 5. la limpieza

a. "Almorzábamos a mediodía, siempre puntuales; ya no quedaba nada por hacer fuera de unos pocos platos sucios."

b. "…mostraba una destreza *(skill)* maravillosa y a mí se me iban las horas viéndole las manos como erizos *(sea urchins)* plateados, agujas *(needles)* yendo y viniendo y una o dos canastillas en el suelo donde se agitaban constantemente los ovillos *(balls of yarn)*."

c. "Hay demasiada tierra en el aire, apenas sopla una ráfaga *(gust of wind)* se palpa *(can be felt)* el polvo en los mármoles *(marble)* de las consolas *(console table)* y entre los rombos *(diamond shape, rhomb)* de las carpetas *(table covers)* de macramé; da trabajo sacarlo bien con plumero, vuela y se suspende en el aire, un momento después se deposita de nuevo en los muebles y los pianos."

d. "Yo andaba un poco perdido a causa de los libros, pero por no afligir a mi hermana me puse a revisar la colección de estampillas de papá, y eso me sirvió de matar el tiempo."

e. "(Cuando Irene soñaba en voz alta yo me desvelaba en seguida. Nunca pude habituarme a esa voz de estatua o papagayo, voz que viene de los sueños y no de la garganta…)"

Al leer

"Casa tomada" es, como sugiere el título, acerca de una casa poseída por seres sobrenaturales. Un hombre y su hermana, solteros y de mediana edad, viven en una casa antigua —la casa de sus bisabuelos. El autor parece salirse del tema con descripciones que parecen no tener mucho que ver con la idea central, pero verás que la descripción de lo cotidiano tiene un papel importante en el cuento. El mundo de los personajes se hace cada vez más pequeño. Mientras lees, presta atención a los siguientes componentes centrales:

- la descripción de la casa (cuartos, muebles)
- las actividades (tejer, leer, coleccionar sellos)
- los rumores, los ruidos, los sonidos

Aunque tendrás que leer la obra más de una vez para comprenderla bien, la primera vez que la leas no debes parar para consultar el diccionario a menos que sea necesario.

El autor

Julio Cortázar nació en Bruselas en 1914, de padres argentinos. Aunque se crió y asistió al colegio en la Argentina, vivió en París por muchos años antes de morir allí. Cortázar era un hombre erudito que conocía el poder de la palabra. Llegó a ser una de las figuras cumbres del *boom* de la literatura hispanoamericana. En muchas de sus obras encontramos el "realismo mágico" que ha hecho famosos a tantos escritores hispanoamericanos; un realismo que sobrepasa la apariencia literal. El individuo, muchas veces solo en un mundo absurdo que no puede controlar trata de poner orden al caos que existe. Entre las obras más conocidas de Cortázar están *Bestiario* (1951), *Final del juego* (1956) y sus novelas *Rayuela* (1963) y *Libro de Manuel* (1973).

Lectura

Casa tomada

Julio Cortázar

Nos gustaba la casa porque aparte de espaciosa y antigua (hoy que las casas antiguas sucumben a la más ventajosa liquidación de sus materiales) guardaba los recuerdos de nuestros bisabuelos, el abuelo paterno, nuestros padres y toda la infancia.

Nos habituamos° Irene y yo a persistir solos en ella, lo que era una locura pues en esa casa podían vivir ocho personas sin estorbarse.° Hacíamos la limpieza por la mañana, levantándonos a las siete, y a eso de las once yo le dejaba a Irene las últimas habitaciones por repasar y me iba a la cocina. Almorzábamos a mediodía, siempre puntuales; ya no quedaba nada por hacer fuera de unos pocos platos sucios. Nos resultaba grato° almorzar pensando en la casa profunda y silenciosa y cómo nos bastábamos para mantenerla limpia. A veces llegamos a creer que era ella la que no nos dejó casarnos. Irene rechazó dos pretendientes sin mayor motivo,° a mí se me murió María Esther antes que llegáramos a comprometernos. Entramos en los cuarenta años con la inexpresada idea de que el nuestro, simple y silencioso matrimonio de hermanos, era necesaria clausura° de la genealogía asentada por los bisabuelos en nuestra casa. Nos moriríamos allí algún día, vagos y esquivos° primos se quedarían con la casa y la echarían al suelo para enriquecerse con el terreno y los ladrillos; o mejor, nosotros mismos la volteաríamos° justicieramente antes de que fuese demasiado tarde.

Irene era una chica nacida para no molestar a nadie. Aparte de su actividad matinal se pasaba el resto del día tejiendo en el sofá de su dormitorio. No sé por qué tejía tanto, yo creo que las mujeres tejen cuando han encontrado en esa labor el gran pretexto para no hacer nada. Irene no era así, tejía cosas siempre necesarias, tricotas° para el invierno, medias para mí, mañanitas° y chalecos para ella. A veces tejía un chaleco y después lo destejía en un momento porque algo no le

Nos... *We became accustomed*
?
Nos... *?*
sin... *for no particular reason*
closing
disdainful
la... *would tear it down*
sweaters
bed jackets

agradaba; era gracioso ver en la canastilla el montón de lana encrespada° resistiéndose a perder su forma de algunas horas. Los sábados iba yo al centro a comprarle lana; Irene tenía fe en mi gusto, se complacía con los colores y nunca tuve que devolver madejas.° Yo aprovechaba esas salidas para dar una vuelta por las librerías y preguntar vanamente si había novedades en literatura francesa. Desde 1939 no llegaba nada valioso a la Argentina.

all curled up
skeins (of wool)

Pero es de la casa que me interesa hablar, de la casa y de Irene, porque yo no tengo importancia. Me pregunto qué hubiera hecho Irene sin el tejido. Uno puede releer un libro, pero cuando un pulóver está terminado no se puede repetirlo sin escándalo.° Un día encontré el cajón de abajo de la cómoda de alcanfor° lleno de pañoletas° blancas, verdes, lila. Estaban con naftalina,° apiladas como en una mercería,° no tuve valor de preguntarle a Irene qué pensaba hacer con ellas. No necesitábamos ganar la vida. Todos los meses llegaba la plata de los campos y el dinero aumentaba. Pero a Irene solamente la entretenía el tejido, mostraba una destreza maravillosa y a mí se me iban las horas viéndole las manos como erizos plateados, agujas yendo y viniendo y una o dos canastillas en el suelo donde se agitaban constantemente los ovillos. Era hermoso.

sin... *without a big show*
camphor / woman's triangular shawls / naphthalene (used in moth repellents) / small goods store (haberdashery)

Cómo no acordarme de la distribución de la casa. El comedor, una sala con gobelinos,° la biblioteca y tres dormitorios grandes quedaban en la parte más retirada, la que mira hacia Rodríguez Peña.° Solamente un pasillo con su maciza° puerta de roble° aislaba esa parte del ala delantera donde había un baño, la cocina, nuestros dormitorios y el living central, al cual comunicaban dos dormitorios y el pasillo. Se entraba a la casa por un zaguán° con mayólica,° y la puerta cancel° daba al living. De manera que uno entraba por el zaguán, abría la cancel y pasaba al living, tenía a los lados las puertas de nuestros dormitorios, y al frente el pasillo que conducía a la parte más retirada; avanzando por el pasillo se franqueaba° la puerta de roble y más allá empezaba el otro lado de la casa, o bien se podía girar a la izquierda justamente antes de la puerta y seguir por un pasillo más estrecho que llevaba a la cocina y al baño. Cuando la puerta estaba abierta advertía uno que la casa era muy grande; si no, daba la impresión de un departamento° de los que edifican ahora, apenas para moverse; Irene y yo vivíamos siempre en esta parte de la casa, casi nunca íbamos más allá de la puerta de roble, salvo para hacer la limpieza, pues es increíble cómo se junta tierra° en los muebles. Buenos Aires será una ciudad limpia, pero eso lo debe a sus habitantes y no a otra cosa. Hay demasiada tierra en el aire, apenas sopla una ráfaga se palpa el polvo en los mármoles de las consolas y entre los rombos de las carpetas de macramé; da trabajo sacarlo bien con plumero, vuela y se suspende en el aire, un momento después se deposita de nuevo en los muebles y los pianos.

tapestries
Rodríguez... *a street just outside downtown Buenos Aires / massive / oak*
entrance hall / majolica (type of china) / puerta... *screen door at end of hallway*
se... *opened*
apartment
se... *dust gathers*

Lo recordaré siempre con claridad porque fue simple y sin circunstancias inútiles. Irene estaba tejiendo en su dormitorio, eran las ocho de la noche y de repente se me ocurrió poner al fuego la pavita°

kettle

del mate.° Fui por el pasillo hasta enfrentar la entornada° puerta de roble, y daba la vuelta al codo que llevaba a la cocina cuando escuché algo en el comedor o la biblioteca. El sonido venía impreciso y sordo, como un volcarse° de silla sobre la alfombra o un ahogado susurro de conversación. También lo oí, al mismo tiempo o un segundo después, en el fondo del pasillo que traía desde aquellas piezas hasta la puerta, la cerré de golpe apoyando el cuerpo; felizmente la llave estaba puesta de nuestro lado y además corrí el gran cerrojo° para más seguridad.

Fui a la cocina, calenté la pavita, y cuando estuve de vuelta con la bandeja del mate le dije a Irene:

—Tuve que cerrar la puerta del pasillo. Han tomado la parte del fondo. Dejó caer el tejido y me miró con sus graves ojos cansados.

—¿Estás seguro?

Asentí.

—Entonces —dijo recogiendo las agujas— tendremos que vivir en este lado.

Yo cebaba° el mate con mucho cuidado, pero ella tardó un rato en reanudar° su labor. Me acuerdo que tejía un chaleco gris; a mí me gustaba ese chaleco.

Los primeros días nos pareció penoso porque ambos habíamos dejado en la parte tomada muchas cosas que queríamos. Mis libros de literatura francesa, por ejemplo, estaban todos en la biblioteca. Irene extrañaba unas carpetas, un par de pantuflas° que tanto la abrigaban en invierno. Yo sentía mi pipa de enebro° y creo que Irene pensó en una botella de Hesperidina° de muchos años. Con frecuencia (pero esto solamente sucedió los primeros días) cerrábamos algún cajón de las cómodas y nos mirábamos con tristeza.

—No está aquí.

Y era una cosa más de todo lo que habíamos perdido al otro lado de la casa.

Pero también tuvimos ventajas. La limpieza se simplificó tanto que aun levantándose tardísimo, a las nueve y media por ejemplo, no daban las once y ya estábamos de brazos cruzados. Irene se acostumbró a ir conmigo a la cocina y ayudarme a preparar el almuerzo. Lo pensamos bien, y se decidió esto: mientras yo preparaba el almuerzo, Irene cocinaría platos para comer fríos de noche. Nos alegramos porque siempre resulta molesto tener que abandonar los dormitorios al atardecer y ponerse a cocinar. Ahora nos bastaba con la mesa en el dormitorio de Irene y las fuentes de comida fiambre.°

Irene estaba contenta porque le quedaba más tiempo para tejer. Yo andaba un poco perdido a causa de los libros, pero por no afligir a mi hermana me puse a revisar la colección de estampillas de papá, y eso me sirvió de matar el tiempo. Nos divertíamos mucho, cada uno en sus cosas, casi siempre reunidos en el dormitorio de Irene que era más cómodo. A veces Irene decía:

a tea-like beverage popular in Argentina / ajar (half-open)
falling over
bolt (fastening)
brewed
?
slippers
juniper (type of wood)
medicine
comida… *cold food (cold cuts)*

—Fijate[1] este punto° que se me ha ocurrido. ¿No da un dibujo de trébol?°

Un rato después era yo el que le ponía ante los ojos un cuadradito de papel para que viese el mérito de algún sello de Eupen y Malmédy.° Estábamos bien, y poco a poco empezábamos a no pensar. Se puede vivir sin pensar.

(Cuando Irene soñaba en alta voz yo me desvelaba° en seguida. Nunca pude habituarme a esa voz de estatua o papagayo, voz que viene de los sueños y no de la garganta. Irene decía que mis sueños consistían en grandes sacudones° que a veces hacían caer el cobertor.° Nuestros dormitorios tenían el living de por medio, pero de noche se escuchaba cualquier cosa en la casa. Nos oíamos respirar, toser, presentíamos° el ademán° que conduce a la llave del velador,° los mutuos y frecuentes insomnios.

Aparte de eso todo estaba callado en la casa. De día eran los rumores° domésticos, el roce° metálico de las agujas de tejer, un crujido° al pasar las hojas del álbum filatélico. La puerta de roble, creo haberlo dicho, era maciza. En la cocina y el baño, que quedaban tocando la parte tomada, nos poníamos a hablar en voz más alta o Irene cantaba canciones de cuna. En una cocina hay demasiado ruido de loza° y vidrios para que otros sonidos irrumpan en ella. Muy pocas veces permitíamos allí el silencio, pero cuando tornábamos a los dormitorios y al living, entonces la casa se ponía callada a media luz, hasta pisábamos más despacio para no molestarnos. Yo creo que era por eso que de noche, cuando Irene empezaba a soñar en alta voz, me desvelaba en seguida.)

Es casi repetir lo mismo salvo las consecuencias. De noche siento sed, y antes de acostarnos le dije a Irene que iba hasta la cocina a servirme un vaso de agua. Desde la puerta del dormitorio (ella tejía) oí ruido en la cocina; tal vez en la cocina o tal vez en el baño porque el codo del pasillo apagaba el sonido. A Irene le llamó la atención mi brusca manera de detenerme, y vino a mi lado sin decir palabra. Nos quedamos escuchando los ruidos, notando claramente que eran de este lado de la puerta de roble, en la cocina y el baño, o en el pasillo mismo donde empezaba el codo casi al lado nuestro.

No nos miramos siquiera. Apreté el brazo de Irene y la hice correr conmigo hasta la puerta cancel, sin volvernos hacia atrás. Los ruidos se oían más fuerte pero siempre sordos, a espaldas nuestras. Cerré de un golpe la cancel y nos quedamos en el zaguán. Ahora no se oía nada.

—Han tomado esta parte —dijo Irene. El tejido le colgaba de las manos y las hebras° iban hasta la cancel y se perdían debajo. Cuando vio que los ovillos habían quedado del otro lado, soltó el tejido, sin mirarlo.

stitch
clover
Eupen... *districts in Belgium*
me... *I was unable to sleep*
? / bedcover
we sensed / movement / night table
buzzing / light touch, rubbing
crackling, rustling
china
threads

[1] Los argentinos usan "fíjate" sin acento.

—¿Tuviste tiempo de traer alguna cosa? —le pregunté inútilmente.

—No, nada.

lo... what we had on

Estábamos con lo puesto.° Me acordé de los quince mil pesos en el armario de mi dormitorio. Ya era tarde ahora.

sewer

Como me quedaba el reloj pulsera, vi que eran las once de la noche. Rodeé con mi brazo la cintura de Irene (yo creo que ella estaba llorando) y salimos así a la calle. Antes de alejarnos tuve lástima, cerré bien la puerta de entrada y tiré la llave a la alcantarilla.° No fuese que a algún pobre diablo se le ocurriera robar y se metiera en la casa, a esa hora y con la casa tomada.

Comprensión

A. Comprensión general En tus propias palabras, responde a las siguientes preguntas. Comparte tus ideas con otros estudiantes en la clase y escucha sus ideas.

1. Sin volver a leer la descripción, ¿qué recuerdas de la casa? ¿Cuáles son sus características principales?
2. ¿Qué recuerdas acerca de las actividades de los hermanos? Sin volver al texto, trata de decir qué hacían, dónde y cuándo.
3. ¿Qué rumores, sonidos o ruidos recuerdas del cuento? No es necesario enumerarlos todos; menciona los que consideras más importantes.

B. De la misma familia Las palabras de la lista a continuación son formas que provienen de palabras que probablemente ya conoces. Da una palabra de la misma familia.

espaciosa [1]	justicieramente [21]
ventajosa [2]	plateados [46]
locura [6]	delantera [53]
limpieza [7]	enfrentar [76]
nos bastábamos [12]	penoso [95]
enriquecerse [20]	abrigaban [98]

C. En contexto Da una palabra o frase que quiera decir lo mismo que las siguientes palabras o frases.

estorbarse [6]	reanudar [93]
nos resultaba grato [10–11]	sacudones [130]

D. Al punto Contesta a las siguientes preguntas, escogiendo la mejor respuesta o terminación según la lectura.

1. Según el narrador, les gustaba la casa donde vivían porque
   a. era moderna.
   b. era pequeña.
   c. había pertenecido a su familia por mucho tiempo.
   d. había sido construída por ellos mismos.
2. Según la lectura, el almuerzo era preparado por
   a. Irene.
   b. Irene y su hermano.
   c. una criada.
   d. el hermano de Irene.
3. ¿Quién había sido María Esther?
   a. la prima del narrador
   b. la novia del narrador
   c. la amiga de Irene
   d. la esposa del narrador
4. ¿Qué tejía Irene?
   a. cosas útiles
   b. cosas extrañas
   c. cosas para vender
   d. cosas para los pobres
5. ¿Qué le compraba el narrador a su hermana?
   a. libros
   b. suéteres
   c. lana
   d. agujas
6. La frase "No necesitábamos ganar la vida. Todos los meses llegaba la plata de los campos y el dinero aumentaba." [líneas 42–44] quiere decir que los hermanos eran
   a. avaros.
   b. campesinos.
   c. generosos.
   d. ricos.

7. La frase "…daba la impresión de un departamento de los que se edifican ahora, apenas para moverse;…" [líneas 63–64] quiere decir que los apartamentos recién construidos son

   a. elegantes.
   b. pequeños.
   c. bien construidos.
   d. deprimentes.

8. Según el narrador, no vale la pena quitar el polvo porque

   a. vuelve a cubrir los muebles muy pronto.
   b. no se ve en los muebles.
   c. pronto se van a mudar.
   d. no tienen suficiente tiempo.

9. El ruido que oyó el narrador cuando fue a calentar su mate,

   a. era normal.
   b. parecía venir de personas que hablaban.
   c. era tranquilizante.
   d. parecía venir del radio de Irene.

10. Cuando fue tomada el ala retirada de la casa, Irene y su hermano

   a. salieron a comprar cosas nuevas.
   b. encontraron sus cosas perdidas.
   c. fueron a buscar sus cosas personales.
   d. tuvieron que acostumbrarse a no tener algunas de sus cosas.

11. La frase "…no daban las once y ya estábamos de brazos cruzados" [línea 108] significa que

   a. iban al otro extremo de la casa.
   b. acababan los quehaceres de la casa muy pronto.
   c. esperaban otros sonidos.
   d. querían preparar el almuerzo.

12. El estar limitada a unos pocos cuartos le permitía a Irene

   a. pasar más tiempo tejiendo.
   b. hablar más con su hermano.
   c. usar el aire acondicionado.
   d. dormir con menos ruidos.

13. Termina la analogía— las agujas de tejer : lana :: el álbum filatélico :

a. pipas
b. estampillas
c. vidrios
d. alfombras

14. ¿Qué hizo Irene con el tejido cuando salían de la casa?

a. Lo quemó.
b. Lo escondió.
c. Lo dejó atrás.
d. Lo puso en la cocina.

15. El narrador tiró la llave porque

a. era demasiado pesada.
b. los "habitantes" se la habían pedido.
c. no quería que los "habitantes" la encontraran.
d. no quería que nadie se encontrara con los "habitantes".

E. Ahora te toca El cuento deja muchas preguntas sin respuestas. En esta actividad tendrás la oportunidad de hacerle preguntas al autor. Haz tus propias preguntas, basándote en la lista de temas a continuación. Prepara una introducción que sirva de base a cada pregunta. Por ejemplo, bajo el tema "nombre", una posible pregunta, con su introducción, sería: *Sabemos el nombre de la mujer, pero ¿cómo se llama (llamará) el narrador?* Después de preparar las preguntas, compártelas con tus compañeros de clase y escucha las respuestas que ellos te den.

- María Esther
- los padres de Irene
- las excursiones del narrador al centro
- el dinero de los hermanos
- la limpieza de la casa
- los ruidos
- la salida de la casa

Un paso más

Frases ilógicas El autor cuenta la historia de una manera bastante organizada, pero a veces hay frases o comentarios inesperados, aparentemente ilógicos. Aunque parezca que estas frases están fuera del contexto, en realidad casi todo tiene relación con el tema. Lee las siguientes frases del cuento. ¿Puedes explicarlas? ¿Qué papel tienen? ¿Tienen importancia? ¿Qué nos dicen acerca de los personajes? Busca la relación entre cada frase y un tema de la lista que las sigue.

1. "Nos resultaba grato almorzar pensando en la casa profunda y silenciosa..." [10–11]
2. "A veces llegamos a creer que era ella la que no nos dejó casarnos." [12–13]
3. "El sonido venía impreciso y sordo, como un volcarse de silla sobre la alfombra o un ahogado susurro de conversación." [78–80]
4. "Con frecuencia (pero esto solamente sucedió los primeros días) cerrábamos algún cajón de las cómodas y nos mirábamos con tristeza." [100–102]
5. "Ahora nos bastaba con la mesa en el dormitorio de Irene y las fuentes de comida fiambre." [113–114]
6. "Un rato después era yo el que le ponía ante los ojos un cuadradito de papel para que viese el mérito de algún sello..." [123–124]

____ a. la soledad

____ b. las fuerzas que invaden nuestras vidas

____ c. los pasatiempos que nos permiten escaparnos del caos del mundo que nos rodea

____ d. la comodidad; el mundo cómodo que nos satisface

____ e. el ambiente externo que nos esclaviza *(enslaves)*

____ f. la aceptación o la resignación al destino

Ahora explícale tus respuestas a un(a) compañero(a) de clase.

¿Vivir sin pensar? El narrador del cuento dice "Estábamos bien, y poco a poco empezábamos a no pensar. Se puede vivir sin pensar." [líneas 125–126] ¿Te parece esto posible? Si dijéramos eso acerca de la sociedad actual, ¿tendríamos razón? Da ejemplos que apoyen tu opinión.

Situaciones inexplicables Todo el mundo que lee "Casa tomada" tiene la misma pregunta al final del cuento. ¿Qué o quiénes son los ruidos? Siempre habrá una gran cantidad de respuestas o interpretaciones. Lee las siguientes situaciones. Si te da trabajo encontrar una explicación, probablemente es porque las estás viendo desde una perspectiva equivocada. Pero si las miras desde un punto de vista diferente, es probable que encuentres la respuesta. (Respuestas, página 290)

1. Lucinda nació el 27 de diciembre, pero su cumpleaños siempre cae en el verano. ¿Cómo puede ser?
2. ¿Cuántos surcos *(grooves)* tiene cada lado de un disco LP que tiene **seis** canciones en cada lado?
3. Ernesto tiene una caja de calcetines en su armario, con 24 medias blancas y 24 calcetines azules. Como está totalmente oscuro en el armario y Ernesto no puede ver nada, ¿cuál es el número mínimo de calcetines que tendrá que sacar para asegurarse de conseguir dos calcetines de diferentes colores?
4. Dos madres y dos hijas fueron a pescar. Pudieron coger un pez grande, un pez pequeño y un pez gordo. Como solamente cogieron tres peces, ¿cómo es posible que cada una llevara a casa un pez?
5. Ana y Carlos jugaron al ajedrez. Jugaron cinco partidas. Los dos ganaron el mismo número de juegos, sin empates *(ties, draws)*. ¿Cómo pudo pasar esto?

Vocabulario útil

Aquí tienes una lista de palabras y expresiones que probablemente ya sabes.

- el altavoz
- callado(a)
- el crujido
- el eco
- el milagro
- oír
- parece mentira
- el roce
- el silbido
- sobrenatural
- el susurro
- la vida ajena
- la voz

Estas palabras o expresiones pueden ayudarte también.

- el alboroto *uproar; tumult*
- el chirrido *hiss; squeak (of a wheel, etc.); screeching, chirping (of birds, insects)*
- dar un estallido *to explode*
- ensordecedor *deafening*
- el estallido *explosion; outburst*
- el murmullo *murmur; rustle (of leaves, etc.)*
- el tintineo *jingle*
- roncar *to snore*
- tiro *shot (discharge of firearm)*
- el zumbido *ringing (in the ears); buzzing (of insects)*

Para conversar 

Algunas palabras y expresiones que te ayudarán a expresar tus ideas se encuentran a la izquierda.

Un debate Organícense en grupos de seis estudiantes y preparen un debate sobre el siguiente tema: "Los seres humanos controlan su destino". Tres miembros de cada grupo tendrán que argumentar en pro del tema y los otros tres en contra.

No sé explicarlo Cuéntales a tus compañeros de clase una historia extraña o inexplicable. Si no puedes acordarte de ninguna, cuéntales una historia que conozcas de segunda mano, por ejemplo, algo que hayas visto en la tele o que hayas leído en el periódico. Los titulares a continuación son ejemplos de posibles acontecimientos.

1. Nacido sordo, de repente oye.
2. Bañador tragado por tiburón vive para contar su historia.
3. Niño de seis meses de edad habla dos idiomas.
4. Pájaros rescatan a chico de casa en llamas.

Para escribir

Phrases:
Linking ideas; Sequencing events; Talking about past events; Writing about theme, plot or scene

Vocabulary:
Body: senses; Clothing; Professions

Grammar:
Verbs: if-clauses *si*; Verbs: preterit & imperfect; Verbs: subjunctive with *como si*

Un pasatiempo Para entretenerse, Irene tejía y su hermano leía o coleccionaba sellos. Cortázar describió muy detalladamente esos pasatiempos. En un párrafo, describe uno de tus pasatiempos en detalle. Por ejemplo, si te interesan las cometas *(kites),* podrías describir el diseño, el tipo y los colores de las que te gustan. Puedes decir si las construyes, si participas en festivales, etc. Es probable que quieras consultar el diccionario para encontrar el vocabulario necesario.

La interpretación del texto El análisis literario es un arte. Hay que examinar el texto cuidadosamente, prestando atención a todos los detalles. Al mismo tiempo, hay que utilizar la imaginación para ver relaciones y enlaces. Siempre hay que apoyar la interpretación con referencias al texto. En un ensayo de cinco párrafos, prepara una interpretación de "Casa tomada", escogiendo un área de investigación que te interese (por ejemplo, la casa, los personajes o los sonidos). Desarrolla la interpretación según el esquema presentado.

I. Presenta el tema (desarolla tu interpretación)
   Escoge un componente para explorar:
   A. La casa
      1. su historia
      2. el plano (no te olvides de las puertas)
      3. los muebles
   B. Los personajes
      1. el narrador
      2. Irene
      3. la relación entre ellos
   C. Los sonidos
      1. de las actividades
      2. de los sueños
      3. de los "visitantes"

II. Conclusión

El autor

Enrique Anderson Imbert nació en Córdoba, Argentina en 1910. Ha sido profesor de literatura en los Estados Unidos, en la Universidad de Michigan y en la Universidad de Harvard. Muchos de sus cuentos tratan de temas sobrenaturales o fantásticos. El lenguaje es siempre conciso y claro, como podrás ver en el cuento "El crimen perfecto".

Mi propio cuento Ahora vas a leer un cuento breve. Cuando lo leas, verás que consiste en cuatro componentes básicos: el crimen, el lugar, el error y el descubrimiento. Cuando termines, y usando este cuento como guía, escribe tu propio cuentecito. ¡Manos a la obra!

El crimen perfecto

—Creí haber cometido el crimen perfecto. Perfecto el plan, perfecta su ejecución. Y para que nunca se encontrara el cadáver lo escondí donde a nadie se le ocurriría buscarlo: en un cementerio. Yo sabía que el convento de Santa Eulalia estaba desierto desde hacía años y que ya no había monjitas° que enterrasen a monjitas en su cementerio. Cementerio blanco, bonito, hasta alegre con sus cipreses y paraísos a orillas del río. Las lápidas,° todas iguales y ordenadas como canteros de jardín alrededor de una hermosa imagen de Jesucristo, lucían como si las mismas muertas se encargasen de mantenerlas limpias. Mi error: olvidé que mi víctima había sido un furibundo° ateo.° Horrorizadas por el compañero de sepulcro que les acosté al lado, esa noche las muertas decidieron mudarse: cruzaron a nado° el río llevándose consigo las lápidas y arreglaron el cementerio en la otra orilla, con Jesucristo y todo. Al día siguiente los viajeros que iban por lancha al pueblo de Fray Bizco vieron a su derecha el cementerio que siempre habían visto a su izquierda. Por un instante se les confundieron las manos y creyeron que estaban navegando en dirección contraria, como si volvieran de Fray Bizco, pero en seguida advirtieron que se trataba de una mudanza y dieron parte° a las autoridades. Unos policías fueron a inspeccionar el sitio que antes ocupaba el cementerio y, cavando° donde la tierra parecía recién removida, sacaron el cadáver (por eso, a la noche, las almas en pena de las monjitas volvieron muy aliviadas, con el cementerio a cuestas)° y de investigación en investigación… ¡bueno!… el resto ya lo sabe usted, señor Juez.

nuns

gravestones

furious / *atheist*

cruzaron… *swam across*

dieron… *?*

?

a… *on their backs*

Otra dimensión 

Los dibujos a continuación representan un cuento. En tus propias palabras, describe en detalle lo que sucede. Puedes usar las preguntas como guía.

- ¿Crees que encontró sus cosas?
- ¿Qué nos muestran los dibujos?

Comprensión auditiva 

La selección que vas a escuchar trata de un nuevo libro de cuentos de misterio. La selección y las preguntas no están impresas en tu libro, sólo las posibles respuestas a cada pregunta. Escucha la selección y responde a las preguntas escogiendo la respuesta correcta entre las opciones impresas en tu libro.

Número 1

a. Contar los horrores de su vida.
b. Llevarnos a un mundo irreal.
c. Definir lo que es verdaderamente el horror.
d. Explicar los misterios que nos llevan a la locura.

Número 2

a. Se vuelve loco cuando asesina a un hombre.
b. Comete crímenes desde la tumba.
c. Sus sueños se hacen realidad.
d. Sueña que es un policía asesino.

Número 3

a. Porque el final de los cuentos es obvio.
b. Porque los personajes no son muy convincentes.
c. Porque los cuentos no están bien desarrollados.
d. Porque nunca sabemos lo que sucede al final.

Respuestas (página 285, Situaciones inexplicables)

1. nació, y sigue viviendo en el hemisferio sur **2.** uno (la aguja sigue el surco desde el principio hasta el fin) **3.** 25 **4.** eran tres personas (una abuela, una madre y una hija—la madre es una madre y una hija) **5.** no jugaban juntos

CAPÍTULO

Espuma y nada más

Hernando Téllez

Antes de leer

A. Para discutir en clase

Mira los dibujos y trata de reconstruir lo que pasa. ¿Cuál es el dilema? Para la discusión con el resto de la clase, haz una lista de palabras clave o de frases que te ayuden a expresar tus ideas.

B. Nuestra experiencia ¿Recuerdas una de tus primeras visitas a la peluquería *(barber shop)*? Responde a las siguientes preguntas acerca de tu experiencia.

1. ¿Cuántos años tenías?
2. ¿Quién te llevó?
3. ¿Dónde estaba la peluquería?
4. ¿Cómo era el (la) peluquero(a)?
5. ¿Cómo te sentías?

C. En la silla El cuento "Espuma *(lather, suds)* y nada más" tiene lugar en una peluquería. Cuando vas a cortarte el pelo, ¿cómo es tu experiencia? Responde a las preguntas a continuación.

1. ¿Haces una cita o no?
2. ¿Tienes que esperar?
3. ¿Hay muchos clientes?
4. ¿Te preocupa el precio?
5. ¿Qué te gusta hacer mientras te cortan el pelo? ¿Hablar? ¿Cerrar los ojos? ¿Dormir?
6. ¿Qué muebles o adornos hay?
7. ¿Hay música de fondo?
8. ¿Hay un televisor? ¿Está puesto?
9. ¿Sabes explicarle al peluquero (a la peluquera) el corte que deseas?
10. ¿Te lava el pelo el (la) peluquero(a)?
11. ¿Te lo seca?
12. ¿Cómo te sientes cuando el (la) peluquero(a) ha acabado?
13. ¿Cómo reaccionas si no te gusta el recorte o peinado?

D. Vocabulario de una peluquería Mira el dibujo en la próxima página y luego describe para qué sirven las cosas identificadas.

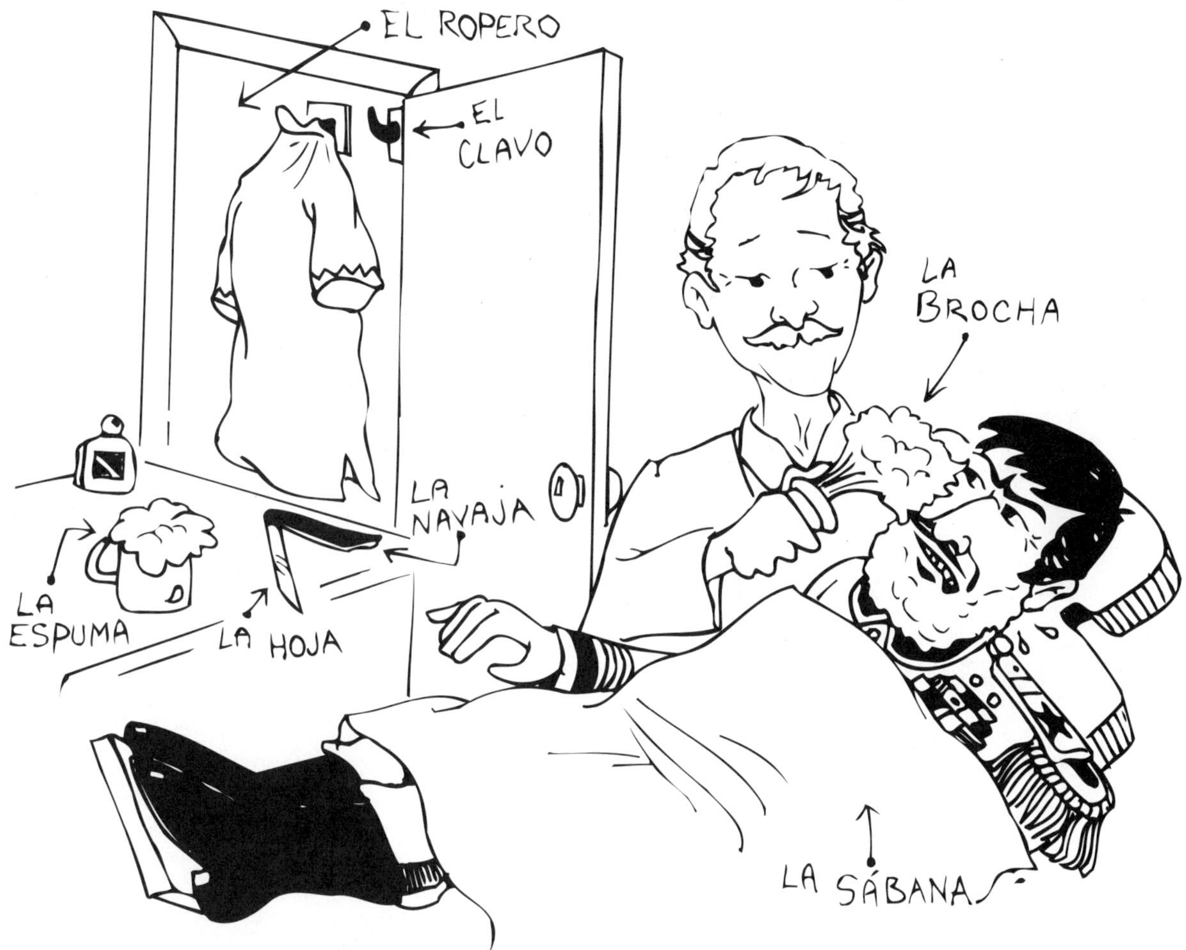

Al leer

Este cuento trata de uno de los problemas más graves que existe y que ha existido por mucho tiempo en Latinoamérica —la violencia política. Hay guerras, golpes de estado, revoluciones, conflictos, matanzas —toda clase de violencia— para ganar control político. Mientras lees "Espuma y nada más" fíjate en los siguientes puntos:

- la reacción (emociones) del barbero en presencia del capitán
- las oportunidades que tiene el barbero para matarlo
- el conflicto que surge en la conciencia del barbero

El autor

Hernando Téllez (1908–1966) nació en Bogotá, Colombia. El cuento más popular de Téllez, tanto en español como en ediciones traducidas a una numerosa variedad de idiomas, es "Espuma y nada más". Téllez nos presenta la triste realidad del período de "la violencia" por el que pasó Colombia. Al mismo tiempo este cuento es un excelente análisis psicológico de un hombre que tiene que escoger entre sus principios y lo que podría hacer por la causa política que apoya.

Lectura

Espuma y nada más

Hernando Téllez

No saludó al entrar. Yo estaba repasando sobre una badana° la mejor de mis navajas°. Y cuando lo reconocí me puse a temblar. Pero él no se dio cuenta. Para disimular° continué repasando la hoja.° La probé luego sobre la yema del dedo gordo y volví a mirarla contra la luz. En ese instante se quitaba el cinturón ribeteado de balas° de donde pendía la funda° de la pistola. Lo colgó de uno de los clavos del ropero y encima colocó el kepis.° Volvió completamente el cuerpo para hablarme y, deshaciendo el nudo° de la corbata, me dijo: "Hace un calor de todos los demonios. Aféitame". Y se sentó en la silla. Le calculé cuatro días de barba. Los cuatro días de la última excursión en busca de los nuestros. El rostro parecía quemado, curtido por el sol. Me puse a preparar minuciosamente el jabón°. Corté unas rebanadas de la pasta, dejándolas caer en el recipiente,° mezclé un poco de agua tibia y con la brocha° empecé a revolver. Pronto subió la espuma. "Los muchachos de la tropa° deben tener tanta barba como yo." Seguí batiendo la espuma. "Pero nos fue bien, ¿sabe? Pescamos° a los principales. Unos vienen muertos y otros todavía viven. Pero pronto estarán todos muertos." "¿Cuántos cogieron?" pregunté. "Catorce. Tuvimos que internarnos bastante para dar con° ellos. Pero ya la están pagando. Y no se salvará ni uno, ni uno." Se echó para atrás en la silla al verme con la brocha en la mano, rebosante° de espuma. Faltaba ponerle la sábana.° Ciertamente yo estaba aturdido.° Extraje del cajón una sábana y la anudé al cuello de mi cliente. Él no se cesaba de hablar. Suponía que yo era uno de los partidarios del orden.° "El pueblo habrá escarmentado° con lo del otro día" dijo. "Sí", repuse mientras concluía de hacer el nudo sobre la oscura nuca°, olorosa a sudor. "¿Estuvo bueno, verdad?" "Muy bueno", contesté mientras regresaba a la brocha. El hombre cerró los ojos con un gesto de fatiga y esperó así la fresca caricia del jabón. Jamás lo había tenido tan cerca de mí. El día en que ordenó que el pueblo desfilara por el patio de la Escuela para ver a

sheepskin (for sharpening)
razors
?
blade
ribeteado... *trimmed with bullets*
?
cap
knot
soap
container
brush
?
?
dar... *come upon*
overflowing
sheet / *bewildered*
partidarios... *followers of the regime* / habrá... *must have learned its lesson* / *back of the neck*

los cuatro rebeldes allí colgados, me crucé con° él un instante. Pero el espectáculo de los cuerpos mutilados me impedía fijarme en el rostro del hombre que lo dirigía todo y que ahora iba a tomar en mis manos. No era un rostro desagradable, ciertamente. Y la barba, envejeciéndolo un poco, no le caía mal. Se llamaba Torres. El capitán Torres. Un hombre con imaginación, porque ¿a quién se le había ocurrido antes colgar a los rebeldes desnudos y luego ensayar° sobre determinados sitios del cuerpo una mutilación a bala? Empecé a extender la primera capa de jabón. Él seguía con los ojos cerrados. "De buena gana me iría a dormir un poco", dijo, "pero esta tarde hay mucho que hacer." Retiré la brocha y pregunté con aire falsamente desinteresado: "¿Fusilamiento?" "Algo por el estilo, pero más lento", respondió. "¿Todos?" "No. Unos cuantos apenas."° Reanudé de nuevo la tarea de enjabonarle la barba. Otra vez me temblaban las manos. El hombre no podía darse cuenta de ello y ésa era mi ventaja. Pero yo hubiera querido que él no viniera. Probablemente muchos de los nuestros lo habrían visto entrar. Y el enemigo en la casa impone condiciones. Yo tendría que afeitar esa barba como cualquier otra, con cuidado, con esmero,° como la de un buen parroquiano,° cuidando de que ni por un solo poro fuese a brotar° una gota de sangre. Cuidando de que en los pequeños remolinos° no se desviara la hoja. Cuidando de que la piel quedara limpia, templada, pulida, y de que al pasar el dorso de mi mano por ella, sintiera la superficie sin un pelo. Sí. Yo era un revolucionario clandestino, pero era también un barbero de conciencia, orgulloso de la pulcritud° en su oficio. Y esa barba de cuatro días se prestaba para una buena faena.°

Tomé la navaja, levanté un ángulo oblicuo de las dos cachas,° dejé libre la hoja y empecé la tarea, de una de las patillas° hacia abajo. La hoja respondía a la perfección. El pelo se presentaba indócil y duro, no muy crecido, pero compacto. La piel iba apareciendo poco a poco. Sonaba la hoja con su ruido característico, y sobre ella crecían los grumos° de jabón mezclados con trocitos de pelo. Hice una pausa para limpiarla, tomé la badana de nuevo y me puse a asentar el acero,° porque yo soy un barbero que hace bien sus cosas. El hombre que había mantenido los ojos cerrados, los abrió, sacó una de las manos por encima de la sábana, se palpó° la zona del rostro que empezaba a quedar libre de jabón, y me dijo: "Venga usted a las seis, esta tarde, a la Escuela." "¿Lo mismo del otro día?" le pregunté horrorizado. "Puede que resulte mejor", respondió. "¿Qué piensa usted hacer?" "No sé todavía. Pero nos divertiremos." Otra vez se echó hacia atrás y cerró los ojos. Yo me acerqué con la navaja en alto. "¿Piensa castigarlos a todos?" aventuré tímidamente. "A todos." El jabón se secaba sobre la cara. Debía apresurarme. Por el espejo, miré hacia la calle. Lo mismo de siempre: la tienda de víveres° y en ella dos o tres compradores. Luego miré el reloj: las dos y veinte de la tarde. La navaja seguía descendiendo. Ahora de la otra patilla hacia abajo. Una barba azul, cerrada.° Debía dejársela crecer como algunos poetas o como algunos

me... ?

try out

Unos... *Just (only) a few*

con... *neatly, very carefully* / *customer* / *flow*

cowlicks

neatness, care

job

levanté... *opened wide the handles (of the razor)* / *sideburns*

mounds

asentar... *sharpen the blade*

se... *touched, felt*

food, provisions

thick

sacerdotes. Le quedaría bien. Muchos no lo reconocerían. Y mejor para él, pensé, mientras trataba de pulir° suavemente todo el sector del cuello. Porque allí sí que debía manejar con habilidad la hoja pues el pelo, aunque en agraz,° se enredaba° en pequeños remolinos. Una barba crespa.°Los poros podían abrirse, diminutos, y soltar su perla de sangre. Un buen barbero como yo finca° su orgullo en que eso no ocurra a ningún cliente. Y éste era un cliente de calidad. ¿A cuántos de los nuestros había ordenado matar? ¿A cuántos había ordenado que los mutilaran?... Mejor no pensarlo. Torres no sabía que yo era su enemigo. No lo sabía él ni lo sabían los demás. Se trataba de un secreto entre muy pocos, precisamente para que yo pudiese informar a los revolucionarios de lo que Torres estaba haciendo en el pueblo y de lo que proyectaba hacer cada vez que emprendía° una excursión para cazar revolucionarios. Iba a ser, pues, muy difícil explicar que yo lo tuve entre mis manos y lo dejé ir tranquilamente, vivo y afeitado.

La barba le había desaparecido casi completamente. Parecía más joven, con menos años de los que llevaba a cuestas° cuando entró. Yo supongo que eso ocurre siempre con los hombres que entran y salen de las peluquerías. Bajo el golpe de mi navaja Torres rejuvenecía, sí, porque yo soy un buen barbero, el mejor de este pueblo, lo digo sin vanidad. Un poco más de jabón, aquí, bajo la barbilla, sobre la manzana,° sobre esta gran vena. ¡Qué calor! Torres debe estar sudando como yo. Pero él no tiene miedo. Es un hombre sereno que ni siquiera piensa en lo que ha de hacer esta tarde con los prisioneros. En cambio yo, con esta navaja entre las manos, puliendo y puliendo esta piel, evitando que brote sangre de estos poros, cuidando todo golpe, no puedo pensar serenamente. Maldita° la hora en que vino, porque yo soy un revolucionario pero yo no soy un asesino. Y tan fácil como resultaría matarlo. Y lo merece. ¿Lo merece? No, ¡qué diablos! Nadie merece que los demás hagan el sacrificio de convertirse en asesinos. ¿Qué se gana con ello? Pues nada. Vienen otros y otros y los primeros matan a los segundos y éstos a los terceros y siguen y siguen hasta que todo es un mar de sangre. Yo podría cortar este cuello, así ¡zas! ¡zas! No le daría tiempo de quejarse y como tiene los ojos cerrados no vería ni el brillo de la navaja ni el brillo de mis ojos. Pero estoy temblando como un verdadero asesino. De ese cuello brotaría un chorro° de sangre sobre la sábana, sobre la silla, sobre mis manos, sobre el suelo. Tendría que cerrar la puerta. Y la sangre seguiría corriendo por el piso, tibia, imborrable,° incontenible,° hasta la calle, como un pequeño arroyo° escarlata.° Estoy seguro de que un golpe fuerte, una honda incisión, le evitaría todo dolor. No sufriría. ¿Y qué hacer con el cuerpo? ¿Dónde ocultarlo? Yo tendría que huir, dejar estas cosas, refugiarme lejos, bien lejos. Pero me perseguirían hasta dar conmigo. "El asesino del Capitán Torres. Lo degolló° mientras le afeitaba la barba. Una cobardía." Y por otro lado: "El vengador de los nuestros. Un hombre para recordar (aquí mi nombre). Era el barbero del pueblo. Nadie sabía que él defendía nuestra causa..." ¿Y qué? ¿Asesino o héroe? Del filo de esta navaja

polish, make shine
en... *prematurely* / se... *was tangled up* / *curly*
bases
undertook, started out on
llevaba... *was bearing (lit. ,was carrying on his back)*
Adam's apple
Damn
spurt
? / ? / *stream*
?
cut his throat

depende mi destino. Puedo inclinar un poco más la mano, apoyar un poco más la hoja, y hundirla. La piel cederá° como la seda, como el caucho,° como la badana. No hay nada más tierno que la piel del hombre y la sangre siempre está ahí, lista a brotar. Una navaja como ésta no traiciona. Es la mejor de mis navajas. Pero yo no quiero ser un asesino, no señor. Usted vino para que yo le afeitara. Y yo cumplo honradamente con mi trabajo... No quiero mancharme de sangre. De espuma y nada más. Usted es un verdugo° y yo no soy más que un barbero. Y cada cual en su puesto. Eso es. Cada cual en su puesto.

?

rubber

executioner

La barba había quedado limpia, pulida y templada. El hombre se incorporó para mirarse en el espejo. Se pasó las manos por la piel y la sintió fresca y nuevecita.

"Gracias", dijo. Se dirigió al ropero en busca del cinturón, de la pistola y del kepis. Yo debía estar muy pálido y sentía la camisa empapada.° Torres concluyó de ajustar la hebilla,° rectificó la posición de la pistola en la funda y, luego de alisarse maquinalmente los cabellos, se puso el kepis. Del bolsillo del pantalón extrajo unas monedas para pagarme el importe del servicio. Y empezó a caminar hacia la puerta. En el umbral se detuvo un segundo y volviéndose me dijo:

soaked / buckle

"Me habían dicho que usted me mataría. Vine para comprobarlo. Pero matar no es fácil. Yo sé por qué lo digo." Y siguió calle abajo.

Comprensión

A. Comprensión general En tus propias palabras, responde a las siguientes preguntas. Comparte tus ideas con otros estudiantes en la clase y escucha sus ideas.

1. ¿Por qué estaba tan nervioso el barbero cuando entró el cliente?
2. ¿Por qué pensaba matarlo?
3. ¿Por qué no podía matarlo?

B. De la misma familia Las palabras de la lista a continuación son formas que provienen de palabras que probablemente ya conoces. Da una palabra de la misma familia.

ropero [7]	horrorizado [68]	brillo [112]
olorosa [26]	víveres [74]	imborrable [116]
desfilara [30]	compradores [74]	incontenible [116]
envejeciéndolo [34]	proyectaba [90]	honradamente [131]
enjabonarle [44]	rejuvenecía [96]	nuevecita [136]
trocitos [62]		

C. En contexto

Da una palabra o frase que quiera decir lo mismo que las siguientes palabras o frases.

disimular [3]	imborrable [116]
funda [6]	incontenible [116]
tropa [15]	escarlata [117]
pescamos [16]	cederá [126]
me crucé con [31]	

D. Al punto

Contesta a las siguientes preguntas, escogiendo la mejor respuesta o terminación según la lectura.

1. Cuando entró el cliente, el barbero se puso
   a. enojado.
   b. alegre.
   c. nervioso.
   d. tranquilo.
2. En sus labores con este cliente el barbero *no* utiliza
   a. una brocha.
   b. una hoja de navaja.
   c. un jabón.
   d. unas tijeras.
3. Torres cree que los hombres a quienes cogieron serán
   a. asesinados.
   b. capturados.
   c. salvados.
   d. liberados.
4. La frase “El pueblo habrá escarmentado con lo del otro día” [líneas 24–25] quiere decir que
   a. los partidarios del orden fueron a la Escuela.
   b. los partidarios del orden colgaron a Torres.
   c. Torres ha asustado a la gente.
   d. Torres dio la libertad a los prisioneros.
5. El barbero fue a ver a los rebeldes asesinados porque
   a. era partidario.
   b. estaba aburrido.
   c. el capitán no podía asistir.
   d. el capitán lo hizo asistir.

6. Esa tarde, antes de ser afeitado, Torres había ordenado

   a. más ejecuciones.
   b. más fusiles.
   c. otro desfile.
   d. otra protesta.

7. El barbero tenía miedo porque no quería … a su cliente.

   a. mirar
   b. entusiasmar
   c. cortar
   d. alabar

8. Mientras lo afeitaba, el barbero pensaba en la posibilidad de … al capitán Torres.

   a. golpear
   b. insultar
   c. matar
   d. amarrar

9. La frase "Un poco más de jabón, aquí, bajo la barbilla, sobre la manzana, sobre esta gran vena" [líneas 98–99] quiere decir que el barbero

   a. puede cortarle el cuello a Torres fácilmente.
   b. tiene ganas de terminar esta labor lo más pronto posible.
   c. piensa en lo que va a hacer esta tarde.
   d. quiere hacer su trabajo de la mejor forma posible.

10. El barbero no puede matar al capitán porque

   a. lo aprecia mucho.
   b. éste lo protege.
   c. no tiene un arma.
   d. no es asesino.

E. Ahora te toca Éste es el momento de preguntarles a otros estudiantes acerca del cuento. Además de preguntar acerca del lugar o del argumento, puedes pedirles que te den sus interpretaciones de ciertos detalles del cuento. Por ejemplo, podrías hacer preguntas como: ¿qué efecto crees que tiene el tiempo en el cuento? o ¿por qué piensas que Téllez describe tan detalladamente las herramientas *(tools)* del barbero? Los temas a continuación te dan algunas posibilidades para tus preguntas.

- el tiempo
- las herramientas del barbero
- la peluquería
- las armas del capitán
- la ejecución de los rebeldes
- el conflicto

F. Una situación parecida El barbero estaba nervioso porque el capitán estaba en su peluquería. ¿Cómo te sentirías si te encontraras en las siguientes situaciones?

1. El detective de una tienda no te permite salir y quiere que le muestres lo que llevas en tus paquetes.
2. Un(a) policía te detiene mientras conduces.
3. Vas a tu trabajo, y encuentras un mensaje que dice que tu jefe quiere verte en su oficina lo antes posible.

Un paso más

¡Caliente! En varias ocasiones el autor introduce un comentario sobre el tiempo específicamente sobre el calor que hace. ¿Qué nos dicen estas referencias al tiempo acerca del ambiente del cuento? ¿Qué significan? ¿Qué añaden al cuento? Las citas a continuación han sido tomadas del cuento.

"Hace un calor de todos los demonios."

"El rostro parecía quemado, curtido por el sol."

"¡Qué calor! Torres debe estar sudando como yo."

El nerviosismo El barbero cree que el capitán Torres no se da cuenta de lo nervioso que está, pero nos revela con frecuencia sus temores. Mira las referencias a continuación y luego vuelve al texto para encontrar el contexto que explica la razón de su temor.

...me puse a temblar. [línea 2]

Ciertamente yo estaba aturdido. [línea 22]

Otra vez me temblaban las manos. [línea 44]

Pero estoy temblando como un verdadero asesino. [líneas 112–113]

El conflicto El barbero se encontró en un dilema moral y tuvo que decidir lo que debía hacer. Imagínate que te encuentras en las siguientes situaciones y piensa en la reacción que tú tendrías. ¿Qué preguntas, problemas o dificultades surgen en cada situación? ¿Cómo las resolverías?

1. Eres médico(a) y un(a) asesino(a) viene a tu clínica buscando ayuda.
2. Eres profesor(a) y un(a) estudiante que tiene reputación de ser deshonesto te pide ayuda durante un examen.
3. Eres policía y un narcotraficante te ofrece mucho dinero para que lo dejes escapar.

Para conversar 

Algunas palabras y expresiones que te ayudarán a expresar tus ideas se encuentran a la derecha.

¿Y tú en esa situación? Si te hubieras encontrado en la situación del barbero, ¿cómo te habrías sentido? ¿Qué habrías hecho? Si prefieres, puedes recrear la historia y contarla en el tiempo presente. Cuéntales tu historia a otros compañeros de clase y escucha sus historias. ¿Son parecidas las reacciones?

De un(a) rebelde a otro(a) Con un(a) compañero(a) de clase, hagan Uds. los papeles del barbero y de un revolucionario clandestino. El revolucionario quiere preguntarle al barbero acerca de su experiencia con el capitán Torres. Quiere saber cómo era Torres y qué dijo. También quiere saber qué pensaba el barbero mientras afeitaba al capitán en su silla. Aunque comiences con preguntas básicas, es probable que necesites aclarar o desarrollar tus preguntas. Por ejemplo, en vez de simplemente preguntar ¿Qué dijo?, haz preguntas adicionales, tales como, ¿Habló mucho? ¿Ofreció información voluntariamente? En esta conversación no quieres investigar sólo la acción, sino también las emociones de los personajes en la peluquería.

Nuestros temores Todo el mundo es distinto. Lo que pone a alguien nervioso no es nada para otra persona. Algunas personas tienen miedo de los truenos, otras de la oscuridad y aún otras de las alturas. Algunas personas pueden hablar en público ante grupos grandísimos, mientras que esa experiencia sería una pesadilla *(nightmare)* para otras. Con otros estudiantes, habla de las distintas reacciones que tú y ellos tendrían.

1. Tienes un examen final en una asignatura en la cual tienes problemas.
2. Estás en un barco pequeño cuando comienza una tempestad.
3. Das un paseo por el bosque y das con una serpiente.

Vocabulario útil

Aquí tienes una lista de palabras que probablemente ya sabes.

- la aflicción
- la amenaza
- asustarse
- cobarde
- la cobardía
- la crisis
- la dificultad
- la duda
- encontrarse
- incomprensible
- molesto(a)
- la oposición
- el peligro
- ser difícil
- sospechar
- sudar
- el temblor
- tímido(a)

Estas expresiones pueden ayudarte también.

- **el aprieto** *difficulty, scrape, fix*
- **desmayarse** *to faint*
- **el enredo** *entanglement; complication*
- **el espanto** *fright, horror*
- **no saber dónde meterse** *not to know where to turn*
- **el pavor** *dread, terror*
- **verse ahogado** *to feel smothered*

4. Tienes que entregar un paquete a una casa donde hay un perro grande suelto en el patio.
5. Pisas un clavo y necesitas una inyección contra el tétano *(tetanus)*.
6. Tienes una competencia mañana y si la ganas podrás competir en las nacionales.

Una competencia Los estudiantes deben dividirse en equipos de dos estudiantes cada uno. Un(a) estudiante, mirando la lista de palabras a continuación, dará definiciones o descripciones de las palabras a su compañero(a). El (La) compañero(a), sin mirar las palabras, tratará de adivinar el significado. El equipo que adivine el mayor número de significados gana. Todas las palabras o expresiones son del cuento. En sus marcas... listos... ¡adelante!.

espejo	rostro	jabón	recipiente
cuello	arroyo	tibio	verdugo
asesino	espuma	sábana	cajón
sangre	cliente	patillas	barba
navaja	clavo	ropero	nudo
piel	bala	funda	sudor

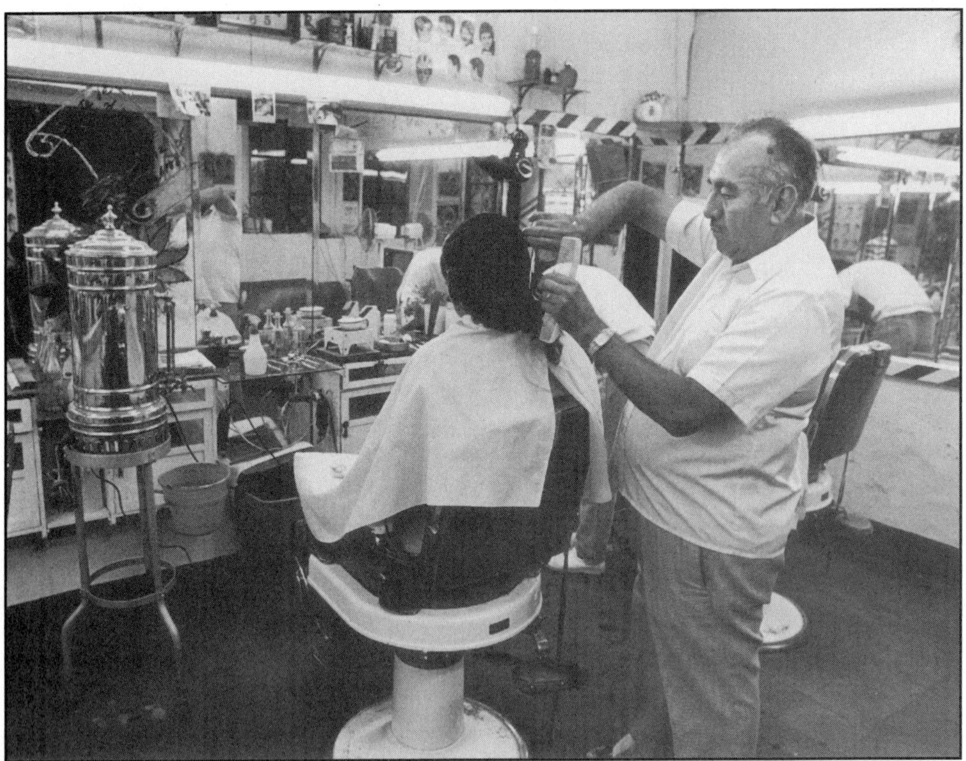

Para escribir

Un resumen En un párrafo, escribe un resumen que le dé al lector una buena idea acerca del cuento “Espuma y nada más”. No te olvides de mencionar los personajes centrales, el lugar, el argumento y el tema.

La interpretación del texto Unas de las palabras más dramáticas del cuento las piensa el barbero mientras contempla la posibilidad de matar al capitán Torres. “Y tan fácil como resultaría matarlo. Y lo merece. ¿Lo merece? No, ¡qué diablos! Nadie merece que los demás hagan el sacrificio de convertirse en asesinos. ¿Qué se gana con ello? Pues nada. Vienen otros y otros y los primeros matan a los segundos y éstos a los terceros y siguen y siguen hasta que todo es un mar de sangre.” ¿Qué significan estas palabras? ¿Qué nos dice el autor acerca de la violencia y de la matanza? Escribe tus reflexiones en un ensayo que incluya los siguientes puntos:

- tu interpretación del significado del pasaje
- cómo se manifiestan las ideas del pasaje en el cuento (las acciones del capitán y las del barbero)
- lo que decide hacer el barbero
- lo que nos demuestran las acciones del barbero

El conflicto ¿Qué hacer? ¿Cuál es la decisión correcta? Todo el mundo ha tenido que hacer frente a un conflicto en una ocasión u otra. Piensa en un conflicto que hayas tenido y escribe un ensayo acerca de tu experiencia. Los siguientes puntos te ayudarán a organizar tus ideas.

- la situación
- el conflicto
- tu primera reacción
- lo “bueno” de cada lado
- lo “malo” de cada lado
- cómo resolviste el conflicto (¿qué preguntas te hiciste? ¿en qué pensaste? ¿pensaste en otros incidentes?)
- recomendaciones o ayuda que recibiste
- tu decisión
- cómo te sentías después de decidir

SOFTWARE

Phrases:
Agreeing & disagreeing; Comparing & contrasting; Disapproving; Expressing an opinion; Weighing the evidence; Writing about theme, plot or scene

Vocabulary:
Body: senses; Cultural periods & movements; Nationality

Grammar:
Pronouns: direct/indirect; Verbs: preterit & imperfect; Possessive adjectives: *mi(s), tu(s)*; Verbs: compound tenses

Otra dimensión

Los dibujos a continuación representan un cuento. Reconstruye el cuento usando todos los detalles posibles. Recuerda que también puedes usar tu imaginación.

Comprensión auditiva

Ahora vas a escuchar un diálogo entre Emilio y Elena, una pareja que está haciendo los quehaceres de la casa. La selección y las preguntas no están impresas en tu libro, sólo las posibles respuestas a cada pregunta. Escucha la selección y responde a las preguntas escogiendo la respuesta correcta entre las opciones impresas en tu libro.

Número 1

a. Las puso en las camas.
b. Las mojó en el patio.
c. Las sacó al sol.
d. Las puso en un cajón.

Número 2

a. No sabe afeitarse.
b. Su ropa no está seca todavía.
c. Tiene una enfermedad de la piel.
d. Tiene la piel muy reseca.

Número 3

a. Afeitarse la barba.
b. Lavar la ropa de cama.
c. Salir a tomar el sol.
d. Limpiar los roperos.

Número 4

a. las sábanas
b. las barbas
c. las toallas
d. los bigotes

Emma Zunz

Jorge Luis Borges

Antes de leer

A. Para discutir en clase

Mira el dibujo y trata de reconstruir lo que pasa. Para la discusión con el resto de la clase, haz una lista de palabras clave o de frases que te ayuden a expresar tus ideas. En la presentación incluye las respuestas a las preguntas que aparecen a continuación.

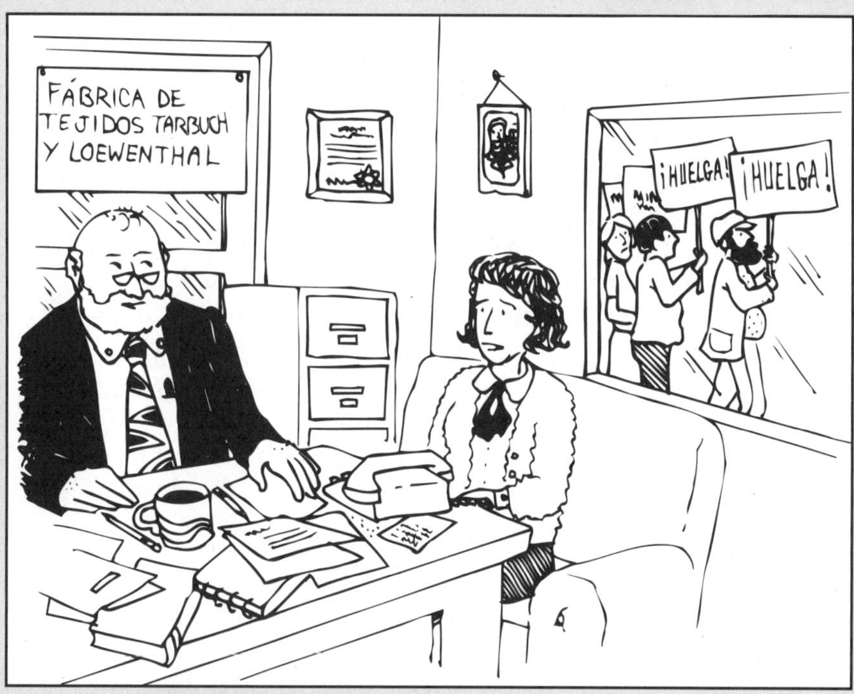

1. ¿Quiénes parecen ser los personajes en este dibujo? Descríbelos en detalle, incluyendo el aspecto físico y las razones por las cuales tú piensas que están hablando.
2. ¿Dónde están estos personajes? ¿Cuáles son los nombres de algunos de los muebles que se encuentran en este lugar?
3. ¿Qué está sucediendo afuera? ¿Qué relación piensas que existe entre las personas que están adentro y las que están afuera del edificio?

B. Nuestra experiencia En las siguientes actividades tendrás la oportunidad de hablar sobre tus experiencias personales con respecto a algunos temas del cuento que vas a leer. Piensa en las respuestas y luego presenta tus ideas a los otros estudiantes.

- Muchas veces la gente puede decir cosas acerca de nosotros que no son verdad, en otras palabras, levantan calumnias. ¿Puedes pensar en algunas calumnias que se han levantado contra tus amigos o contra personas famosas? ¿Qué efecto pueden tener estas calumnias en una persona?
- En el cuento que vas a leer una hija trata de defender el honor de su padre. ¿Qué representa el honor o la buena reputación para ti? ¿Qué harías tú si una persona tratara de dañar tu reputación o la reputación de uno de tus amigos?

C. La venganza y el perdón En el diccionario la palabra venganza *(revenge)* está definida como "mal que se hace a alguien para castigarlo *(punish)* y reparar así una injuria o daño recibido". ¿Es la venganza una acción positiva o negativa? ¿Es necesaria la venganza en algunos casos? ¿Por qué?

D. Una selección Los siguientes párrafos son muy importantes para la comprensión del cuento que vas a leer. Emma Zunz acaba de recibir una carta de un señor que vivía en el mismo hotelito que su padre. En esta carta él le anuncia a Emma que su padre ha muerto después de haber bebido, por error, una fuerte dosis de veronal, un sedante *(sedative)*.

Emma dejó caer el papel. Su primera impresión fue de malestar en el vientre° y en las rodillas; luego de ciega culpa,° de irrealidad, de frío, de temor; luego, quiso ya estar en el día siguiente. Acto continuo comprendió que esa voluntad° era inútil porque la muerte de su padre era lo único que había sucedido en el mundo, y seguiría sucediendo sin fin. Recogió el papel y se fue a su cuarto. Furtivamente° lo guardó en un cajón,° como si de algún modo ya conociera los hechos ulteriores.° Ya había empezado a vislumbrarlos,° tal vez; ya era la que sería.

En la creciente oscuridad, Emma lloró hasta el fin de aquel día el suicidio de Manuel Maier, que en los antiguos días felices fue Emanuel Zunz. Recordó veraneos en una chacra,° cerca de Gualeguay,° recordó (trató de recordar) a su madre, recordó la casita de Lanús° que les remataron,° recordó los amarillos losanges° de una ventana, recordó el auto de prisión, el oprobio,° recordó los anónimos° con el suelto° sobre "el desfalco° del cajero",° recordó (pero eso jamás lo olvidaba) que su padre, la última noche, le había jurado° que el ladrón era Loewenthal. Loewenthal, Aarón Loewenthal, antes gerente° de la

stomach / ciega… *blind guilt*

desire

Secretly / *drawer*

subsequent

conjecture them

farm

city in Argentina

suburb / *was auctioned off*

diamond-shaped windows

infamy / *anonymous letters* / *short newspaper article* / *embezzlement* / *cashier; treasurer* / *sworn* / *manager* fábrica y ahora uno de los dueños. Emma, desde 1916, guardaba el secreto. A nadie se lo había revelado, ni siquiera a su mejor amiga, Elsa Urstein. Quizá rehuía° la profana incredulidad; quizá creía que el secreto era un vínculo° entre ella y el ausente. Loewenthal no sabía que ella sabía; Emma Zunz derivaba° de ese hecho ínfimo° un sentimiento de poder.

was rejecting
link
derived
smallest

Ahora, responde a las preguntas a continuación, basándote en lo que acabas de leer.

1. ¿Cómo se sentía Emma?
2. ¿Qué hizo todo el día?
3. ¿Qué recordó?
4. ¿Qué crimen había cometido su padre?
5. ¿Quién había sido el verdadero ladrón?
6. ¿Quiénes sabían la verdad?

El autor

Jorge Luis Borges, poeta, ensayista, narrador y traductor, nació en Buenos Aires, Argentina, en 1899. A una temprana edad viajó a Ginebra, Suiza, donde terminó su escuela secundaria. Luego pasó varios años en España, hasta regresar a Buenos Aires en 1921. Allí fue profesor de literatura inglesa en la Universidad de Buenos Aires, ejerció el puesto de presidente de la Asociación Argentina de Escritores y llegó a ser Director de la Biblioteca Nacional. Borges crea en sus cuentos un mundo único; su técnica es inigualable y su imaginación y originalidad han sido comparados con Franz Kafka. En 1957 recibió el Premio Nacional de Literatura y en 1961 el Prix Formentor, uno de los premios internacionales de más prestigio. Borges es considerado como uno de los mejores escritores de la lengua española, no sólo en los países de habla hispana sino en todo el mundo, ya que sus obras han sido traducidas a un sin fin de idiomas. Entre los temas que encontramos en sus cuentos están el tiempo circular y linear, el sueño, la eternidad, el espacio, la ficción o irrealidad, la realidad, la dualidad y multiplicidad del hombre. Una de las características más sobresalientes de sus cuentos son los finales inesperados y sorprendentes, así como el constante juego con la realidad y la irrealidad. Entre sus colecciones de cuentos se encuentran *Historia universal de la infamia* (1935), *Ficciones* (1944), la más conocida, *El Aleph* (1949) y *El hacedor* (1960). Borges murió en 1986 a la edad de 87 años.

Al leer

El cuento que vas a leer es la historia de una hija que quiere vengar a su padre. Al leer, presta atención a los siguientes puntos:

- los preparativos que hace Emma para llevar a cabo *(carry out)* su plan
- cómo venga a su padre
- la ironía al final del cuento

Lectura

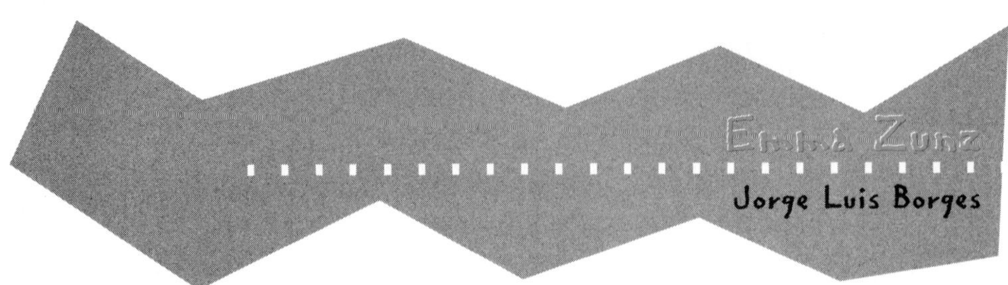

fábrica... *textile mill* / *hall*
?
misled
scribbled
to fill / *ingested, consumed*
? / del... ?

El catorce de enero de 1922, Emma Zunz, al volver de la fábrica de tejidos° Tarbuch y Loewenthal, halló en el fondo del zaguán° una carta, fechada° en el Brasil, por la que supo que su padre había muerto. La engañaron,° a primera vista, el sello y el sobre; luego, la inquietó la letra desconocida. Nueve o diez líneas borroneadas° querían colmar° la hoja; Emma leyó que el señor Maier había ingerido° por error una fuerte dosis de veronal y había fallecido° el tres del corriente° en el hospital de Bagé. Un compañero de pensión de su padre firmaba la noticia, un tal Fein o Fain, de Río Grande, que no podía saber que se dirigía a la hija del muerto.

Acto... ?

Emma dejó caer el papel. Su primera impresión fue de malestar en el vientre y en las rodillas; luego de ciega culpa, de irrealidad, de frío, de temor; luego, quiso ya estar en el día siguiente. Acto continuo° comprendió que esa voluntad era inútil porque la muerte de su padre era lo único que había sucedido en el mundo, y seguiría sucediendo sin fin. Recogió el papel y se fue a su cuarto. Furtivamente lo guardó en un cajón, como si de algún modo ya conociera los hechos ulteriores. Ya había empezado a vislumbrarlos, tal vez; ya era la que sería.

?

En la creciente° oscuridad, Emma lloró hasta el fin de aquel día el suicidio de Manuel Maier, que en los antiguos días felices fue Emanuel Zunz. Recordó veraneos en una chacra, cerca de Gualeguay, recordó (trató de recordar) a su madre, recordó la casita de Lanús que les remataron, recordó los amarillos losanges de una ventana, recordó el auto de prisión, el oprobio, recordó los anónimos con el suelto sobre "el desfalco del cajero", recordó (pero eso jamás lo olvidaba) que su padre, la última noche, le había jurado que el ladrón era Loewenthal. Loewenthal, Aarón Loewenthal, antes gerente de la fábrica y ahora uno de los dueños. Emma, desde 1916, guardaba el secreto. A nadie se lo había revelado, ni siquiera a su mejor amiga, Elsa Urstein. Quizá rehuía la profana incredulidad; quizá creía que el secreto era un vínculo entre ella y el ausente. Loewenthal no sabía que ella sabía; Emma Zunz derivaba de ese hecho ínfimo un sentimiento de poder.

No durmió aquella noche y cuando la primera luz definió el rectángulo de la ventana, ya estaba perfecto su plan. Procuró que ese día, que le pareció interminable, fuera como los otros. Había en la fábrica rumores de huelga; Emma se declaró, como siempre, contra toda violencia. A las seis, concluido el trabajo, fue con Elsa a un club de mujeres, que tiene gimnasio y pileta.° Se inscribieron;° tuvo que repetir y deletrear° su nombre y su apellido, tuvo que festejar las bromas vulgares que comentan la revisación.° Con Elsa y con la menor de las Kronfuss discutió a qué cinematógrafo irían el domingo a la tarde. Luego, se habló de novios y nadie esperó que Emma hablara. En abril cumpliría diecinueve años, pero los hombres le inspiraban, aún, un temor casi patológico... De vuelta,° preparó una sopa de tapioca y unas legumbres, comió temprano, se acostó y se obligó a dormir. Así, laborioso y trivial, pasó el viernes quince, la víspera.°

swimming pool (Argentina) / Se... *They registered* / *to spell*
examination (Argentina)
De... *?*
day before, eve

El sábado, la impaciencia la despertó. La impaciencia, no la inquietud, y el singular alivio° de estar en aquel día, por fin. Ya no tenía que tramar° y que imaginar; dentro de algunas horas alcanzaría° la simplicidad de los hechos. Leyó en *La Prensa* que el *Nordstjärnan*,° de Malmö,° zarparía° esa noche del dique° 3; llamó por teléfono a Loewenthal, insinuó que deseaba comunicar, sin que lo supieran las otras algo sobre la huelga y prometió pasar por el escritorio, al oscurecer. Le temblaba° la voz; el temblor convenía a una delatora. Ningún otro hecho memorable ocurrió esa mañana. Emma trabajó hasta las doce y fijó° con Elsa y con Perla Kronfuss los pormenores° del paseo del domingo. Se acostó después de almorzar y recapituló, cerrados los ojos, el plan que había tramado. Pensó que la etapa final sería menos horrible que la primera y que le depararía,° sin duda, el sabor de la victoria y de la justicia. De pronto, alarmada, se levantó y corrió al cajón de la cómoda. Lo abrió; debajo del retrato de Milton Sills, donde la había dejado anteanoche, estaba la carta de Fain. Nadie podía haberla visto; la empezó a leer y la rompió.

relief
to plot / *would reach*
name of a ship
Swedish port / *would sail* / *dock*
was trembling
settled / *details*
would offer

Referir con alguna realidad los hechos de esa tarde sería difícil y quizá improcedente.° Un atributo de lo infernal es la irrealidad, un atributo que parece mitigar° sus terrores y que los agrava tal vez. ¿Cómo hacer verosímil° una acción en la que casi no creyó quien la ejecutaba, cómo recuperar ese breve caos que hoy la memoria de Emma Zunz repudia° y confunde? Emma vivía por Almagro, en la calle Liniers; nos consta° que esa tarde fue al puerto. Acaso en el infame Paseo de Julio se vio multiplicada en espejos, publicada por luces y desnudada por los ojos hambrientos, pero más razonable es conjeturar° que al principio erró, inadvertida, por la indiferente recova....° Entró en dos o tres bares, vio la rutina o los manejos° de otras mujeres. Dio al fin con hombres del *Nordstjärnan.* De uno, muy joven, temió que le inspirara alguna ternura y optó por otro, quizá más bajo que ella y grosero,° para que la pureza del horror no fuera mitigada. El hombre la

not right
soothe
probable
rejects
nos... *we know for certain*
to conjecture, guess
pack, group
handling
coarse, vulgar

condujo a una puerta y después a un turbio° zaguán y después a una escalera tortuosa y después a un vestíbulo (en el que había una vidriera° con losanges idénticos a los de la casa en Lanús) y después a una puerta que se cerró. Los hechos graves están fuera del tiempo, ya porque en ellos el pasado inmediato queda como tronchado° del porvenir, ya porque no parecen consecutivas las partes que los forman.

¿En aquel tiempo fuera del tiempo, en aquel desorden perplejo de sensaciones inconexas y atroces, pensó Emma Zunz *una sola vez* en el muerto que motivaba el sacrificio? Yo tengo para mí que pensó una vez y que en ese momento peligró° su desesperado propósito. Pensó (no pudo no pensar) que su padre le había hecho a su madre la cosa horrible que a ella ahora le hacían. Lo pensó con débil asombro° y se refugió, en seguida, en el vértigo. El hombre, sueco° o finlandés,° no hablaba español; fue una herramienta° para Emma como ésta lo fue para él, pero ella sirvió para el goce° y él para la justicia.

Cuando se quedó sola, Emma no abrió en seguida los ojos. En la mesa de luz estaba el dinero que había dejado el hombre. Emma se incorporó° y lo rompió como antes había roto la carta. Romper dinero es una impiedad,° como tirar el pan; Emma se arrepintió, apenas° lo hizo. Un acto de soberbia° y en aquel día.... El temor se perdió en la tristeza de su cuerpo, en el asco.° El asco y la tristeza la encadenaban,° pero Emma lentamente se levantó y procedió a vestirse. En el cuarto no quedaban colores vivos; el último crepúsculo se agravaba. Emma pudo salir sin que la advirtieran;° en la esquina subió a un Lacroze, que iba al oeste. Eligió, conforme a su plan, el asiento más delantero,° para que no le vieran la cara. Quizá le confortó verificar, en el insípido trajín° de las calles, que lo acaecido° no había contaminado las cosas. Viajó por barrios decrecientes° y opacos,° viéndolos y olvidándolos en el acto, y se apeó° en una de las bocacalles° de Warnes. Paradójicamente su fatiga venía a ser una fuerza, pues la obligaba a concentrarse en los pormenores de la aventura y le ocultaba el fondo y el fin.

Aarón Loewenthal era, para todos, un hombre serio; para sus pocos íntimos, un avaro.° Vivía en los altos de la fábrica, solo. Establecido en el desmantelado arrabal,° temía a los ladrones; en el patio de la fábrica había un gran perro y en el cajón de su escritorio, nadie lo ignoraba, un revólver. Había llorado con decoro,° el año anterior, la inesperada muerte de su mujer —¡una Gauss, que le trajo una buena dote° !—, pero el dinero era su verdadera pasión. Con íntimo bochorno° se sabía menos apto para ganarlo que para conservarlo. Era muy religioso, creía tener con el Señor un pacto secreto, que lo eximía° de obrar bien, a trueque° de oraciones y devociones. Calvo, corpulento, enlutado, de quevedos ahumados° y barba rubia, esperaba de pie, junto a la ventana, el informe confidencial de la obrera Zunz.

La vio empujar la verja° (que él había entornado° a propósito) y cruzar el patio sombrío. La vio hacer un pequeño rodeo° cuando el perro atado ladró. Los labios de Emma se atareaban° como los de quien reza en voz baja; cansados, repetían la sentencia que el señor Loewenthal oiría antes de morir.

dark
show-window
cut off
?
fear, consternation
Swedish / Finnish
tool, instrument
enjoyment
se... *she sat up*
impiety / as soon as
anger
nausea / were paralyzing her
noticed
?
hustle and bustle
lo... *what had happened*
deteriorating / gloomy
se... *got off / intersections*
miser
desmantelado... *run-down suburb*
reverence
dowry
embarrassment, humiliation
exempted
a... *in exchange for*
quevedos... *tinted pince-nez eyeglasses*
gate / left ajar
?
were occupied, busy

Las cosas no ocurrieron como había previsto Emma Zunz. Desde la madrugada anterior, ella se había soñado muchas veces, dirigiendo el firme revólver, forzando al miserable a confesar la miserable culpa y exponiendo la intrépida estratagema° que permitiría a la Justicia de Dios triunfar de la justicia humana. (No por temor sino por ser un instrumento de la Justicia, ella no quería ser castigada.) Luego, un solo balazo° en mitad del pecho rubricaría° la suerte de Loewenthal. Pero las cosas no ocurrieron así.

stratagem, trick
shot / *would sign and seal*

Ante Aarón Loewenthal, más que la urgencia de vengar a su padre, Emma sintió la de castigar el ultraje padecido° por ello. No podía no matarlo, después de esa minuciosa deshonra.° Tampoco tenía tiempo que perder en teatralerías. Sentada, tímida, pidió excusas a Loewenthal, invocó (a fuer de delatora)° las obligaciones de la lealtad,° pronunció algunos nombres, dio a entender otros y se cortó como si la venciera el temor. Logró que Loewenthal saliera a buscar una copa de agua. Cuando éste, incrédulo de tales aspavientos,° pero indulgente, volvió del comedor, Emma ya había sacado del cajón el pesado revólver. Apretó el gatillo° dos veces. El considerable cuerpo se desplomó° como si los estampidos° y el humo lo hubieran roto, el vaso de agua se rompió, la cara la miró con asombro° y cólera, la boca de la cara la injurió en español y en ídisch.° Las malas palabras no cejaban;° Emma tuvo que hacer fuego otra vez. En el patio, el perro encadenado rompió a ladrar, y una efusión de brusca sangre manó° de los labios obscenos y manchó° la barba y la ropa. Emma inició la acusación que tenía preparada ("He vengado a mi padre y no me podrán castigar..."), pero no la acabó, porque el señor Loewenthal ya había muerto. No supo nunca si alcanzó a comprender.

ultraje... *suffered outrage, abuse*
minuciosa... *meticulous infamy*
a... *as an informer* / *loyalty*
theatricality
trigger / se... *collapsed*
reports of gun; explosion
astonishment
Yiddish / no... *did not stop*
sprung from
stained

Los ladridos tirantes° le recordaron que no podía, aún, descansar. Desordenó el diván, desabrochó° el saco° del cadáver, le quitó los quevedos salpicados° y los dejó sobre el fichero.° Luego tomó el teléfono y repitió lo que tantas veces repetiría, con esas y con otras palabras: *Ha ocurrido una cosa que es increíble.... El señor Loewenthal me hizo venir con el pretexto de la huelga.... Abusó de mí y lo maté.*

tense
unbuttoned / *jacket*
spattered / *file cabinet*

La historia era increíble, en efecto, pero se impuso° a todos, porque sustancialmente era cierta. Verdadero era el tono de Emma Zunz, verdadero el pudor,° verdadero el odio. Verdadero también era el ultraje que había padecido: sólo eran falsas las circunstancias, la hora y uno o dos nombres propios.

se... *it imposed itself*
bashfulness, modesty

Comprensión

A. Comprensión general En tus propias palabras, responde a las siguientes preguntas. Comparte tus ideas con otros estudiantes en la clase y escucha sus opiniones.

1. ¿Cómo se vengó Emma?
2. ¿Cómo se preparó Emma para llevar a cabo su plan?
3. ¿Llega a saber Loewenthal la razón por la cual Emma lo quería matar? ¿Piensas que es irónico este final? Explica.

B. De la misma familia Las palabras de la lista a continuación son formas que provienen de palabras que probablemente ya conoces. Da una palabra de la misma familia.

creciente [19]
cajero [25]
sentimiento [32]
festejar [39]
oscurecer [54]
hambrientos [72]
encadenaban [98]
sombrío [122]
ladridos [153]

C. Sinónimos Empareja cada palabra de la columna A con un sinónimo de la columna B. El contexto te ayudará a averiguar el sentido de las palabras.

A	B
____ 1. zaguán [2]	a. pasillo
____ 2. fallecido [7]	b. tiro
____ 3. procuró [34]	c. bajó
____ 4. pileta [38]	d. piscina
____ 5. bromas [40]	e. muerto
____ 6. turbio [78]	f. chistes
____ 7. se apeó [106]	g. trató
____ 8. balazo [132]	h. oscuro

D. Antónimos

Empareja cada palabra de la columna A con un antónimo de la columna B. El contexto te ayudará a averiguar el sentido de las palabras.

A	B
____ 1. fondo [2]	a. olvidó
____ 2. fin [16]	b. trasero
____ 3. ulterior [17]	c. principio
____ 4. recordó [21]	d. entrada
____ 5. porvenir [83]	e. pasado
____ 6. delantero [102]	f. anterior

E. En contexto

Da una palabra o frase que quiera decir lo mismo que las siguientes palabras o frases.

fechada [3]
del corriente [7]
acto continuo [13]
creciente [19]
de vuelta [44]
peligró [87]
asiento delantero [102]
rodeo [122]

F. Al punto

Contesta a las siguientes preguntas, escogiendo la mejor respuesta o terminación según la lectura.

1. ¿Qué noticias le trajo la carta a Emma?
   a. Que su padre se había envenenado.
   b. Que su padre regresaría pronto.
   c. Que el compañero de su padre lo había asesinado.
   d. Que dentro de poco sabría quién era su padre.
2. ¿Quién le escribió la carta a Emma?
   a. un oficial de la fábrica de tejidos
   b. una enfermera del hospital de Bagé
   c. un amigo de su padre que ella desconocía
   d. su mismo padre
3. Refiriéndose a Emma, la frase "ya era la que sería" [línea 18] quiere decir que Emma
   a. sería muy famosa.
   b. se había convertido en otra persona.
   c. había empezado a ser como era antes.
   d. se sentía confundida por no saber quién era.

4. ¿Quién era Manuel Maier?

a. el padre de Emma
b. el hermano del padre de Emma
c. el dueño de la fábrica de tejidos
d. el novio que había tenido Emma

5. ¿A qué se refiere "el desfalco del cajero" [línea 25]?

a. A una celebración que sucedió en Gualeguay.
b. A la gran cantidad de dinero que había heredado Emma.
c. A una película que había visto Emma en su juventud.
d. Al crimen del que acusaban a su padre.

6. ¿Qué no podría olvidar nunca Emma?

a. los días junto a su madre
b. la arquitectura de su casa de veraneo
c. el robo que habían hecho a su casa
d. el secreto que le había confiado su padre

7. Durante la última noche que pasó el padre con Emma, éste le confesó

a. su lealtad.
b. sus preocupaciones.
c. su inocencia.
d. sus esperanzas.

8. Además del padre y de Emma, ¿qué otra persona sabía "el secreto"?

a. ninguna otra persona
b. Elsa Urstein
c. Aarón Loewenthal
d. el cajero de un banco

9. ¿Qué hizo Emma el día que había escogido para su plan?

a. Se negó a ir a su trabajo.
b. Visitó a su mejor amiga.
c. Se incorporó a la huelga.
d. Hizo lo que siempre hacía.

10. ¿Qué opinión tenía Emma de los hombres?

a. Les tenía lástima.
b. No le gustaban.
c. Los ayudaba en todo lo que podía.
d. Eran una inspiración para ella.

11. Cuando llegó el día en el que Emma iba a llevar a cabo su plan, ella se sentía aliviada porque

a. podría dejar de hacer planes.
b. conocería al hombre con quien se casaría.
c. podría dejar de trabajar.
d. conseguiría el puesto que siempre había querido.

12. ¿Para qué llamó Emma a Loewenthal?

a. Para visitar a su esposa.
b. Para preguntarle sobre su padre.
c. Para pedirle dinero para un viaje.
d. Para hacer una cita con él.

13. ¿Por qué peligró el plan que tenía Emma?

a. Porque pensó en su padre.
b. Porque temía que la descubrieran.
c. Porque sus amigas la habían visto.
d. Porque la policía la había seguido al puerto.

14. Emma rompió el dinero que le había dejado el marinero porque

a. le enfadó que le diera tan poco dinero.
b. lo que había hecho no había sido por dinero.
c. se lo había prometido a sus amigas.
d. estaba muy confundida.

15. Emma decidió sentarse en la parte delantera del autobús porque

a. no quería que la reconocieran.
b. había visto a una de sus amigas.
c. quizás tendría que salir rápidamente.
d. el autobús estaba demasiado lleno.

16. Las cosas no sucedieron como Emma las había planeado a causa de que

a. el marinero llamó a la policía.
b. Loewenthal no llegó a confesar su culpa.
c. ella no tuvo fuerzas para matar a Loewenthal.
d. cuando llegó, Loewenthal ya había muerto.

17. ¿Qué excusa iba a usar Emma con la policía?

a. Que Loewenthal le había quitado su dinero.
b. Que otra persona había asesinado a Loewenthal.
c. Que los huelguistas la habían enviado a matarlo.
d. Que Loewenthal la había violado.

18. ¿Qué parece indicar el autor al final del cuento?

a. Que la historia de Emma se podía creer.
b. Que la policía arrestaría a Emma.
c. Que los nombres no habían sido cambiados.
d. Que Emma no sentía odio hacia Loewenthal.

G. Ahora te toca Eres un detective que ha sido asignado a investigar el caso que se describe en el cuento. Hazles cinco preguntas a tus compañeros sobre el cuento. Estas preguntas te ayudarán a verificar si ellos han comprendido el cuento; al mismo tiempo podrás aclarar cualquier duda que tengas. Algunas ideas que puedes considerar son:

- las razones de la venganza
- la vida de Emma
- los preparativos del plan
- el día que lleva a cabo el plan
- el final del cuento

Un paso más

¿Cómplice o no? ¿Cómo piensas que hubiera reaccionado la mejor amiga de Emma si hubiera sabido los planes de Emma?

Una descripción Escoge entre los adjetivos a continuación los que se prestan *(lend themselves)* para describir a Emma. Explica con ejemplos del cuento por qué crees que esos adjetivos son apropiados para describirla. También puedes añadir otros adjetivos.

obsesionada	débil	sin vergüenza
fuerte	leal	determinada
ingenua	apasionada	despreocupada

¿La única opción? Sugiere por lo menos dos opciones que Emma hubiera podido tener para resolver su dilema y explica por qué éstas son o no son más deseables a la opción que ella escogió.

Para conversar

Algunas palabras y expresiones que te ayudarán a expresar tus ideas se encuentran a la derecha.

Una entrevista Imagina que después de este hecho, tú invitas a algunos de los personajes o a conocidos de ellos a un programa de entrevistas. Tú harás el papel del (de la) entrevistador(a) y cinco de tus compañeros harán los papeles de Emma, su amiga Elsa, un colega de Loewenthal, el amigo del padre de Emma y el marinero. En la clase, con la ayuda del resto de tus compañeros que harán de público, discutan por medio de preguntas los eventos del cuento.

¿Debe castigarse? Explica en tus propias palabras por qué Emma debe o no debe recibir un castigo.

Investigación Un(a) policía llega al lugar del crimen. Con un(a) compañero(a) de clase, ten una conversación como la que piensas que ocurrió entre Emma y el (la) policía.

Los chismes Eres un reportero para un periódico nacional de "chismes". Ten una entrevista con la mejor amiga de Emma, donde tratas de investigar los detalles más sórdidos del cuento. Uno(a) de tus compañeros hará el papel de la mejor amiga de Emma.

¿Simpatía o antipatía por Emma? Busca un(a) compañero(a) de clase que tenga opiniones diferentes a las tuyas con respecto a las acciones de Emma. Discute tu punto de vista con él (ella) y preparen una presentación para la clase en la que describan sus ideas.

El crimen perfecto En tu opinión, ¿piensas que éste puede ser "el crimen perfecto"? Explica por qué piensas de este modo. Presenta tus ideas al resto de la clase y escucha sus comentarios.

¿Qué harías? Imagina que tú estuvieras en el lugar de Emma. ¿Cómo tratarías de solucionar el problema? Explica en detalle lo que harías para defender el nombre de un familiar muy querido que estuviera en una situación similar. Tus compañeros de clase te harán preguntas sobre tu presentación.

Vocabulario útil

Aquí tienes una lista de palabras que probablemente ya sabes.

- la cárcel
- las circunstancias
- convencer
- el crimen
- la culpa
- los detalles
- el (la) detective
- el engaño
- el ladrón
- la mentira
- el motivo
- el revólver
- tener razón
- la venganza

Estas palabras o expresiones pueden ayudarte también.

- a causa de *on account of*
- caerle bien (mal) a alguien *to be liked (disliked) by someone*
- el chantaje *blackmail*
- como resultado *as a result*
- de antemano *beforehand*
- debido a (que) *because of*
- la huella *track, trail*
- el (la) juez *judge*
- el juicio *trial*
- según *according to*
- el (la) testigo *witness*

Las huelgas Algunas veces los trabajadores tienen éxito con las huelgas, pero otras no. Hace unos años en los Estados Unidos, los trabajadores de las torres de control de los aeropuertos hicieron huelga y todos perdieron sus trabajos. Sin embargo, otras huelgas han tenido mucho éxito. ¿Piensas que los trabajadores tienen derecho a hacer huelga? ¿Piensas que la huelga es un buen medio para solucionar los problemas de los obreros? ¿Existen otros medios para cambiar las condiciones de trabajo o para obtener aumentos de sueldo? ¿Qué consecuencias puede traer una huelga para la población en general? ¿Piensas que es justo que los trabajadores pierdan sus trabajos cuando hacen huelga? Prepara una pequeña presentación para el resto de la clase y contesta las preguntas que te hagan tus compañeros de clase acerca de tus opiniones.

El perdón Lo mejor para una persona que ha recibido una injuria o daño es perdonar. La persona que perdona demuestra gran generosidad. ¿Estás de acuerdo con esta opinión? En tu experiencia, y dando ejemplos específicos, explica por qué estás o no de acuerdo con estas declaraciones. Escucha la presentación de tus compañeros de clase y traten de llegar a un acuerdo.

Para escribir

Phrases:
Asking information; Describing the past; Linking ideas; Writing a letter (formal); Expressing conditions

Vocabulary:
Family members

Grammar:
Verbs: if-clauses *si*; Verbs: subjunctive with *como si*; Verbs: subjunctive with *que*

Un reportaje Imagina que eres un(a) reportero(a) y que Emma te ha contado este cuento en detalle. Ahora tienes que escribir un breve reportaje para la próxima edición del periódico. Escoge las ideas y los hechos más importantes y escribe el reportaje sobre lo que ocurrió usando la siguiente guía.

Antes de escribir el artículo piensa en los siguientes puntos:

- Responde a las preguntas ¿qué?, ¿quién?, ¿cuándo?, ¿por qué? y ¿cómo?
- El primer párrafo debe servir de resumen sobre los aspectos más importantes del artículo.
- La narración objetiva no incluye las opiniones del escritor.
- La información debe ser expuesta clara y concisamente.

En defensa del honor Muchas personas piensan que es muy importante defender el honor de un familiar, no importa lo que haya que hacer. En otras palabras, "la sangre sobre todo". Escribe tu opinión sobre esta idea en un corto párrafo.

La opinión del padre Imagina que antes de morir, el padre de Emma se entera de los planes de Emma. Poniéndote en el lugar del padre, escríbele una carta a Emma y dale tu opinión acerca de sus planes.

Trata de incorporar las siguientes expresiones en tu carta.

a fin de cuentas *in the end, after all*

al igual que *the same as*

con respecto a *with regard to*

en realidad *in reality, as a matter of fact*

Otra dimensión

La siguiente historieta trata sobre una familia de trabajadores migratorios. Mira los dibujos y trata de reconstruir el cuento. Ten en cuenta los siguientes puntos:

- las condiciones de trabajo
- las condiciones de vivienda
- la recompensa que reciben los trabajadores por su trabajo
- los sentimientos de los padres hacia sus hijos y hacia el futuro
- la opción en que piensan para mejorar su situación

Como puedes ver el último dibujo sólo contiene un signo de interrogación. Tú tienes que decidir el final. ¿Qué le pasará a esta familia? ¿Tendrán éxito? ¿Cúal será el futuro de los hijos? ¿Qué podemos hacer nosotros para que no ocurra este tipo de explotación?

Comprensión auditiva

Ahora vas a escuchar un cuento corto sobre un hombre que vivía solo y su experiencia con un ladrón. La selección y las preguntas no están impresas en tu libro, sólo las posibles respuestas a cada pregunta. Escucha la selección y responde a las preguntas escogiendo la respuesta correcta entre las opciones impresas en tu libro.

Número 1

a. en una cárcel
b. en un banco
c. en una calle
d. en una casa

Número 2

a. retratos
b. dinero
c. navajas
d. joyas

Número 3

a. Empezó a llorar.
b. Salió gritando.
c. Lo cortó con una navaja.
d. Le pidió que abriera la caja fuerte.

Número 4

a. Golpeó a Roberto.
b. Luchó con Roberto.
c. Se fue de la casa.
d. Destruyó una pared.

Spanish-English Glossary

The following vocabulary items are listed in order of the Spanish alphabet. Only meanings used in the reading passages are provided. Gender of nouns is indicated, except in the case of a masculine noun ending in *o* or a feminine noun ending in *a*. Verbs appear in the infinitive form with stem changes and/or spelling changes immediately following and in parentheses: e.g., **abarcar** (qu); **adquirir** (ie, i); **comprobar** (ue); **concebir** (i, i); **rogar** (ue [gu]), etc. The following abbreviations are used: *adj.* adjective; *adv.* adverb; *f.* feminine; *inv.* invariable; *m.* masculine; *pl.* plural; *prep.* preposition; *pron.* pronoun

A

a *prep.*
- **a cargo de** in charge of
- **a consideración de** in view of
- **a cuenta de** at the expense of
- **a eso de** around, about
- **a lo lejos** in the distance
- **a medida que** as, at the same time as
- **a oscuras** in the dark
- **a partir de** (starting) from
- **a pesar de** in spite of, despite
- **a primer plano** of first importance
- **a primera vista** at first sight
- **a propósito** by the way, on purpose
- **a su vez** in one's turn
- **a través de** through, across
- **al atardecer** at dusk
- **al fin y al cabo** after all, when all is said and done
- **al parecer** apparently
- **al poco rato** shortly after, a short time after

abajo: de — below; the bottom one
abarcar (qu) to cover, to include
abertura hole
abogado advocate, lawyer
abombado *adj.* convex
abrazar to embrace, to hug
abrigar to shelter, to protect
abrigo coat
aburrarse to become rough
acabar to finish; **— con** to end with; **—se** to end, to come to an end
acallar to calm, to pacify
acariciar to caress
acaso *adv.* perhaps, maybe; by chance
acceder to agree
accionista *m. f.* shareholder
acera sidewalk
acercar to bring nearer
acometer to fill, to attack
acomodarse to fix; to make oneself comfortable
aconitina aconitine (chemical used in medicine)
acordarse (ue) to remember
acribillar to riddle (with holes, bullets); to suffocate
acto act, action
actualidad: en la — nowadays
actualmente at present, at the moment
acudir to attend, go; to come to the rescue
adelantarse to go forward, to advance
adelante: en — de hoy, hoy en — from now on
adelanto advancement
además besides, furthermore, in addition to, also
adquirir (ie, i) to acquire
adueñar a to take possession of, to appropriate
advertir (ie, i) to notice, to see; to warn
afeitar to shave
afirmar to affirm, to say, to strengthen
afligir to afflict, to trouble
afueras *f. pl.* outskirts
agacharse to lean, to bend over

agente de policía *m.* policeman
agradable *adj.* pleasant
agradar to please
agradecer to be thankful
agravar to aggravate, to worsen, to increase
agregar to join
agruparser to assemble
aguanieve *f.* sleet
aguantar to hold, to kccp quiet, to bear
agudo *adj.* sharp, acute
aguja needle; **— indicatora** pointer, needle
ahogado *adj.* drowned, muffled
ahorro *m.* saving
aislamiento isolation
aislar to isolate
ajedrez *m.* chess
ala wing
alargado *adj.* long
alargar to lengthen; **—se** to go away
alcalde *m.* mayor
alcanzar (zc) to manage, to succeed, to reach
alejar to go away; **—se** to give up, to get off
algodón *m.* cotton; **— de azucar** cotton candy
alimentarse to feed, to live on; **— de** to live (on)
alisarse to smooth
aliviar to feel better, to alleviate
alma *m.* soul
almacén *m.* warehouse
almohada pillow
alrededor de *adv.* approximately, around
alta: en — voz aloud, in a loud voice
altiplano high plateau
alto *m.* upper level
alumbrado lighting
alzarse to carry off, to rise
ama (de casa) lady (of the house)
amanecer to dawn
amante *f.* mistress
amar to love; **— al prójimo** to love one's neighbor
amasar (una fortuna) to amass (a fortune)
ambiente *m.* environment, milieu
ámbito field, world, atmosphere
ambos(-as) *adj.* both, both sides
amenazar (c) to threaten, to menace
amical *adj.* friendly
amistoso *adj.* friendly
amo employer, boss
amoraso loving, affectionate
amplio *adj.* wide, vast
anacrónico *adj.* anachronistic
ancho *adj.* wide
ancianos *m. pl.* old people, elderly
andar to walk; **— mal** to go badly
ángulo angle, corner
angustia anguish, distress
animarse to liven up, to regain courage
anómalo *adj.* anomalous
anotación *f.* jotting down, annotation
antiguo old
anudar to tie
añadir to add
apagado *adj.* extinguished
apagar to deaden, to mute
aparatoso *adj.* pompous, flashy
apartar to remove, to move away, to separate
aparte separately; **— de** apart from, aside from
apasionado *adj.* intense, fervent
apear to get off
apilar to pile up
aplaudir to applaud
aplicarse to devote oneself
apoderarse to take possession
apoyar to lean, to rest, to bend, to support
aprender to learn; **— de memoria** to learn/know by heart
aprensión *f.* fear, apprehension
aprestarse to get ready, to prepare
apresurarse to hurry
apretar (ie) to grip, to press
apretón *m.* need, attitude
aprobar (ue) to approve, to pass
aprovechar to use, to make good use of, to take advantage of
aproximarse to move nearer, to get near
apuntando *adj.* pointed
apunte *m.* bet, stake(s)
apurarse to worry
arbitrario *adj.* arbitrary
arcángel *m.* archangel
arder to burn
ardiente: cámara — mortuary, funeral home

ardor *m.* heat
argumento reasoning
armado *adj.* armed
armario cupboard; wardrobe
arrastrado *adj.* miserable, wretched
arreglar to get in order, to fix
arrepentirse (ie, i) to repent
arrodillarse to kneel down
arrojarse to throw, to emit
arzobispo archbishop
asentado *adj.* settled
asesinar to murder, to assassinate
asesino *adj.* murderous
asignar to assign
áspero *adj.* rough
asunto affair, business
asustar to be frightened
atado *adj.* nervous
atardecer: al — at dusk
ataúd *f.* coffin
atender (ie) to take care of, to pay attention
atónito *adj.* amazed, astonished
atornillar to screw
atrevido *adj.* daring
atroz *adj.* atrocious, awful
aula lecture hall
aumentar to increase
aun *adv.* still, yet
aunque although
ausencia absence
autoestima self-esteem, self-respect
autoprotección *f.* self-protection
auxiliar to help
aventurar to risk, to dare, to adventure
averiguar to check, to ascertain, to find out
avidez *f.* avidity, greed; eagerness
avisado *adj.* wise, prudent
avisar to warn, to inform
azucar *m.*: **algodón de —** cotton candy
azucarado *adj.* sweetened

b

bandeja tray, platter
barba beard
barra de los labios lipstick
barrer to erase, to sweep
bastar to be enough; **—se** to manage
bastón *m.* stick, cane
bata dressing gown
bautizar to name, to baptize
beca grant
bello *adj.* beautiful
bendito *adj.* blessed; **¡B— sea Dios!** Good God!
benévolo *adj.* kind
besar to kiss; **—se** to kiss each other
beso kiss
besugo *fam.* twerp
bien: más — rather
bienestar *m.* well-being
bisabuelo great-grandfather
bobada silly thing, nonsense
boda wedding
bola ball
bolero *m.* bolero (dance)
boletín *m.* report, bulletin, journal
bolsillo pocket
bombero fireman
bombón *m. fam.* cutie; *lit.* candy
bordado *adj.* embroidered
borracho drunk
bosques *m. pl.* vestments
brazo arm; **de —s cruzados** with one's arms folded
brillar to shine
broche *m.* brooch, breastpin
broma joke
bromear to joke
brotar to sprout
brusco *adj.* brusque, sudden
burlar to ridicule, mock; **—se** to make fun of
buena: de — gana willingly, with pleasure
bultito small parcel, small thing
buscar (qu) to look for

c

cabello hair
cabo: al fin y al — after all, when all is said and done
caer: dejar — to drop
cajón *m.* case, drawer; coffin
cal *f.* lime

calefacción *f.* heating
calificar (qu) to describe, to qualify
calle *f.* street; **— arriba** up the street
calleja narrow street, alley
callejón *m.*: **— sin salida** cul-de-sac (blind alley); *fig.* at an impasse
callo corn, callous
calorcillo heat
calvo *adj.* bald
calzoncillos *m. pl.* shorts
cámara ardiente mortuary, funeral home
cambio: a — in exchange; **en —** on the other hand, in return, however
camino road, path
camita small bed
campanilla small bell
canastilla basket
cantero plot
caos *m.* chaos
capacitado *adj.* qualified
capaz de capable of
cardíaco *adj.*: **ataque —** heart attack
carga charge, load, liability
cargamento shipment, cargo
cargo: a — de in charge of
caricia caress
cariño loving care, caress
cariñoso *adj.* loving, nice
carne *f.* flesh; meat; **flor de —** flavor of the flesh
carpeta folder, file
cartera wallet
casarse to get married, to marry
caso: hacer — de to take into account, to pay attention
castigar to punish
casualidad *f.* coincidence
cauteloso *adj.* cautious
cautivar to hold, to capture, to charm
cavar to dig
cazar to catch, to hunt
ceder to go, to give way, to yield; **— como la seda** to go smoothly
cegador *adj.* blinding
cegarse to be blinded
celos *m. pl.* jealousy
cenar: invitar a — to invite to dinner
cerebro brain
cerradura lock
cerrar (ie) to close; **—se de golpe** to close by itself; **la puerta se cerró de golpe** the door slammed shut
cesto basket
chacra farm
chaleco vest, jacket; **— de punto** pullover
charlar to chat, to talk
charol *m.* varnish, patent leather
chillar to scream
chiquillo: encanto de — childish dream, enchantment
chocar con (qu) to collide, to run into each other
cicatriz *f.* scar
ciego *adj.* blind
cifra figure, number
cintura waist
cirugía surgery
cirujano surgeon
clavar to fix
clavo nail
cobrar to cash; **—te lo que te debo** take what I owe you
codiciado *adj.* much desired
coger to catch, to take, to get
cohete *m.* rocket
cola tail
cólera anger, fury
colgar (ue) to hang (up)
colina hill
colocar (qu) to put, to place; **—se** to be, to get placed
comentar to talk about, to comment on, to gossip
cómoda chest of drawers
comodidad *f.* convenience
cómodo *adj.* comfortable
compadecerse to sympathize with
compartir to share
complacerse (zc) to be pleased, to delight
componer to fix, to compose
comportamiento behavior, conduct
comprobar (ue) to confirm; to verify
comprometedor *adj.* compromising

comprometerse to commit oneself, to become compromised
compromiso obligation
concebir (i, i) to conceive, to understand
concertado *adj.* concerted
conciencia: de — conscientious
concordar (ue) **(en que)** to agree that; to tally
condenado convicted person
condescendiente *adj.* condescending
conejo rabbit
confesar (ie) to confess
confiado *adj.* trusting
confiar en to have trust, to have faith in, to confide; to commit
conformarse to agree, to be of the same opinion (as)
confundir to confuse, to confound, to mix up
congregar to assemble, to congregate
consagrado *adj.* recognized; consecrated
conservar to keep, to save
consideración: a — de in view of
consigo *pers. pron.* with him/her
consola console table
consolarse (ue) to console, to get over
constante *f.* constant
consuelo consolation, relief
consular *adj.* consular
consumar to carry out; to finish
contar (ue) **con** to count on, to rely on
continuo current, continuous
contra: en — de against
contusión *f.* bruise, contusion
conveniencia advisability
convenir (ie, i) to suit, to agree, to convene
convertir (ie, i) to change, to convert; **—se** to turn, to become
convidar to invite
convivencia cohabitation
convulsivo *adj.* convulsive
coñac *m.* cognac (brandy)
copartidario co-partisan
cordialidad *f.* cordiality
cordones *m. pl.* ribbons
corregir (i, i) to correct, to rectify
corriente *m.* current month
cosecha harvesting
costar (ue) to cost
costear to pay for
coyuntura joint, part
cráneo skull
crear to create, to found
crecer to grow
crecido *adj.* large, considerable
creciente *adj.* growing, increasing
crecimiento increase, growth
crédulo *adj.* credulous, gullible
creer to found, to create
crepúsculo dusk, twilight
creyente *m. f.* believer
criado servant, manservant
crianza breeding (of animals)
criatura creature
cristal *m.* crystal
cruzar (c) to cross; **—se con** to pass
cuadro scene
cuartel *m.* quarter
cubrir to cover (up)
cuello collar
cuenta bill; **a — de** at the expense of; **darse — (de)** to realize, to notice
cuentagotas *m. inv.* dropper
cuesta abajo downhill; **ir —** to go downhill
cuestión *f.* topic
cuidar to take care of, to watch over
culpa fault, blame
culpable *adj.* guilty, at fault
cumplir to be, to turn; **— con** to fulfill, to carry out; **— una promesa** to keep a promise
cuna cradle
curtido *adj.* tanned, sunburned (skin)
curvarse to curve, to bend

d

dañar to hurt, to harm
daño: hacer — to hurt
dar to give, to yield; **— al** to look onto, to overlook; **— con** to come across; **— cuenta** to give account; **— ganas de** to feel like; **— guerras** *fam.* to annoy, to be a nuisance to; **— la vuelta** to turn; **— las once** to strike eleven; **— parte** to give a share; **— un**

empujón to give a push; **— un tiro** to fire a shot, to shoot; **— una vuelta** to go for a walk; **— vergüenza** to make ashamed; **—se cuenta (de)** to realize, to notice

datos *m. pl.* facts, information, data

de *prep.*

de abajo below; the bottom one

de buena gana willingly, with pleasure

de brazos cruzados with one's arms folded

de conciencia conscientious

de memoria by heart

de modo que so, so that

de nacimiento from birth

de nuevo again

de pie standing

de pronto suddenly

de repente suddenly

de un tiro in one shot

de un trago in one gulp

de vista at sight

de vuelta a back to, again

deber to owe, to have to, must

debido a because of, through

decir (i, i) to say; **es —** that is; **querer** (ie) **—** to mean

dedicarse to dedicate oneself, to devote

dedo finger; **— gordo** big toe

definir to determine

defunción *f.*: **certificado de —** death certificate

dejar to forget; to leave, to abandon; **— caer** to drop; **— en paz** to leave be, to leave in peace

delantero *adj.* front

delatar to denounce

delator(a) *m. f.* informer, denouncer

delito crime

demoniaco *adj.* demoniac, fiendish

¡Demonios! Hell! Damn!

denunciado *adj.* reported

denunciarse to expose oneself

dependiente *m.* salesman, clerk

derecho law; right

derivar to derive

derredor *adv.*: **en—** around

desafío challenge

desagradecido *adj.* ungrateful

desalmado *adj.* heartless

desarrollo development

descomponerse to decompose

desconfianza mistrust, suspicion

desconocimiento ignorance

desconsiderado *adj.* inconsiderate

descubrir to discuss

desdecirse (i, i) to take back, to withdraw

desdorar to tarnish

desesperado *adj.* desperate

desesperarse to lose hope, to despair

desfalco embezzlement

desfilar to parade, to march

desgracia misfortune, lack of charm; **¡Qué —!** What a shame!

desgraciadamente *adv.* unfortunately

desigual *adj.* unequal

deslizarse to slip away, to slide

desnacer: a — *fig.* to disappear

desolado *adj.* devastated

despachar to dismiss, to send, to let go

despacio *adv.* slowly

despedirse (i, i) to say good-bye

desplatear to remove the silver (from)

despreciarse to depreciate, to despise

desprecio disdain

desprender to remove, to loosen

destacado *adj.*: **más —** most outstanding

destacar to point out, to emphasize

destaparse to open, to reveal

destreza ability, skill

desviarse to be deflected, to be deviated

detener (ie) to arrest, to keep; **—se** to stop

deuda debt; **tener una — (con)** to be in debt (to)

diablo devil

dibujar to draw

dicho: la — y la hecho no sooner said than done

dichoso *adj.* cursed, blasted

dinamitar to dynamite

dirigirse to make one's way, to go; **— a** to address, to speak to

discontinuo *adj.* discontinuous

disfrutar to receive, to enjoy

disimular to pretend

dispensar: dispénseme forgive me
dispersarse to divide, to spread out
disponible available
disposición *f.* disposal
dispuesto *adj.* ready, willing
distorsionado *adj.* twisted, distorted
diversión *f.* distraction, pastime
divertirse (ie, i) to be diverted, to have a good time
divulgar to come out, to make public
doctorarse to get/do one's doctorate
dolorcillo pain, ache
dolorosamente *adv.* pitifully
doloroso *adj.* painful
dominar to dominate
don *m.* talent, way
dorado *adj.* golden
dorar to gild
dorso back
dotado *adj.* equipped
dueño owner; **ser —** to be master of, to have
dulce *m.* candy
duro *adj.* great, hard
duro peseta/peso (Spanish money)

e

echar to pour, to put, to throw out; **— al suelo** to throw to the ground; **— en cara a** to show in someone's face; **—se para atrás** to lean back
economizarse to save, to economize
edificar (qu) to build
educación *f.* education
eficacia: con — with efficacy
eficaz *adj.* efficient
efusividad *f.* effusiveness
egregiamente *adj.* eminently
elegir (i, i) to choose, to elect
embargo: sin — however, nevertheless
embarrado *adj.* covered with mud
embutir to wrap
emparedar to wall in
empeñarse to get/fall into debt; to make an effort
emprender to set out on, to undertake
empresa enterprise
empujar to push, to shove
empujón: dar un — to give a push
en *prep.*
en adelante de hoy from now on
en alta voz aloud, in a loud voice
en contra de against
en derredor = alrededor de *adv.* around
en la actualidad nowadays
en las nubes daydreaming
en lugar de instead of
en pena de in torment, suffering from
en plena in full
en seguida *adv.* right away
en teatralerías dramatically
en un primer instante at first
en vez de instead of
enamorado *adj.* in love
enamorado(-a) *m. f.* lover
enamorar to win the heart of
encadenar to chain
encantador(a) *m. f.* charmer
encanto de chiquillo childish dream, enchantment
encargar to put in charge of
encender (ie): **— una vela** to light a candle; **—se** to light
encendido *adj.* bright red
encerrarse (ie) to lock oneself (in), to shut in, to go into seclusion
enchufar to fit in, to connect
encima (de) on, on top (of)
encuentro meeting
encuesta poll, survey
enfocar (qu) to consider, to focus
enfoque *m.* point of view, approach
enfrentar to confront, to face
enfrentarse to come up against, to face up to
enfriamiento cooling
engañarse to be mistaken
engaño mistake; fraud, trickery
englobar to include
engordar to make fat, to fatten
enlazar to connect
enloquecer to drive mad
enlutado *adj.* (dressed) in mourning

ennoblecerse (zc) to be honored
enojo anger
enorgullecerse to be proud
enriquecer to get rich
enrojecer (zc) to turn red, to redden
enseñar to teach
ensombrecer to darken
enterrar (ie) to bury
entierro burial
entornado *adj.* half-closed
entornar to half close
entrelazar to interlace
entrenamiento training
envejecer to make look older
envenenar to poison
envidia envy, jealousy
envidiar to envy
envidio *adj.* envious, jealous
envío letter
epílogo epilogue
épocas *f. pl.* times
equilibrio balance, equilibrium
equivocarse to be mistaken
erizo hedgehog
erradicar (qu) to eradicate
escapada escape
escapatoria way out
escarlata scarlet (color)
escasez *f.* lack, shortage, meanness
esconder to hide
esfera circle
esfuerzo effort
eso: a — de around, about
espalda back; **volver la —** to turn one's back (on)
espantoso *adj.* frightening, terrible
espectáculo entertainment
espectral *adj.* spectral, ghostly
esperanza hope
espiar to keep watch on, to spy
espuma foam
esquina corner
establecido *adj.* established, set up
estacionamiento parking
estadística statistics
estallar to blow up, to break out, to explode
estar de vuelta to be back
estatal *adj.* state
estilo: por el — of a kind, very much the same
estimar (**que**) to estimate
estirar to stretch
estobarse to be in the way
estratégico *adj.* strategic(al)
estrechar to hug, to narrow
etapa stage, period of time
eternizarse to be endless, to go on forever
etnia ethnic group
evitar to avoid
exhortar to exhort
exigir (j) to require
existencialistas *m. f. pl.* existentialists
éxito success
explotar to exploit
extasiar to delight
extender (ie) to spread, to extend
extensible extendable
extraer to take out, to extract
extrañar to find; to miss, to banish; **—se** to be surprised
extraño *adj.* strange
extraordinaria: paga — extra pay

f

fabricación *f.* manufacture
fabricar (qu) to make, to manufacture
facultad *f.* faculty, school
falla defect, fault
fallecer to die
falta lack; mistake; **hacer —** to lack, to be in need; to make a mistake
fantasmagórico *adj.* phantasmagoric
faz *f.* face (of object)
fe *f.* faith
fechado *adj.* dated
fecundo *adj.* fertile, rich
feroz *adj.* fierce, terrible
festejar to celebrate; **—se** to feast, to entertain
fibra fiber
fiebre *f.* fever
fiel *adj.* loyal, faithful

fijarse en to take notice, to pay attention; **¡Fíjate!** Imagine!
fila line
filo edge
fin: al — y al cabo after all, when all is said and done; **sin —** endless
final *m.* the end
fines de aim of
fino *adj.* delicate
firmar to sign
flor de carne flavor of the flesh
florecer (zc) to blossom, to flourish
fluir to run, to flow
folleto explicativo instruction booklet, brochure
fondo end, bottom; back
forastero *adj.* foreigner, stranger, alien
formular to make, to formulate
formulario form
forzar (ue) to force
franco *adj.* obvious, clear
frasquito small bottle
frijoles *m. pl.* beans
fronteras *f. pl.* borders
frugalmente *adv.* frugally
fuego: hacer — to fire, to shoot
fuente *f.* source
fumar to smoke
funcionario (**público**) (public) official
funda case; cover
fundar to set up, to establish
fúnebre *adj.* mournful, funeral
furtivamente *adv.* furtively
fusil *m.* gun, rifle
fusilamiento execution, shooting
fusta whip

g

galardonar (**con**) to award
gallina chicken
gana: de buena — willingly, with pleasure; **dar —s de** to feel like
gastador(a) *adj.* spendthrift
generar to engender, to result; to generate
género gender; type, sort, genre
genio genius; talent
gerente *m.* manager, director
gesto expression, face
girar: — a la izquierda to turn to the left
globo balloon, globe
golpe *m.* blow
golpear to beat, to strike
gota drop
gotita droplet
gozar (c) to be delighted, to enjoy
gracioso *adj.* amusing, funny; graceful
grande *adj.* big
grandote(-ta) *adj. fam.* very big
grato *adj.* pleasant
gravedad *f.* seriousness
griego *adj.* Greek
grieta crack, fissure
grotescamente *adv.* ridiculously
gruñir to growl
guante *m.* glove
guardar to keep, to guard
gubernamental governmental
guerras: dar — *fam.* to annoy, to be a nuisance to
guión *m.* script, scenario
gusano worm
gusto taste

h

habituarse a to get used to, to become accustomed to
hacendoso *adj.* hardworking
hacer to do, to make; **— caso de** to take into account, to pay attention; **— el tonto** to act the fool; **— falta** to lack, to be in need, to have to; to make a mistake; **— fuego** to fire, to shoot; **— las maletas** to pack one's suitcase
hallar to find, to discover
hamaca hammock
hambre *m.* hunger
hambriento *adj.* hungry (for)
hecha de (**paja**) made of (straw)
hecho act, event
heredar to inherit

herido *adj.* injured, hurt
herramienta tool
hierro iron
hilo thread; **estar pendiente de un —** to be hanging by a thread
hinchado *adj.* swollen
hipócrita *m. f.* hypocrite
hipotensión *f.* hypotension, low blood pressure
hogar *m.* house, home
hogareño *adj.* home
hoja leaf; sheet; **—s informativas** pamphlet
hombría virility, integrity
hombro shoulder
hondo *adj.* deep(ly), intense
hoy en adelante from now on
huele *see* **oler**
huelga strike
huella footprint, footstep, track
huérfano *adj.* orphaned
hueso bone
huida escape
huir to flee, to escape, to run away
húmedo *adj.* humid
hundir to sink

i

ida *f.* going
igual: es — it makes no difference, it doesn't matter
igualar to equalize, to even
imborrable *adj.* indelible
impedir (i, i) to prevent, to stop
implacable *adj.* implacable, inexorable
implorar to beseech, to beg
importe *m.* price
impulsar to impel, to drive forward, to promote
impulso push
incapacidad *f.* inability, incapacity
incipiente *adj.* dawning
inclinar to incline
incluso *adv.* including; even
inconexo *adj.* disconnected, incoherent
incontenible *adj.* unrestrainable
inconveniente *m.* objection
incorporarse to sit up, to incorporate
incrementar to increase, to focus
incremento increase
indígena *adj.* native
inducir (j) to induce
inerte *adj.* inert, lifeless
inesperadamente *adv.* unexpectedly
inesperado *adj.* unexpected
infeliz: ¡I— de mi! Unfortunate one!
infernal *adj.* infernal, devilish
ínfimo *adj.* lowest, poorest
infligir (j) to inflict
ingenio ingenuity
iniciar to initiate, to begin
injuriar to insult, to offend
inmensurable immeasurable
innovador(a) *adj.* innovative
inquietar to worry
inquietud *f.* worry, anxiety
insinuar to insinuate, to hint
insípido *adj.* insipid, dull
instante: en un primer — at first
integrado por composed of
intentar to try to, to attempt
intercambio interchange
intergubernamental *adj.* intergovernmental
interlocutor(a) *m. f.* interlocutor
internar to commit
íntimo(-a) *m. f.* close friend
inútil *adj.* useless, unnecessary
inútilmente *adv.* uselessly
invitar a comer to invite to dinner
invocar (qu) to invoke
ir cuesta abajo to go downhill
irrumpir en to burst into, to break into
izquierdista *adj. m. f.* leftist

j

jaque mate checkmate
juguete *m.* toy
juicioso *adj.* wise, judicious
junta meeting, session
juntarse to join; to half close
juntos(-as) *adj.* together
jurar to swear

jurídico *adj.* legal, juridical
justicieramente *adj.* fairly; justly
justo *adj.* right; *adv.* exactly
juventud *f.* youth
juzgar (gu) **(por)** to judge (by)

l

lacerado *adj.* unlucky, unfortunate
ladrar to bark
ladrillo brick
lágrima tear
lamento moan, wail
lana wool
lancha boat, motorboat
languidez *f.* languor
lanzar (c) to throw
largo *adj.* long
lealtad *f.* loyalty
lector(a) *m. f.* reader
legión *f.* legion
leguas a unit of distance
lejano *adj.* far away, far off
lejos: a lo — in the distance
lento *adj.* slow
libreta penny
licor *m.* liqueur
ligeramente *adv.* slightly
ligero *adj.* light
lila *m.* lilac (color)
límite *f.* border; **sin —** borderless
lindo *adj.* lovely
lino linen
liquidación *f.* liquidation
liquidar (**de un tiro**) to liquidate; *fam.* to kill off
llamada call
llamar la atención to attract attention
llavín *m.* latchkey, small key
llegar a ser to become
lleno *adj.* full
llevar to carry; **— ouesto** to be wearing, to have on; **—se a cabo** to carry out, to accomplish
llorar to cry, to weep
lluvia rain
lograr to manage to, to succeed (in), to get
lucha struggle, war
luchar to struggle, to fight
lúcido *adj.* lucid, clear
lucir to shine, to outshine
lugar: en — de instead of
lúgubre *adj.* lugubrious
lujo luxury
lustroso *adj.* shiny

m

madera wood
madrugada dawn, morning
magia magic
magnánimo *adj.* magnanimous
maíz *m.* corn
maldición *f.* malediction, curse
malestar *m.* malaise, indisposition
maleta: hacer las —s to pack one's suitcase
malévolo *adj.* malevolent
mancha spot, place
mandato *m.* mandate, writ
manejo handling, operation
manía habit, obsession, mania, complex, madness
manifestar (ie) to manifest (one's opinion)
mantener (ie) to keep
mañanero *adj.* early-rising
maquinalmente *adv.* mechanically
maravillas *f. pl.* wonders
maravillosamente *adv.* marvellously
marcha: poner en — to get going
marchar to go; to work
marido husband
mármol *m.* marble
marrón *adj.* brown
más bien rather
mascota mascot, pet
masticar to chew
matanza killing, massacre
matinal *adj.* matinal, morning, early
mauseolo mausoleum
mayordomo butler
mayoría: la — de the majority of
mediante *adv.* by means of, using

medias *f. pl.* stockings
medida measurement; **a — que** as, at the same time as
medio way, means
medir (i, i) to watch; to measure
mejilla cheek
mejoría improvement
melocotón *m.* peach
memoria: de — by heart; **aprender de —** to learn by heart
menos: por lo — *adv.* at least
mensaje *m.* message
mentir (ie, i) to lie
merecer to deserve; **merecido** *past. part.* deserved
mesa directiva board of directors
meterse to get into, to put
metodo logía methodology
mezcla mixture
mezclar to mix
mientras tanto meanwhile, in the meantime
milagro wonder, miracle
milpa corn(field)
minucíosamente *adv.* meticulously
mirada look
mitad *f.* half
mítico *adj.* mythical
modificar to modify
modo manner, way; **de — que** so, so that
mojar to wet; **—se** to get wet
molestar to bother, to disturb
molesto *adj.* unpleasant
momia *fig.* all skin and bones
montón *m.* pile
morderse (ue): **— las uñas** to bite one's nails
moribundo *adj.* moribund
morir (ue, u) to die
mosca fly
mostrador *m.* counter; barman
motriz *adj. f.* motive, moving
mudanza change, removal
mudarse to move, to change
mueble *m.* furniture
mueca grimace
multitudinario multitudinous
muñeca doll
murmurar to murmur, to mutter
muro wall

n

nacimiento: de — from birth; **ciego de —** born blind
narrar to tell, to narrate
natural de *adj.* coming from
navegar (gu) to sail
negarse (ie) to refuse, to not agree
negocio business, trade
nene *m.* (**nena** *f.*) baby
nevado *adj.* covered with snow
niebla fog
nieto *m.* grandchild
nihilistas *m. f. pl.* nihilists
nivel *m.* level
noroccidente *m.* northwest
novedad *f.* newness, change
nubes *f. pl.* clouds; **en las —** daydreaming
nuevo: de — again
nutrido *adj.* nourished

o

obligarse (gu) to force oneself, to obligate oneself
obra maestra masterpiece
obrar to work, to do
obsequiarse to be offered, to be given
ocultar to hide, to conceal
ocuparse to deal with; **— de** to be in charge of, to take care of
odiar to hate, to detest
odio hatred, hate
oficio job, profession
ojo: rabillo del — corner of one's eye
oler (ue) to smell
olor *m.* smell, odor; **— a ratas** smell of rats
oloroso *adj.* smelling, fragrant
opinar to think, to pass judgment, to judge
oponer to show, to oppose
oprobio *m.* dishonor, disgrace, shame
optar to choose; to opt
opuso *preterite form of* **oponer**

oración *f.* prayer
oreja: quemarse las —s to have one's ears burning
orgullo pride
orgulloso *adj.* proud
orilla bank, side
ornato ornament
oscuras: a — in the dark
oscurecer [**obscurecer**] (zc) to get dark
ostentosamente *adv.* ostentatiously
ovacionar to acclaim

P

padecer (zc) to endure, to suffer (from)
paga pay; **— extraordinaria** extra pay
paisano fellow countryman
pájaro bird
pajizo *adj.* straw-colored
palidecer to turn pale
palma palm tree
palpar to feel, to touch
pañuelo handkerchief, scarf; garden
papagayo parrot
papel *m.* role
par *m.* pair
parado *adj.* stationed
paraíso paradise
parar: sin — continuously, without stopping
pararse to stand up
parco *adj.* moderate
parecer: al — apparently
parecido *adj.* like
paredón *m.* thick wall; place of execution
parodia parody
parroquial *adj.* parish
parsimoniosamente *adv.* patiently
parsimonioso *adj.* calm
parte: dar — to give a share
particular *m.* (private) individual
partidario partisan
partir: a — de (starting) from
pasajero *adj.* temporary
pasajero passenger
pasear to take a walk, to walk
paseo walk, promenade
pasillo corridor
paso passage, way
pasta pastry
pastel *m.* cake, pie
patrón *m.* model, patron; boss
pavo turkey
pecho chest
pegar (gu) to put (on), to stick
peinar to comb
pelar to shell
peligroso *adj.* dangerous
pena: en — de in torment, suffering from
pender to hang
pendiente *adj.*: **estar —** to depend on; **estar — de un filo** to be hanging by a thread
penoso *adj.* laborious, hard(-working)
pensión *f.* pension
pérdida loss
permanencia stay
permar to concern, to penetrate, to touch
perpetuar to perpetuate
perplejo *adj.* perplexed, puzzled
perseguir (i, i) to pursue, to persecute
perseverante *adj.* persevering
pertenecer (zc) to belong
pesado *adj.* heavy
pesar to weigh; **a — de** in spite of, despite
pescar to fish, to catch (fish)
picar to itch and burn, to pique, to irritate
picas de caballito *f. pl.* small horse pikes
pie: de — standing
piedra stone
piel *f.* skin
pieza room
piladora field
pillar to catch
pino pine
pintura painting
pisar to stand, to step on
placer to like, to want to, to please
placita small place, small town
plano: a primer — of first importance
plata silver
plateado *adj.* silver, silvery
playera T-shirt
plazo *m.* date, time

plena: en — in full
plumero feather duster
poder *m.* power
poderoso *adj.* powerful, strong
pólvora (gun)powder
poner to put, to set; **— a fuego** to put to fire; **— de pie** to stand up; **— en marcha** to make work, to get going; **— en pie** to set up; **—se mejor** to get well (better)
por *prep.*
por el estilo of a kind, very much the same
por lo menos *adv.* at least
por razón de because of, related to
por voluntad de at one's volition/will
pormenor *m.* detail
poro pore
portador *m.* bearer
porvenir *m.* future
postre *m.* dessert
postular to collect
precioso *adj.* delightful, lovely
precipitar to hasten, to accelerate, to precipitate
precisar: verse precisado a to be forced (obliged) to
preciso *adj.*: **ser —** to be necessary
predilección *f.* prediction
premio prize
preocuparse to worry, to become preoccupied with
prestar atención to pay attention
presunción *f.* conceit, presumption
pretender (to try to) pretend
pretendiente *m. f.* applicant
pretexto pretext
prever to foresee, to expect
principio beginning; **— del fin** beginning of the end
prisa hurry
procurar to try (to), to get, to endeavor
prodigioso *adj.* prodigious
prójimo: amar al — to love one's neighbor
proliferación *f.* proliferation
promesa: cumplir una — to keep a promise
promover (ue) to promote
pronto: de — *adv.* suddenly
propiedad *f.* property
propietario owner
propio *adj.* typical
proponer to put forward, to propose
proporcionar (a) to adapt
propósito purpose, aim; **a —** by the way, on purpose
propuso *preterite form of* **proponer**
proteger (j) to protect
proveer to provide, to supply, to attend, to give
provisto (de) *adj.* provided (with)
psíquico *adj.* psychic
puede que maybe, perhaps
puerto harbor, port
puesto *m.* position, post, job; **llevar —** to have on, to be wearing
pulido *adj.* polished
pulóver *m.* pullover, sweater
púlpito pulpit
pulsera bracelet
puntería aim, goal
punto de vista point of view
pupila pupil (of eye)
pupitre *m.* desk
putrefacto *adj.* putrefied, rotten

q

quejarse to complain, to whine
quemado *adj.* burnt
quemar to burn (out), to destroy; **—se** to be hot, to be on fire; **—se las orejas** to have one's ears burning
querer (ie) to want; **— decir** to mean; **sin —** unintentionally; **—se** to love each other
quevedos *m. pl.* pince-nez (glasses)
quinto fifth
quitar to take away; **—se** to take off; **¡Quítatela!** Stop it!, Give up!
quizás perhaps, maybe

r

rabieta tantrum
rabillo: — del ojo corner of one's eye

rabiosamente *adj.* furiously
ración *f.* portion
radicarse to settle (down)
ráfaga gust (of wind)
raíz *f.* root
rama branch
raro *adj.* strange, odd
rastro (de) no trace (of)
rata rat
rato time, while, moment; **al poco —** shortly after, a short time after
raza race
razón: por — de because of, related to
realizarse to take place
reanudar to resume
rebanada slice
rebuscar (qu) to search thoroughly, to seek
recapitular to recapitulate, to sum up
rechazar (c) to reject
recién *adv.* recently, newly
recoger to take up, to gather
recompensa reward, recompense
recorrido round
recostar (ue) to lean (on), to recline
recreo break
recuerdo memory, souvenir
recurso resort
reforzar (ue [c]) to reinforce, to strengthen
refrescante *adj.* refreshing
refrescos *m. pl.* soft drinks
refugiarse (j) to take shelter
regalado *adj.* given as a present
regalar to give (as a present), to present with
registro recording
regreso return
reírse (i, i) to laugh about
rejuvenecer to rejuvenate
relámpago lightning; **como un —** as quick as a flash
reloj pulsera (wrist)watch
rematar to finish off
remedio: no tener — to be hopeless
remolino whirl
renovar (ue) to renovate, to open up
reparación *f.* mending, compensation
repartir to spread out, to distribute
reparto casting
repasar to go over, to check over
repente: de — suddenly
reponerse to recover (from)
reprender to reprehend
reprimenda reprimand
reproche *m.* reproach
requemado *adj.* scorched, burnt
resecar to dry out
residir to live, to reside
respaldar to back, to endorse
respaldo backing; **— financiero** financial support
respirar to breathe
restar to be left, to remain
resucitar to resuscitate, to resurrect
retener (ie) to hold, to retain, to withhold
retirado *adj.* remote, secluded
retrasar to delay
retrato portrait, photograph
reyes magos *m. pl.* Three Wise Men
rezar to pray
riego watering, irrigation
rimar to rhyme
rincón *m.* corner
riqueza wealth
rodar (ue) to go around
rodear to surround
rodeo detour, roundabout way
rodillas *f. pl.* knees
rogar (ue [gu]) to ask, to beg; **— a Dios** to pray to God
rollo de papel roll of paper
rombo turbot (fish)
romper to break, to tear
rosario rosary; prayers of a rosary
rostro face
rubio *adj.* blond
rumbo course; **— a(l)** heading for

S

sábana sheet
sabor *m.* taste, flavor, savor
sacar to stick out, to pull out
sacerdote *m.* priest

sacudón *m.* shaking
Sagradas Letras Holy Scriptures, the Bible, the Scriptures
salida leaving
saltar to jump, to skip
saludable *adj.* good, healthy
saludar to say hello
saludo salutation, greeting
salvador *adj.* saving
salvaje *adj.* uncivilized, primitive
salvaje *m. f.* savage
salvajemente *adv.* wildly
salvar to save, to rescue
salvo *adv./prep.* except (for)
sanción *f.* sanction
sangre *f.* blood
sangriento *adj.* covered with blood
satisfagarse [**satisfacerse**] to be satisfied, to get satisfaction
sea: o — in other words
secarse to dry
seco *adj.* dry
seda silk; **ceder como la —** to go smoothly
seguida: en — *adv.* right away
según according to
seguridad *f.* safety
sello stamp, seal
semblante: tener buen — to look well, to be in a good mood
sembrado *adj.* sown
sembrar to sow
sencillamente *adv.* simply
sensibilidad *f.* sensitivity
sensible *adj.* sensitive
sensorial *adj.* sensory, sensorial
sentenciar to judge, to sentence
señalar to point out
señas *f. pl.* address
sequía drought
ser: — preciso to be necessary
sereno *adj.* calm
seres *m. pl.* beings
servidumbre *f.* servitude
sierra mountain range
significar (qu) to mean, to signify
sillón *m.* seat, chair
similitud *f.* similarity
simpatía liking, affection
sin *prep.* without
  sin embargo nevertheless, however
  sin fin endless
  sin límite borderless
  sin parar continuously
  sin querer unintentionally
síncope *m.* syncope, faint
siniestro *adj.* sinister
sobrante *adj.* remaining
sobrar to have left over, to be more than enough
sobre *m.* envelope
sobre: — todo especially
sobrepasar to exceed, to surpass
sobresaliente outstanding
sobretodo overcoat
sobrevivir to survive
sobrio *adj.* sober
sofocar (qu) to put out, to extinguish
soler (ue) to be used to, to be accustomed to
solitario *adj.* lonely
soltar (ue) to lose, to release; to drop, to let go; **— su perla** to lose a great deal
soltero(a) *m. f.* single
sombra shadow; darkness
sombrer to shade
sombrío *adj.* dark
someter to submit
sonido sound
sonreír (i, i) to smile
soñar (ue) to dream (of)
soplar to blow, to whisper
sordo *adj.* muffled, not clear
sospechar to suspect
sostener (ie) to support, to sustain
suave *adj.* smooth
subir to get on, to go up
súbitamente *adv.* suddenly, all of the sudden
subrayar to underline, to emphasize
suceder to follow, to happen, to occur
sucumbir to succumb
sudar to perspire, to sweat
sudor *f.* perspiration
suerte *f.* luck

sugerir (ie, i) to suggest
sumamente *adv.* extremely
superación *f.* overcoming
superficie *f.* surface
suprimir to abolish, to suppress
supuestamente *adj.* so-called
surgir to rise, to surge
suscribir [subscribir] to sign, to endorse
suspiro sigh
susurro whisper, murmur

t

tablero board
tal vez perhaps, maybe
tamaño size; **— natural** life size
también also
tampoco *adv.* not either
tangente *adj.* tangent
tapa lid, cover
tarea task, work
teatralerías: en — dramatically
techo roof
tejado (tile) roof
tejar to roof with tiles
tejer to weave, to knit
teletipo teletype (machine)
temblar (ie) to tremble, to shiver
temor *m.* fear
templado *adj.* warm
tender (ie) to spread out, to extend
tener (ie) to have; **— de** to take into consideration, to follow; **— nada que ver** to have nothing to do; **no — remedio** to be hopeless; **— una deuda (con)** to be in debt (to)
tentador(a) *adj.* tempting
tentativa attempt
terrateniente *m. f.* landowner
terreno land, ground
tesoro treasure
testigo *m. f.* witness
tibio *adj.* lukewarm
tiempito short while
tiernamente *adv.* tenderly
tierno *adj.* tender, soft
tímido *adj.* shy
tinieblas *f. pl.* darkness
tinta ink, shade
tintinear to jingle, to clink; **— las campanillas** to ting-a-ling
tiranizar to tyrannize
tirar to shoot; to throw
tiro shot; **de un —** in one shot
titán *m.* Titan
tocador *m.* dressing table
tomarse el pelo to pull someone's leg
tonelada ton (weight)
¡Tonto! Foolish one!
tormenta storm
tornarse to become
torre *f.* tower
toser to cough
traer to bring (on)
tragar (gu) to swallow
trago: de un — in one gulp
tramar to scheme, to be up to, to plot
transmisor de imágenes *m.* transmitter of pictures
trasladarse to go, to move
traspasar to go through, to pass over
traspirar [transpirar] to perspire, to transpire
trastorno upheaval; distrubance
trato agreement
través: a — de through, across
trayectoria trajectory, path
triunfo triumph, success
trocito small piece
tronco trunk
tropa crowd, troop
tumba tomb, grave
turnarse to take turns

u

ubicarse to be located, situated
últimamente *adv.* finally
ultraje *m.* offense, outrage
umbral *m.* threshold
únicamente *adv.* only, solely
uña nail, fingernail

V

vacío emptiness
vago *adj.* lazy
valentía valor
valer to be worth; **—se** to make use of, to help oneself
validar to validate
válvula valve, tube
vanamente *adj.* in vain
vanidad *f.* vanity
vaqueros *m. pl.* jeans (pants)
vástago offspring
veintidós: a las veintidós at 10 P.M.
vena vein, streak
vencer to conquer, to overcome, to surmount
vendarse to bandage
veneno poison
vengador(ra) *m. f.* avenger
vengar to avenge; **—se** to take revenge
venida arrival
ventajoso *adj.* profitable
ventura happiness, good fortune
ver to see, to look at; **tener nada que —** to have nothing to do
veraneo summer
verdaderamente *adv.* truly, really
verdoso *adj.* greenish
vergüenza: dar — to make ashamed
veronal (barbiturate) acid
vértigo giddiness, dizziness
vez: a su — in one's turn; **en — de** instead of; **tal —** perhaps, maybe; **una —** once
vibrar to vibrate
vicio vice
vidriera glass shop
vidrio glass
vientre *m.* indisposition
vínculo tie, link
violación *f.* violation, infringement
vislumbrar to glimpse
vista: a primera — at first sight; **de —** by sight; **punto de —** point of view
viuda *f.* widow
vivificar to vivify, to give life to
vivo *adj.* alive
vocecita small voice
volcán *m.* volcano
voluntad *f.* will; **por — de** at one's volition/will
voluptuosidad *f.* voluptuousness
volver (ue): **— loco** to drive crazy; **— la espalda** to turn one's back; **—se** to return, to come back
voz: en alta — aloud, in a loud voice
vuelta return; **de — a** back to, again; **estar de —** to be back

Y

yema tip

Z

zapatillas *f. pl.* slippers
zozobra anguish, anxiety, danger

Text Credits

Emilia Pardo Bazán, "El décimo"
Julia Viñas, "Ríete con ellos, no de ellos", Provenemex S.A. de C.V.
José Bernardo Adolph, "Nosotros, no", Fabril Editora S.A.
"Me llamo Rigoberta Menchú y así me nació la conciencia", con Elizabeth Burgos, Editorial Seix Barral
Augusto Willemsen Díaz, "La muerte de una cultura es un desastre", Cambio16 América
Nancy Velasco, "Nos quitan la tierra", reprint permission granted by *Latinoamérica Internacional*
Camilo José Cela, "Jacinto Contreras recibe su pago extraordinaria"
Juan José Arreola, "Baby H.P.", reprinted from *Américas,* a bi-monthly magazine published by the General Secretariat of the Organization of American States in English and Spanish
Ana María Matute, "El árbol de oro", Ediciones Destino
Clyde James Aragón, "Los empresarios", reprinted from *Américas,* a bi-monthly magazine published by the General Secretariat of the Organization of American States in English and Spanish
Carmen Laforet, "Al colegio", Editorial Magisterio
Julián Marías, "La amistad en Norteamérica", Alianza Editorial
Magali García Ramis, "Una semana de siete días"
Linda J. Poole, "La CIM", reprinted from *Américas,* a bi-monthly magazine published by the General Secretariat of the Organization of American States in English and Spanish
"Dos caras" de Sabine R. Ulibarrí está reproducido con permiso del director. *El condor and other stories* (Houston: Arte Público Press - University of Houston, 1989)
Isaac Aisemberg, "Jaque mate en dos jugadas", with the permission of Argentores
Miguel de Unamuno, "La venda", Aguilar
Gabriel García Márquez, "La viuda de Montiel"
© Julio Cortázar, 1951 and Heirs of Julio Cortázar, "Casa tomada"
Enrique Anderson Imbert, "El crimen perfecto", Ediciones Corregidor
Hernando Tellez, "Espuma y nada más", Editorial Universitaria
Jorge Luis Borges, "Emma Zunz" de *El Aleph* en OBRAS COMPLETAS © Emecé Editores S.A., 1974 y © María Kodama y Emecé Editores S.A., 1989

Photo Credits

Page 4, Hugh Rogers/Monkmeyer Press Photo; 20, Spencer Grant/Monkmeyer Press Photo; 33, Guy Gillette/Photo Researchers Inc.; 60, Ulrike Welsch; 67, Arlene Collins/Monkmeyer Press Photo; 81, Ulrike Welsch; 86, Alan Carey/The Image Works; 106, Ulrike Welsch; 110L, Courtesy of the Hispanic Society of America; 110R, The Bettmann Archive; 118, Renate Hiller/Monkmeyer Press Photo; 127, Larry Mangino/The Image Works; 133, Christopher Brown/Stock, Boston; 134, Hugh Rogers/Monkmeyer Press Photo; 135, Elizabeth Crews/The Image Works; 149, Hugh Rogers/Monkmeyer Press Photo; 170, Ulrike Welsch; 177, Peter Menzel/Stock, Boston; 186, Elizabeth Crews/The Image Works; 193, Michael Dwyer/Stock, Boston; 225, Ulrike Welsch; 232, Courtesy of the Americas Society; 268, Tony Mendoza/Stock, Boston; 285, Michael Dwyer/Stock, Boston; 286, Bernard P. Wolff/Photo Researchers Inc.; 302, Hugh Rogers/Monkmeyer Press Photo; 320, Arlene Collins/Monkmeyer Press Photo